JUAN FERNANDO SELLÉS

¿QUÉ ES FILOSOFÍA?

Existir enteramente comprometido

Prólogo
Joaquín León-Parodi

EUNSA
EDICIONES UNIVERSIDAD DE NAVARRA, S.A.
PAMPLONA

Serie: Filosofía

Cupón para la Biblioteca Virtual

Accede a la versión eBook de este título por solo **1,99 €**. Con la compra de este libro puedes utilizar el siguiente cupón para la lectura en *streaming** desde la Biblioteca Virtual. **Sigue estas instrucciones** para visualizar tu libro:

1. Dirígete a la web de la Biblioteca Virtual en **https://ebooks.EUNSA.es**.

2. En la web ve a **Iniciar sesión** e introduce tu email y contraseña. Si no estás registrado, deberás completar el proceso en **Registrarse**.

3. Tras registrarte, accede a la página del libro o lee el QR de esta página. Bajo el precio podrás **insertar el código oculto en el siguiente cupón** para activar la promoción.

[redacted]

Despegue para visualizar

Acceso directo al eBook

No se admitirá la devolución del libro si el código promocional ha sido manipulado.

Canjéalo en ebooks.EUNSA.es

*Con acceso a internet desde cualquier navegador.

Ediciones Universidad de Navarra, S.A. (EUNSA)
Campus Universitario • Universidad de Navarra • 31009 Pamplona • España
+34 948 25 68 50 • www.EUNSA.es • EUNSA@EUNSA.es

ISBN: 978-84-313-4010-0
DL NA 355-2025

Imagen de la portada
Foto de André Cook, en Pexels

Imprime: Podiprint
Printed in Spain – Impreso en España

Índice

Prólogo

Joaquín León-Parodi

Este libro, bajo el mismo título, vio la luz por primera vez en 2011, siendo publicado en Madrid por Ediciones Internacionales Universitarias, en su colección Tribuna Siglo XXI. A fecha de hoy, varios lustros después, tras agotarse la edición precedente y disuelta su editorial, es conveniente reeditarlo en EUNSA por el impacto de su contenido, su actualidad y también por la demanda de los lectores, y corresponde llevarlo a cabo respetando su integridad, pues solo se han llevado a cabo pequeñas correcciones.

Como se trata de una obra que tiene como mira el incentivar al lector a introducirse en la filosofía ejerciendo su propio pensar, se ha liberado al texto de aparato crítico de citas y referencias bibliográficas, de modo que la vivencia filosófica al leerlo no quede lastrada por 'academicismos'. El texto de cada uno de los capítulos procede de diversas conferencias del autor proferidas en diversos lugares y ocasiones, por lo que se comprende que algunas de las afirmaciones se reiteren en algunos de ellos.

En cuanto al fondo, es claro el influjo que el autor debe a su maestro Leonardo Polo, a quien entiende bien y es capaz de 'traducir' a un público amplio y de modo breve. Dicho de otra manera, el profesor Sellés es capaz de explicar 'de modo fácil' el profundo mensaje de ese gran pensador español. Con todo, no se trata de un comentario textual o marginal a sus obras, sino que contrasta sus puntos centrales con los afines de los filósofos más renombrados de la historia del pensamiento occidental: Sócrates, Platón, Aristóteles, Agustín de Hipona, Plotino, Alberto Magno, Tomás de Aquino, Buenaventura, Escoto, Eckhart, Ockham, Descartes, Espinoza, Leibniz, Locke, Hume, Kant, Hegel, Marx, Kierkegaard, Nietzsche, Husserl, Scheler, Heidegger... Pero no por eso se vuelve un texto para especialistas en filosofía, sino que revela de modo sencillo sus claves, a la par que propone solucionar por elevación los problemas por ellos planteados.

En la forma, es patente que el autor no juega con la abigarrada floritura literaria que se lleva en nuestros días, sino que su lenguaje es sencillo, directo y escueto, para favorecer así la comprensión del fondo sin que la forma obstaculice esa prioritaria finalidad. Por lo que a los destinatarios se refiere, apreciado lector, es para ti y para mí, es decir, para quienes pasamos por la universidad y, sin haber estudiado la carrea de filosofía, nos interesamos por los temas humanos de fondo sin conformarnos con las consabidas opiniones respecto de ellos, y sin escorarnos exclusivamente a atenderlos desde el reducido punto de vista que permite la pequeña parcela de nuestra licenciatura o especialidad.

En cuanto a los temas a los que se dedican cada uno de los capítulos, conviene indicar que, a través del correr de las páginas, nos encontraremos con las respuestas a doce interrogantes que el autor logra responder de manera clara y concisa, respuestas que nos sitúan de manera sencilla y pedagógica ante la cuestión del rótulo de esta obra: *¿Qué es la filosofía?*

En el *primer capítulo* nos enfrentamos al interrogante sobre si la filosofía *es cultura*. Al centrar la atención para responder a esta cuestión, el profesor Sellés profundiza en el debate contemporáneo sobre si la filosofía es parte de la cultura o algo independiente. Solo al comenzar el capítulo hace una clara distinción sosteniendo que 'la cultura se define como el conjunto de productos y prácticas humanas, mientras que la filosofía es un saber teórico que busca la verdad'. Luego, se exploran tres posibles relaciones entre filosofía y cultura, usando las conjunciones 'y' (armónica), 'o' (antagónica), y 'es' (identitaria), para cuestionar si la filosofía debe ser absorbida por la cultura, como postulan algunas corrientes contemporáneas.

La crítica sobre la identificación se centra en el 'culturalismo', descrita por el autor como una corriente que sostiene que toda verdad, incluyendo las verdades filosóficas, depende de la cultura. Esta postura errónea considera el pensamiento filosófico como un producto cultural, relegándolo al mismo nivel que otras producciones humanas. Sellés argumenta que esta interpretación es reductiva, ya que considera toda verdad como relativa y culturalmente condicionada, lo cual lleva a negar la existencia de verdades universales e inmutables. Trayendo a colación a los clásicos, recuerda que estos consideran que la verdad es objetiva y no depende de la cultura, y que la filosofía se sitúa por encima de los productos culturales al trascender el contexto temporal e histórico. El autor acaba afirmando que la cultura, por ser creada por el ser humano, debe subordinarse jerárquicamente a los principios fundantes descubiertos por la filosofía, puesto que, por centrarse en la verdad, la filosofía tiene un fin superior que debe guiar la cultura en lugar de ser absorbida por ella. Todo esto nos permite concluir que la filosofía no es cultura, porque la persona humana, al ser un ser trascendente y racional, no puede reducirse a un producto cultural. La cultura debe apoyar el desarrollo ético y personal del ser humano, mientras que la filosofía sigue siendo una búsqueda libre de la verdad, no condicionada por los contextos culturales.

El *segundo capítulo* se centra en el interrogante sobre si la filosofía *es ideología*. Este apartado comienza con una idea contundente, indicando que mientras las ideologías tienden a sacralizar ideas humanas hasta convertirlas en formas de idolatría, la filosofía busca desacralizar todo aquello que no es divino, contribuyendo a un conocimiento fundamentado en la verdad en lugar de en construcciones humanas. Por eso el profesor Sellés describe el proceso reciente de secularización como una forma de temporalización de lo sagrado, es decir, una transformación de valores espirituales en valores mundanos. En este contexto, la ideología representa una sacralización de lo profano, tratando de llenar el vacío dejado por dicha secularización mediante la idolatría a valores no trascendentes.

A continuación, se centra la atención en la religión del cristianismo, en contraste con la ideología, indicando que esta –a diferencia de otras– se presenta como una religión en la que Dios busca al hombre. Esto ocurre por medio de la revelación divina. A diferencia de otras religiones, que en la búsqueda de la divinidad pueden mitificar aspectos de la naturaleza humana o el cosmos, el cristianismo sostiene que el hombre es un ser creado y finito, que solo encuentra su realización en la relación con Dios. A raíz de esto, a través del capítulo se exploran varias formas en las que el cristianismo y la filosofía desacralizan aspectos de la existencia humana: primero, ambos rechazan la divinización de las personas, incluyendo la idolatría hacia ciertos aspectos de la naturaleza humana; también, desacralizan el cuerpo y los placeres sensuales, la razón, la voluntad y las emociones, considerándolos medios para el crecimiento humano y no fines en sí mismos; asimismo, desacralizan el lenguaje, el cual, aunque se considera muy importante, se usa como medio para expresar la verdad y no como un fin en sí mismo.

Como síntesis de esta sección, el autor esclarece que el cristianismo y la filosofía auténtica se oponen a la ideología, no solo por rechazar la idolatría de valores temporales, sino sobre todo por promover una verdad trascendente: al destacar la distinción entre lo eterno y lo temporal, tanto el cristianismo como la filosofía ofrecen una perspectiva única que desafía las ideas modernas de secularización y secularismo, abogando por una visión del ser humano y la realidad que va más allá de lo meramente mundano.

El *capítulo tercero* trata sobre el interrogante de si la filosofía *es educación*. Para responder esta cuestión, el autor indica que la verdadera educación debe centrarse en la intimidad y la trascendencia personal del educando, en lugar de reducirse a un conjunto de conocimientos técnicos. La educación y la filosofía, siendo aspectos distintos, se entrelazan cuando ambas se dedican a la verdad personal y se encaminan hacia el pleno desarrollo del ser humano. Es decir, la educación debe ser fundamentada profundamente desde la filosofía.

El autor distingue entre lo común de todo educando y su persona –única e irrepetible–, enfatizando que la verdadera educación debe respetar esta singularidad y fomentar el crecimiento desde la intimidad de cada quién. El educando no es simplemente un 'qué' sino un 'quién'; y para educar, el educador debe esforzarse en conocer personalmente al educando. Siguiendo esta dirección, Sellés considera que las dificultades en torno a la educación surgen en varios niveles: el desconocimiento del concepto de persona, de la particularidad de cada educando, y de la relación educativa entre educador y educando, la cual debe basarse en el reconocimiento de ambos como hijos de Dios. El texto subraya la importancia de esta filiación divina natural en el proceso educativo, ya que sin ella, el concepto de 'hermano' y el sentido de fraternidad se desmoronan, dificultando el aprendizaje y la educación personal.

Por otra parte, el educador enfrenta el desafío de ser consciente de su propio crecimiento personal y de su condición de 'hijo'. Se afirma que la verdadera enseñanza y aprendizaje solo ocurren cuando ambos se reconocen co-hijos de un mismo Padre. Esto implica que el educador debe fomentar en el educando la capacidad de reconocerse como hijo de Dios, cultivando una educación fraterna y filial que trascienda la simple transferencia de conocimientos. Al final de este capítulo Sellés concluye que la crisis educativa actual es una crisis de identidad filial. El verdadero maestro es aquel que se reconoce como hijo de Dios. Si se atiende al ámbito sobrenatural, cabe añadir que Cristo es el modelo de esta filiación y, por ende, el Maestro supremo. Por el contrario, al perderse la noción de filiación con la modernidad, las relaciones educativas se vuelven fragmentadas y competitivas, afectando tanto a la familia como a las instituciones educativas.

En el *cuarto capítulo* el autor se pregunta si la filosofía *es comunicación*. La respuesta comienza sosteniendo que la comunicación auténtica nace en la intimidad personal y es más que una simple transmisión de ideas o información; es una manifestación esencial de la apertura del ser humano hacia los demás, una apertura intrínseca que no puede ser individualista. La filosofía se entiende como un medio para alcanzar y comunicar armónicamente las realidades superiores, y no solo como una disciplina aislada. De esta manera, se plantea que el verdadero propósito de la comunicación filosófica no es tanto la retórica o el logro de acuerdos superficiales, sino la búsqueda de la verdad.

Posteriormente, Sellés examina la comunicación en el contexto de varias corrientes filosóficas, incluyendo el realismo, el racionalismo, el nominalismo y el monismo, y muestra cómo cada una de estas filosofías tiene una visión distinta de la comunicación, concluyendo que el realismo, al ser la corriente más abierta y conectada con la realidad y la verdad, se presenta como el enfoque filosófico más comunicativo. Sentado esto, a continuación, se esclarecen los requisitos fundamentales para que un diálogo sea auténtico, a saber, que exista confianza, veracidad, conocimiento, virtudes morales, y respeto por la intimidad de cada persona. En efecto, en el diálogo genuino, los participantes buscan el bien común y trabajan en un marco de respeto y apertura hacia la verdad. También se plantea que, para que exista una sociedad cohesionada, debe haber un compromiso compartido con la verdad y el bien. Sin estas bases, la comunicación degenera en mero intercambio superficial o manipulación retórica, perdiendo su esencia transformadora.

Por otro lado, en este capítulo se subraya la diferencia entre la comunicación en su nivel externo y la comunicación interna que el ser humano tiene consigo mismo y con Dios. Se explica que el ser humano no solo se comunica externamente con otras personas, sino que en su intimidad mantiene, si libremente desea, una relación constante con su Creador; siendo esta relación interna la base de su capacidad de comunicación auténtica hacia el exterior. La comunicación externa que no esté fundamentada en la relación íntima con Dios pierde su valor personal. En consecuencia, el autor concluye que el fin último de la comunicación es la comunión y la donación personal, un acto que implica tanto dar como aceptar íntimos. Cuando la comunicación se reduce a una transmisión de información impersonal, se pierde el carácter personal que le es propio y se convierte en una simple herramienta utilitaria.

Finalmente, este capítulo concluye sosteniendo que la auténtica comunicación tiene una dimensión trascendental, ya que su es fin la vinculación con Dios, quien es el origen y destinatario último de la relación personal. La comunicación humana se personaliza y enriquece en la medida en que se abre a esta dimensión trascendental, reflejando la naturaleza de Dios como ser relacional y fuente de toda comunicación verdadera.

El *capítulo quinto* investiga si la filosofía *estudia lo real*. En este capítulo el autor se sumerge con claridad y sencillez en el realismo filosófico, contraponiéndolo a otras corrientes filosóficas como el idealismo, el nominalismo y el esteticismo. Al iniciar este estudio el autor se plantea una pregunta obvia pero muy relevante: ¿qué es el realismo? Explica que el verdadero realismo filosófico se fundamenta en aceptar y estudiar lo real, es decir, en reconocer que el mundo y el ser existen independientemente del pensamiento humano. A esto agrega que los realistas clásicos, como Aristóteles, consideran que la realidad abarca no solo la materia, sino también principios no materiales.

Luego explica que existen distintas derivaciones del realismo, indicando que el realismo auténtico debe incluir no solo la realidad física, sino también aspectos trascendentales como el ser, la verdad, el bien y la belleza, esto es, los llamados 'trascendentales metafísicos'. Así se logra una comprensión más completa y jerárquica de lo real. Por consiguiente, a diferencia del materialismo, que considera al ser humano como un agregado de la materia, el realismo reconoce la existencia de un conocimiento intelectual que no puede ser explicado solo por procesos materiales. Paralelamente, la exposición explicita como el realismo se enfrenta al idealismo, al nominalismo y al esteticismo. Esto se da porque en el idealismo la verdad es el único trascendental, y se desconecta de la realidad concreta; porque en el nominalismo, que dio lugar a corrientes como el empirismo, se niega la existencia de universales y se enfoca únicamente en los hechos observables; y porque en el esteticismo, una corriente más reciente que permea la postmodernidad, desconecta la belleza de la verdad y el bien, enfocándose en la apariencia o el agrado subjetivos, lo cual lleva a un enfoque superficial de la realidad.

La gran novedad que ofrece Sellés en este tema es la propuesta de avanzar hacia un 'realismo antropológico'. De la mano de Leonardo Polo –que distingue el ser extramental del ser personal–, explica que el ser humano no solo existe, sino que co-existe y es capaz de un conocer y amar personales. Esta coexistencia es libre y refleja una apertura hacia Dios. A diferencia del realismo clásico, que veía al hombre como un ente entre otros, el realismo antropológico reconoce el carácter único y libre de la persona, lo cual le otorga una dignidad particular.

En el *capítulo sexto* se esclarece si la filosofía *busca la verdad*. Para responder el autor estudia la filosofía como búsqueda de la verdad y aborda la transformación de esta disciplina en la modernidad, donde el afán de fama y éxito ha desplazado en parte la misión filosófica de descubrir verdades radicales. La filosofía busca la verdad sin pretender ser una ciencia normativa; más bien, se esfuerza por exponer la realidad sin filtros, tal como es. A este respecto, aclara que la verdad no se encuentra en las cosas, sino en la mente que las capta. Es el objeto del entendimiento y se manifiesta en la adecuación entre el objeto pensado y la realidad. Con todo, aunque la verdad está en la mente, su fundamento es el ser real; sin embargo, el conocimiento no puede poseer lo real tal cual es, sino solo una semejanza o imagen intencional de él. A lo dicho, agrega Sellés que la jerarquía de las verdades se despliega en distintos niveles de conocimiento humano, donde algunas formas de verdad son más altas que otras y más cercanas a la verdad trascendental. A continuación explora los sentimientos y virtudes que acompañan la búsqueda de la verdad, destacando el papel de la humildad y la esperanza. Según Tomás de Aquino, la humildad abre el camino hacia la libertad interior, permitiendo a la persona mantenerse abierta a conocer más, mientras que la soberbia cierra al individuo sobre lo ya conocido y le impide aspirar a saber más. La verdad se convierte así en el objetivo de la libertad personal, y el amor a la verdad en el motor que impulsa al filósofo hacia la realización personal.

Luego denuncia tres defectos filosóficos modernos que afectan a la búsqueda de la verdad: el relativismo, el escepticismo y el subjetivismo; que son obstáculos que empobrecen la filosofía y desvían su atención del objetivo último. El relativismo sostiene que no hay una verdad universal, lo que conduce a una contradicción al pretender que esta afirmación misma sea absoluta. El escepticismo, por su parte, niega la posibilidad de alcanzar una certeza cognoscitiva, aunque en sí mismo busca una verdad absoluta, generando una postura noética contradictoria. Por último, el subjetivismo reduce la verdad a algo subjetivo y dependiente de la perspectiva individual, lo cual ignora la naturaleza de la verdad como adecuación a la realidad. El profesor Sellés propone una rectificación de estas filosofías sugiriendo que el verdadero realismo debe vincular la razón, la voluntad y los niveles superiores del ser humano sin caer en reduccionismos. La filosofía debe buscar una comprensión más completa del ser humano, que incluya tanto su dimensión intelectual como su capacidad de trascendencia. Este realismo ampliado reconoce que la verdad no se agota en el plano racional o empírico, sino que también incluye la realidad personal y trascendental.

El *séptimo capítulo* responde el interrogante de si la filosofía *trata del bien*. Aquí, el autor explora la relación entre la filosofía, el bien y el mal, abordando cómo la primera busca comprender la realidad para orientar al ser humano hacia el bien y lidiar con el problema del mal. A través de un análisis profundo, se argumenta que el bien y el ser son equivalentes en lo real, y que la filosofía, al tratar sobre el bien, ayuda a descubrir realidades cada vez más elevadas. Sin embargo, también enfrenta el reto de dar sentido al mal, un fenómeno que desafía tanto al conocimiento humano como a la naturaleza divina. Sellés indica que la filosofía se presenta como una disciplina que busca revelar el bien en todas sus dimensiones. Desde la perspectiva clásica, el bien es inherente al ser y su comprensión permite al ser humano alinearse con su propósito último. A pesar de esto, la modernidad y la posmodernidad han introducido perspectivas relativistas y nihilistas, como las de Nietzsche, quien propone ir 'más allá del bien y del mal'. Este enfoque, que rechaza la moral objetiva, es criticado por el autor, argumentando que el ser humano no está diseñado para el mal, sino para el bien. En este sentido, el bien trasciende lo físico y se orienta hacia dimensiones espirituales y trascendentales.

Paralelamente, se señala que, aunque el mal existe y afecta la vida humana, no debe ser el centro de atención. En lugar de enfocarse en él, se insta a buscar la abundancia de bien que puede surgir incluso de las circunstancias más adversas. Esto no implica negar la existencia del mal, sino reconocer que su comprensión es limitada y su superación requiere centrarse en el bien. Por este motivo se describe el mal como la privación del bien, ya que es un déficit que afecta la realidad creada. Es decir, desde la filosofía clásica y medieval, se considera que el mal no tiene existencia en sí mismo, sino que es una carencia de perfección en el ser. Esta visión contrasta con otras interpretaciones históricas y modernas, como la de Hegel, quien veía el mal como un momento necesario en el proceso dialéctico de la historia, o la de Nietzsche, quien lo consideraba un invento de los débiles para atemorizar a los fuertes.

Por otro lado, el texto centra la atención en el mal desde la dimensión personal, fundamentándose en la antropología trascendental de Leonardo Polo. En esta parte advierte el autor que el ser humano es un ser personal con rasgos distintivos como la coexistencia libre, el conocimiento y el amor personales; y que el mal afecta estas dimensiones de manera más grave que a otros niveles de la realidad humana. A esto añade que el mal personal se manifiesta como una soledad autoimpuesta, que contrasta con la índole relacional del ser personal humano, diseñado para coexistir con Dios y con los demás. Así, al admitir el mal, el ser humano pierde progresivamente su capacidad de conocer quién es y su vocación divina, afectando su conocer y amar donal personal, las dimensiones más elevadas de su acto de ser o intimidad.

En el *capítulo octavo* Sellés plantea el interrogante sobre si la filosofía *atiende a la belleza*. Esta parte comienza con el estudio del concepto de belleza desde la perspectiva filosófica, explorando sus distintos niveles, su relación con la realidad y su conexión con el conocimiento humano. La belleza no es meramente subjetiva ni ornamental, dice el autor, sino un aspecto esencial de la realidad que se identifica con el bien y la verdad. Según eso, la filosofía tiene el deber de estudiar la belleza, profundizando en sus niveles cognoscitivos y afectivos. En relación con esto, se señala que la belleza se fundamenta en lo real y se relaciona tanto con el bien como con la verdad. Por este motivo, como advertía Tomás de Aquino, la belleza no es subjetiva, sino que forma parte de la naturaleza de las realidades. Paralelamente, se estudian los distintos niveles de la belleza. Respecto del nivel sensible, la belleza se encuentra en los accidentes de la realidad física, como colores, sonidos y formas, que los sentidos externos e internos pueden percibir. Sobre el nivel esencial cósmico, la belleza radica en la esencia de la realidad física, el orden y la armonía del universo, captada por la razón teórica. En relación con la naturaleza humana, la belleza se vincula con la sindéresis, un hábito cognoscitivo innato que conecta a la persona con su naturaleza, y percibe la belleza como la armonía de las facultades y potencias humanas. Respecto de la esencia del hombre, la belleza se manifiesta en el desarrollo de las facultades superiores, la inteligencia y la voluntad, a través de los hábitos intelectuales y las virtudes morales. Sobre el nivel trascendental metafísico, la belleza se halla en los actos de ser extramentales, el acto de ser del cosmos y el acto de ser divino. Este nivel de belleza se percibe a través del hábito de los primeros principios. En relación con el nivel del acto de ser personal, la belleza se refiere a la intimidad, captada por el hábito de sabiduría. Tal belleza está formada por la armonía entre las dimensiones personales: la libertad coexistencial, el conocer y el amar personales. Y, finalmente, respecto de las personas divinas, la belleza se experimenta cuando el acto de ser personal humano se relaciona con el Dios pluripersonal. El intelecto personal, la dimensión noética humana más alta, capta esta belleza divina, generando afectos del espíritu como la esperanza, la confianza y el gozo. Posteriormente, se advierte que la belleza tiene un poder reunitivo y convocador. En el nivel personal, la belleza reúne las distintas dimensiones de la persona humana y las orienta hacia la trascendencia. En el divino, la belleza convoca al ser humano hacia una relación íntima con Dios, permitiendo alcanzar un crecimiento espiritual. A esto se agrega que la pérdida de contacto con la belleza genera efectos negativos, como el hastío y el torpor espiritual; mientras que la apertura hacia la belleza, especialmente en sus niveles más altos, fomenta la virtud, la armonía y la conexión con el sentido último de la existencia.

En el *capítulo noveno* se plantea el interrogante de si la filosofía *sabe de la persona*. En él se comienza reflexionando sobre el conocimiento filosófico de la persona, destacando que, a lo largo de la historia, la filosofía no ha comprendido plenamente la intimidad personal humana. Aunque se han realizado avances significativos, la comprensión de la persona sigue siendo una tarea pendiente. Para ello, el texto aborda la distinción entre 'hombre' y 'persona', proponiendo que la persona –como núcleo íntimo y espiritual– trasciende las facultades sensibles e inmateriales, y se caracteriza por la coexistencia libre, el conocimiento y el amar donal personales. Sellés propone que en lugar de preguntarnos '¿qué es el hombre?', es más adecuado cuestionarnos sobre '¿quién es la persona?'. Esta interrogación revela que el acto de ser humano no puede reducirse a una suma de facultades o características que tiene, sino que es una dimensión superior, irreductible –única e irrepetible–, que distingue a cada quién.

A continuación el autor enfatiza que la persona humana no puede comprenderse en aislamiento, ya que es 'ser-con', es decir, un ser vinculado con otras personas, en rigor, con Dios. Esta coexistencia no implica fusión, sino una relación que respeta la singularidad de cada persona. La persona humana encuentra su sentido último en su relación con el Dios personal, quien da sentido completo al ser personal humano. La persona humana está conformada por tres trascendentales personales: la coexistencia libre, el conocer persona y el amar donal personal. La libertad personal, no consiste en la capacidad de elección (libre albedrío clásico), sino en la libertad constitutiva del ser personal, libertad que no se explica desde sí misma, sino que está orientada hacia el Creador, quien le puede dotar de pleno sentido. El conocer personal busca la verdad última, su sentido personal que solo puede ser plenamente alcanzado en relación con Dios. La pérdida de este sentido conduce al aislamiento y a la despersonalización. Finalmente, el amar donal personal –que no consiste en el deseo ni en el querer de la voluntad– es la aceptación activa y desbordante del ser personal que le pueda aceptar irrestrictamente. Es la dimensión superior de la intimidad personal, que encuentra su realización en el amor a Dios y en la donación mutua.

El texto destaca que el ser personal no está acabado, pues sostiene que está en constante crecimiento y orientado hacia el futuro. Este 'proyecto' personal implica la aceptación libre de la propia vocación y el desarrollo de las dimensiones personales. El rechazo de esta conduce a la pérdida progresiva del ser personal, mientras que su aceptación permite un crecimiento continuo, incluso en la vida posthistórica. A su vez, la persona humana encuentra su sentido completo en su relación con Dios, quien es su origen y destinatario. La libertad, el conocer y el amar donal personales están abiertos a esta relación, que no se consuma en la vida presente, sino que se plenifica en la vida ulterior. Sin esta vinculación trascendental la persona pierde su verdadero sentido.

En el *décimo capítulo* el autor se pregunta si la filosofía *procura la felicidad*. De entrada se esclarece que la verdadera felicidad radica en la intimidad personal –respuesta que surge desde antropología trascendental– y no en las facultades humanas –que sería la respuesta que surge desde la ética filosófica clásica–. Esto plantea que existe una distinción entre los 'afectos del espíritu' –que son más profundos y duraderos, y que reflejan la condición personal, estando relacionados con la búsqueda del sentido último de la vida– y las emociones sensibles y los estados de ánimo que afectan a la inteligencia y a la voluntad. Los primeros, los afectos del espíritu son positivos cuando se acepta la vida en relación con Dios, y negativos cuando se rechaza tal vinculación, generando un vacío existencial.

La felicidad se describe como el objetivo último o fin final del ser humano que se encuentra íntimamente ligado a la esperanza. Según el autor, la vida humana está en un proceso de espera y aspiración a alcanzar la felicidad plena; y esta felicidad no se limita a los placeres inmediatos ni a los bienes materiales. Así, el sentido de vida –la vocación personal– surge de la relación con Dios y, consecuentemente, la auténtica felicidad solo se consigue en esta coexistencia amorosa con Él. También se aborda la diferencia entre los afectos positivos y negativos del espíritu. Los positivos incluyen el gozo y la paz, derivados de una vida orientada al amor y al conocimiento personal divinos; mientras que los negativos como la tristeza, la desesperación y el odio, aparecen cuando se pierde esta coexistencia. Concluye que la filosofía se muestra como una guía en esta búsqueda de felicidad, ya que ayuda a discernir y orientar los afectos hacia el bien y el sentido último de la vida.

El *capítulo once* estudia si la filosofía *mira al destino*. Aquí el profesor Sellés explora la relación entre la persona humana y su destinatario, señalando que el destino es único e irrepetible para cada persona y que está orientado a un destinatario personal: Dios. De esta manera, la filosofía –en su reflexión sobre la existencia humana– tiene como una de sus tareas centrales dilucidar este destino, el cual se comprende mejor al verlo como una 'destinación' en lugar de un simple fin o término de la vida humana. Esta destinación involucra la libertad personal, en cuanto intimidad humana, en su relación con el ser divino.

Históricamente el concepto de destino ha sido interpretado de diversas maneras, desde una visión mitológica, que lo percibe como inevitable, hasta el perfil de la filosofía griega, que lo entendía como un fin alcanzado mediante la virtud. En contraste, el cristianismo introduce una perspectiva en la que el destino humano implica una relación activa y libre con Dios. Esta visión cristiana se desarrolló en la Edad Media, donde se describió la beatitud o felicidad eterna como la posesión del Bien supremo. La filosofía moderna, en cambio, presentó desafíos a esta concepción, especialmente con el ascenso de enfoques como el empirismo, el agnosticismo y el materialismo.

Por otro lado, desde una perspectiva antropológica, el destino humano no es un hecho consumado o algo determinado, sino una libre y continua destinación hacia el ser divino. Esta destinación implica una libertad orientada del 'ser-con' al ser divino. La libertad personal nos permite no solo existir sino también proyectarnos hacia un futuro en el cual culminemos en comunión con Dios. En este sentido, afirma Sellés que la destinación al Creador es superior a cualquier actividad técnica, cultural o histórica, ya que estas realidades humanas son limitadas y no pueden satisfacer el anhelo profundo de la persona por alcanzar su sentido último. Por el contrario, la renuncia a destinarse es la negación del ser personal, la cual conduce al egoísmo y a la soledad existencial. En la filosofía contemporánea, esta renuncia puede manifestarse en la forma de un progresismo que ignora a Dios o en un panlogismo que intenta reducir todo saber a un sistema cerrado sin trascendencia.

Al final de este capítulo, el autor concluye que la destinación a Dios es tanto natural como sobrenatural. Naturalmente, cada persona está inclinada a Dios, pero sobrenaturalmente esta inclinación es elevada mediante don divino. Esta filiación sobrenatural –acompañada de las virtudes teologales, fe, esperanza y caridad– permite a la persona humana alcanzar una plenitud que excede sus capacidades naturales. Así, el ser humano no solo está llamado a coexistir con Dios, sino a ser elevado a una unión más íntima, que no es una simple acumulación de acciones buenas.

El *décimo segundo capítulo* responde al interrogante de si la filosofía *es religión*. Este apartado comienza indicando que la filosofía y la religión tienen vínculos profundos, ya que ambas son medios para indagar en el sentido de la vida humana, el cual solo se encuentra plenamente en la relación con Dios. Esto es así siempre que se entienda la religión, no simplemente como una virtud adquirida que se limita a manifestaciones externas, sino como una relación intrínseca que conecta a la persona con Dios en lo más profundo de su ser. El estudio sobre estos puntos comienza con la pregunta de si la religión pertenece al 'tener' o al 'ser'. A diferencia de una virtud adquirida que se tiene, como la justicia o la templanza, la religión hace referencia al 'ser' personal humano. Esto quiere decir que el acto de religarse a Dios es nativo y se encuentra en la raíz misma de la existencia personal. Esta conexión implica que el hombre no solo *tiene* religión, sino que *es* religión, porque la persona humana es, en su ser personal, relación y apertura a Dios, una co-existencia-con que trasciende el mero acto de querer volitivamente a Dios. La religión se convierte de esta manera en un aspecto inalienable del acto de ser personal humano, no solo un conjunto de actos voluntarios referidos a la divinidad.

Por otro lado, el autor propone que el hombre es un ser 'vocacional', llamado a responder al ser divino desde su intimidad. Ser persona creada implica ser llamada a una relación coexistente con Dios, y es esta relación la que otorga al ser humano su sentido último. Decía Guardini que la naturaleza humana se desvanece sin esa relación vocacional con Dios, pues el hombre está hecho para ser y existir en respuesta a esa llamada. En sintonía con esta tesis, pero no abordada desde la teología sobrenatural sino desde el ápice de la filosofía, la antropología trascendental, la vocación se refleja en el hecho de que el ser humano no solo existe, sino que es invitado libremente a coexistir amorosamente con Dios. La persona humana es concebida aquí, no como fruto del azar o de la simple necesidad biológica, sino como predilección divina. Aunque contingente en cuanto a su creación, cada individuo está destinado al Creador, es decir, el hombre no es solo el producto de la naturaleza o la biología, sino que es una criatura con una orientación que le otorga su verdadero significado. Finalmente, el autor advierte que, aunque el hombre no puede desvincularse de su naturaleza religiosa en esta vida, existe la posibilidad de rechazar esa vinculación. En este caso, el ser humano se condena a una existencia sin sentido, ya que al rechazar a Dios rechaza su propio ser.

* * *

Para terminar, me gustaría agradecer profundamente al autor de este libro, mi maestro, por la confianza de encargarme este Prólogo y, sobre todo, por la audacia de tratar estos asuntos con tanta claridad y sencillez, puesto que nos ayudan a todos a 'salirnos' de nuestro ajetreado día a día y pararnos a pensar. Por esto último, me parece correcto describir esta obra que se pública de nuevo como una sugerente guía para detenerse a pensar en *qué es la filosofía*, y para animar a todo tipo de lectores a adentrarse en esta disciplina que tanto bien puede hacer a cada persona y a la sociedad en su conjunto.

Introducción

Juan Fernando Sellés

"¿Filosofía? ¿Hoy? ¿En la Universidad? ¿Para mí? ¡No tengo tiempo! Eso estará bien, en todo caso, para los congresos, porque los que hablan bien y citan a pensadores famosos son como los floreros que adornan las mesas de las ponencias, que entretienen y hacen la vida agradable, pero que, como lo que dicen no tienen que ver directamente con el tema en cuestión, luego nadie se acuerda de lo que han dicho. Más aún, es claro que tales filósofos se ven a sí mismos como floreros, pues se dedican a 'echarse flores' a sí mismos". Seguramente el lector ha pensado como la persona a la que pertenece la locución que precede. Y enseguida advierte: la filosofía que ofrecen esos 'filósofos' tiende a desaparecer, porque filósofo debe ser el que da su vida a la verdad, no quien subordina la verdad a sus intereses académicos.

La denuncia del estado de crisis de la filosofía es antigua, pues atraviesa todas las épocas de pobreza intelectual. Los primeros siglos de nuestra era, por ejemplo, sufrieron una de estas depresiones, tal como lo narra un testigo: Gregorio Taumaturgo: "a tal extremo han llegado todos (los filósofos) que deshonran hasta el nombre mismo de la filosofía, y yo mismo preferiría ser totalmente ignorante, antes que aprender lo que ellos dan a conocer: hombres a quienes en su vida no es digno ni vale la pena acercarse... Al principio no me entrevisté con muchos, sino con aquellos pocos que se ufanaban de enseñar filosofía; pero todos cifraban el filosofar en meras palabras. Orígenes en cambio, fue el primero que me exhortó con sus palabras a filosofar... para ello procuraba apartarnos del ajetreo de la vida y de las disputas del foro, y a que reflexionáramos sobre nosotros mismos". Si la crítica de este escritor antiguo se hubiese publicado hoy, tendría la misma o mayor vigencia que en su época.

Además, en el escenario europeo, cuna de la filosofía, este saber parece –como advirtió Ortega– no levantar cabeza desde hace tiempo: "¿cómo la filosofía va a pretender que nadie la tome en serio, si ella comienza por dudar de su propia existencia, si no vive más que en la medida en que se combata a sí misma, en que se desvía a sí misma?". A mayor abundamiento, en nuestro medio parece que la crisis se remonta siglos atrás, como notó José de Cadalso: "a fuerza de usarse esta voz (filosofía), se ha gastado. Según la variedad de los hombres que se llaman filósofos, ya no sé qué es filosofía. No hay extravagancia que no se condecore con tan sublime nombre".

Además, el atento lector, tras reparar en la palabra 'filosofía' se siente inmediatamente inclinado a preguntar: '¿qué filosofía?', porque, aunque hoy parecen expirar todas las 'escuelas' filosóficas, como ha habido tantas –tal vez demasiadas– se pregunte de cuál de ellas se está hablando. Sin embargo, como la filosofía tiene como único fin la verdad, carece de sentido hacer 'escuelas' en filosofía. Efectivamente, preguntar a un verdadero filósofo a qué escuela pertenece (y así poder encasillarlo) es una tontería, porque la única 'escuela' válida en filosofía es la que busca la verdad, venga de donde venga y, consecuentemente, la que rectifica el error, lo afirme quien lo afirme.

Quien hoy abre de buena fe un pequeño libro con este título, anda buscando seguramente una 'buena' filosofía, que aclare y solucione en cierta medida alguno de sus problemas personales de fondo, y también los que las 'escuelas filosóficas' han ofrecido, precisamente por lo cual son 'problemáticas'. No sé si te podré complacer, estimado lector, porque más que filósofo, hago lo que puedo por ayudarte. Aun así, espero que te sirvan estas experiencias (en formación) que te transmito.

Si echas un vistazo a los temas del *Índice*, notarás enseguida que todos estamos interesados en ellos. De modo que todos somos en cierto modo filósofos, aunque hay unos que lo son más que otros: más, lo que más tienen en cuenta esos temas, menos, lo contrario. Advertirás, asimismo, que aquí se atiende no sólo a los temas con los que se ha enfrentado clásicamente la filosofía –realidad, verdad, bien, belleza–, sino también a algunos de los que más preocupan en la actualidad –cultura, ideología, educación, sentido personal–, y a algunos otros que siempre han inquietado y turbarán –destino, religión–.

En cuanto a la materialidad del escrito, en su redacción se han evitado los tecnicismos filosóficos, para que el texto sea comprensible a un extenso público universitario. Con esa misma mira se elude toda carga de aparato crítico en notas al pie de página, y se usa, asimismo, el estilo directo en la exposición.

En fin, estimado lector, si tienes inquietud en saber lo que se condensa en estas páginas eres filósofo. Si en algo te ayudan, me alegro. Si este pequeño texto consigue fomentar todavía más tu inquietud e inconformidad orientando la resolución de tus dudas, ha cumplido con creces su objetivo. Si tras su lectura, buscas o descubres más sentido que el que en ellas se ofrece, comunícamelo cuando quieras, a ser posible en torno a un café...

1
¿Es cultura?

1. Planteamiento

"La interpretación más abusiva y peligrosa de la cultura es la que cifra al hombre entero en su pretendida consistencia: en la identificación entre el ser del hombre y su acción reside uno de los motivos recurrentes de la antropología moderna. Es la decisión de comprometer completamente al hombre en sus realizaciones", según el parecer de Polo. Esa interpretación culturalista del hombre –y tristemente también de algún poliano– es la filosofía vigente en las últimas décadas, y tal filosofía se comprende a sí misma como cultura.

En la actualidad se da un intrincado debate acerca del significado del término 'cultura', y se sigue arrastrando la controvertida y ancestral cuestión acerca de qué sea 'filosofía'. Sin entrar en esas discusiones, y para simplificar el asunto, aquí se entiende por cultura los productos que el hombre elabora con sus acciones prácticas, mientras que se concibe por filosofía ese saber teórico que el hombre alcanza con sus actos cognoscitivos al descubrir lo real.

Precisado esto, a continuación cabe señalar que entre ambos términos caben varios nexos. Tengamos en cuenta tres: 'y', 'o' y 'es'. Desde luego, son posibles más enlaces vinculantes entre ambos vocablos (asunto que se puede relegar a los profesionales de la lógica), pero seguramente estos son bastante representativos. Con ellos se cuestiona, en el fondo, si la relación de la filosofía con la cultura es, o debe ser, armónica, antagónica, o si es pertinente defender cierta identidad entre ambas. Atendamos sucintamente a estas tres posibilidades.

a) Por una parte, si se tiene en cuenta la 'y' copulativa, con ella se indicará que la filosofía es distinta de la cultura, y que las relaciones entre ambas pueden ser armónicas. Supuesta la distinción, habrá que averiguar en qué radica la disparidad, y si se descubre que esta es jerárquica, habrá que indagar si el elemento superior es condición de posibilidad y fin del inferior y, consecuentemente, que el menor se deberá subordinar al mayor.

b) Por otra parte, de aceptar la 'o' disyuntiva, también se admitirá que filosofía y cultura son distintas, pero se expresará que las relaciones entre ambas no son sólo problemáticas, sino incluso antagónicas, es decir, que de acoger una, habrá que descartar la otra, ya sea en el ámbito científico, social, profesional, etc.

c) Por otro lado, si se elige la cópula 'es', se admitirá que no existe verdadera distinción real entre filosofía y cultura, lo cual llevará a pensar que toda realidad humana es cultural, y como la filosofía es una realidad humana, se estimará que la filosofía es una forma cultural. Esta es la opinión de muchos autores actuales de enfoque postmoderno, para quienes la filosofía se resuelve en cultura.

2. El culturalismo

De las anteriores alternativas, es obvio que hoy está muy extendido el culturalismo, es decir, el intento de absorber la filosofía en la cultura, pues se entiende que el pensar filosófico es una suerte de literatura, de lenguaje, de estilo ensayístico, etc. Tal propósito cuenta con un precedente: la teoría del lenguaje, pues esta, bien mirada, es una antropología cultural. Derivado de esto, no pocos autores actuales suscriben, más o menos explícitamente, la tesis de que la razón y la verdad dependen de la cultura. Para muchos defensores de este postulado, no se trataría sólo de que las verdades culturales dependan de la cultura, sino de que toda verdad, también las físicas, biológicas, etc., –entre otras más importantes– dependan de ella. Así sucede, por ejemplo, con el actual debate sobre la ideología de género. Para otros, dependerían de la cultura incluso las verdades personales.

Lo que tiene a su favor la precedente hipótesis es la importancia que concede a la cultura, que verdaderamente es relevante; y también, que las verdades culturales dependen en buena medida del hombre, ya que es este quien, por medio de una faceta de su razón –la práctica–, forma un boceto (idea ejemplar, decían los medievales), y mediante sus acciones externas construye realidades artificiales que se ajustan con más o menos precisión a su proyecto inicial; ideas que dan lugar a artefactos convencionales. A esto se ha venido en llamar, desde la filosofía posterior a Hegel, "espíritu objetivado".

Sin embargo, la parte de error del postulado culturalista radica en que se considera a toda verdad de este estilo, es decir, como verosimilitud; o también, que toda la razón humana se reduce a su vertiente práctica. Frente a esta hipótesis, un pensador de la tradición griega o medieval seguramente objetaría que si toda verdad se subordina a la cultura, en rigor, no hay verdad, puesto que la verdad es conocida, y lo conocido no es un producto cultural. Los culturalistas –amparados hoy por los biologicistas– probablemente responderían que esta tesis clásica es un 'producto' del cerebro, y que, a su vez, depende de una cultura determinada, que es cambiable y, por ende, reemplazable. Los clásicos insistirían en distinguir entre razón práctica y teórica y, consecuentemente, entre verdades práctico–culturales y teóricas. Añadirían, además, que la faceta teórica de la razón es condición de posibilidad y fin de la práctica. En cualquier caso, para los pensadores de la tradición griega y medieval el culturalismo supondría una reducción del ámbito de la verdad, pues, en rigor, niega que las verdades necesarias lo sean.

3. Revisión

Si bien se mira, se advierte que la tesis culturalista sobre la verdad sólo se puede mantener si se acepta de modo necesario, lo cual, obviamente, es como aceptar una verdad necesaria, tesis que critica el propio culturalismo. Además, si se afirma que la verdad depende de la cultura, tampoco esta tesis que enarbola el culturalismo sería verdad, sino una forma cultural, sólo aceptable si se asumiese la determinada cultura en que se encuadran sus defensores. En definitiva, para quien defienda la primacía de lo cultural, toda verdad será del ámbito de la verosimilitud; y toda filosofía, una determinada forma de cultura.

Con lo que precede se echa de ver que cualquier ataque contra la verdad –y por ende contra la razón y la filosofía– es contrario también a la cultura, y viceversa. Así sucedió, por ejemplo, con el cinismo en la filosofía griega, pues es claro que este fue anticultural, sencillamente por ser antirracional, es decir, antiveritativo, o también, decadente en filosofía. Esto parece indicar que la cultura sin esfuerzo es anticultural; también, que no toda filosofía vale lo mismo ni está en el mismo plano. Pero no sólo eso, sino que da pie a pensar que un debilitamiento de la cultura y de la filosofía es antihumano y antipersonal, o sea, contrario a la ética y a la antropología.

Por tanto, en lo que sigue será pertinente atender a los vínculos de unión entre la filosofía y la cultura, es decir, buscar la armonía entre ellas. Ahora bien, el hecho de vincular dos realidades supone que estas sean distintas. Y si lo son, habrá que averiguar cuál es superior a la otra, pues en la realidad la distinción no es de gustos, sino jerárquica. Será asimismo oportuno indicar cuáles son los errores en los que se incurre cuando no se respeta dicha jerarquía. Además, habrá que encuadrar lo racional y lo cultural en su propio nivel humano, pues, como manifestaciones que son de la persona humana, deben pertenecer a un determinado ámbito antropológico, que será distinto también según jerarquía.

4. Distinciones entre filosofía y cultura

La cultura, ante todo, se distingue de la naturaleza física, porque la continúa. Pero ni una ni otra se oponen al hombre, sencillamente porque la vida biológica de este no es viable sin ambas. La cultura se distingue de la naturaleza, porque esta es más estable, menos pasajera. Con todo, la naturaleza es temporal, pero no es histórica; sí en cambio, la cultura. No obstante, lo que nos interesa es distinguir entre cultura y filosofía. Atendamos a esta diversidad.

La cultura versa siempre sobre el ámbito de los medios. Estos pueden ser unos u otros, pero sin ellos la vida biológica la acción humanas son inviables. De manera que los medios son ineludibles, es decir, no nos podemos zafar de ellos. La filosofía, en cambio, busca la verdad, y esta no es un medio, sino un fin, al menos para la razón. Además, los medios son del ámbito de lo útil; y lo característico de lo útil es que sirve para otra cosa, siendo aquello para lo que sirve superior al mismo instrumento. Sin embargo, la filosofía no tiene una utilidad práctica o instrumental, sino que es fin, pues se filosofa por saber, y –como dice Polo– "la verdad no tiene sustituto útil".

Por otra parte, –como advirtió Cassirer– la cultura versa sobre lo temporal, mientras que la filosofía se destaca –incluso históricamente– de los demás saberes porque busca lo permanente, es decir, lo que trasciende el tiempo, pues la verdad –aún la verdad referida a la historia– no está sometida al tiempo. En este sentido se puede decir que toda cultura es histórica, o que la historia es el ámbito o cauce de la cultura. En cambio, la filosofía no es histórica. Obviamente, se pueden conformar historias de la filosofía, pero filosofar no es algo intrahistórico (aun tratándose de la filosofía de la historia), sino que acaece en cada quién precisamente cuando tal persona se para a pensar, actividad humana que implica detener el curso de los acontecimientos históricos y, por tanto, trascender la historia y ser capaz, por eso mismo, de cambiarla.

De subordinarse el hombre a la cultura, su fin sería temporal, pero el hombre no es tiempo (al menos, no es tiempo físico), pues –como enseñaba Aristóteles– pensar el tiempo no es tiempo. El tiempo físico e histórico se piensa con un acto de la inteligencia, y este no es temporal, sino presencia mental no transida de temporalidad. La presencia mental no es tiempo, sino un acto de pensar que presenta la distensión temporal. Ahora bien, el hombre tampoco se reduce a esa presencia mental. En suma, el hombre es más que historia y, por eso, su fin no es la historia. De acuerdo con esta observación, las filosofías temporalistas (Marx, Nietzsche, Dilthey, Heidegger, Sartre, etc.) tienen un marcado déficit antropológico.

Cualquier producto cultural se da en la historia, pero la historia no se llena; no llega a culminar por acumulación de ellos. Según esto, es claro que el marxismo es una futurología errónea, porque espera la felicidad en un tiempo que vendrá y que estará repleto de medios que satisfagan plenamente al hombre. Esta ideología es, en definitiva, un culturalismo, porque mide al hombre por sus productos. Otro tanto, aunque en mayor medida, cabe decir del liberalismo. Además, ningún medio cultural es culminar, pues es claro que siempre se puede rectificar, reemplazar por otro, o desechar, asunto que no acaece con las verdades. Lo mismo ocurre con la totalidad de los medios, pues es imposible que estos formen un conjunto cerrado.

5. El pensar es raíz del hacer

Los artefactos culturales dependen de las ideas pensadas, que son previas y condición de posibilidad de tales productos, pero no hay ni una última idea ni una última totalidad de ellas, pues los actos de pensar son susceptibles de ejercerse irrestrictamente y de formar cada vez más ideas. Lo que precede indica que el pensar es superior, previo y condición de posibilidad del hacer, y también, que el conocer es más interno o esencial al hombre que el producir. Además, el pensar mejora inevitablemente la razón, pero no la cultura externa. De otro modo: la cultura no pertenece a la esencia del hombre, pero sí el crecimiento cognoscitivo; también el volitivo. Por eso es evidente que el hombre no se puede subordinar a la cultura, pues si esta no culmina, de supeditarse a ella, el hombre estaría constitutivamente abocado a la infelicidad. Esta insatisfacción es la que denunciaba Kierkegaard tras indicar que es característica de lo que él denominó estadio estético, el periférico o superficial de la vida humana, extendido hoy por doquier.

Asimismo, es claro que los productos culturales los hace el hombre; en cambio, las verdades no las 'hace', sino que se las encuentra o las descubre. Ya se ha dicho que los medios culturales son intercambiables por otros, pues podemos disponer de unos o de otros. En cambio, las verdades son insustituibles. Además, no es posible que la felicidad humana se dé sin una determinada filosofía verdadera, al menos, sin el saber acerca de la propia verdad personal, o sea, sobre el propio sentido.

El pensar hace posibles nuevas ideas pensadas, es decir nuevas posibilidades lógicas. El hacer, en cambio, hace posibles nuevos artefactos reales: posibilidades reales artificiales. Una posibilidad no equivale a la otra. Con todo, existe cierta semejanza entre pensar y hacer, pues ni el pensar es anterior a la idea pensada, ni el hacer a lo hecho, sino simultáneos, sólo que el pensar y lo pensado se dan sin tiempo físico, es decir, en presencia, mientras que el hacer y lo hecho se dan al mismo tiempo. Otro parecido estriba en lo siguiente: de igual modo que no todo lo pensado tiene el mismo valor, es decir, que las verdades son distintas según niveles, asimismo las formas culturales admiten grados.

Cabe advertir también que la cultura se vincula y subordina a la sociedad, pues sin lo social la cultura carece de sentido: se produce cultura para la sociedad, pero la sociedad no es para la cultura. Ahora bien, si las formas culturales son graduadas, servirán más a la sociedad las mejores. En cambio, el saber y la verdad de cada persona humana no se subordinan a lo social, porque cada quién es irrepetible, irremplazable por los demás, y superior a lo común del género humano. Añádase que todo lo cultural lo puede manejar el hombre, y que sin ese manejo la propia vida humana práctica no se abre camino. Pero carece de sentido manipular la verdad, sobre todo si se trata de la propia; es más, tal actitud es siempre contraproducente.

6. Pasado frente a futuro

Los productos culturales permanecen durante cierto tiempo e ingresan en el ámbito del pasado (en la actualidad, demasiado deprisa), formando parte de la herencia humana. En cambio, el pensar humano se da en presente y no se hereda. Pero, sobre todo, el pensar mira al futuro. Los hábitos cognoscitivos humanos prácticos como la prudencia hacen progresar la cultura, pero no garantizan la permanencia de esta, ya que estos no se transmiten por generación biológica, pues son inmateriales y dependen de cada persona. Por su parte, la filosofía no es un saber práctico, sino teórico, y se adquiere con hábitos cognoscitivos teóricos. Por eso, por parte del conocer humano que la posibilita, la filosofía no es cultura.

Se ha indicado que la cultura se encuadra en el ámbito del pasado. Sólo el hombre abre unas posibilidades culturales de cara al futuro y cierra o deja de lado otras. Esto indica que la cultura sirve al futuro sólo por intervención humana, lo cual significa que el futuro no es propio de la cultura, sino del hombre. Efectivamente, lo que más relevancia posee en la vida humana es el futuro (histórico y metahistórico), asunto que no caracteriza a lo cultural. Por eso, cuando en una sociedad (como la nuestra) la cultura prima sobre la filosofía, tal comunidad deviene mítica, porque la preferencia por el pasado es propia del mito.

Como los medios culturales no son necesarios, la cultura es convencional. Lo más convencional de entre lo que el hombre hace es el lenguaje, porque es lo más remitente, simbólico. En cambio, la verdad (y la filosofía que la descubre) no se alcanza por convención, sino que es perenne. Añádase que todo lo cultural es simbólico. Lo superior del lenguaje es el símbolo, y en este no comparece enteramente la verdad. Sin embargo, la verdad no puede ser simbólica, porque es enteramente remitente. En efecto, lo propio del símbolo es que remite a lo simbolizado, pero no del todo. Por eso alguien se puede quedar con los símbolos sin acceder a lo simbolizado. Sin embargo, la verdad conocida remite enteramente a lo real. Añádase que muchas manifestaciones culturales no son racionales; es más, las hay bastante irracionales. No obstante, la filosofía no se compagina bien con lo irracional, pues una filosofía irracionalista es, sencillamente, carente como filosofía, filosofía decadente, o su demolición. En este sentido Nietzsche parece ratificar la tesis que Hegel proclamó en su cátedra de Berlín, a saber, que el futuro sería la locura (no se olvide que, hoy por hoy, Nietzsche el autor más de moda).

Cabe percatarse también de que la actual tendencia a la uniformidad cultural provoca –como ya advirtió Ortega– una sociedad masificada. Sin embargo, el aprecio por la filosofía siempre ha sido de pocos. Con todo, a pesar de la actual tendencia a una cultura globalizada, las manifestaciones culturales han sido y siguen siendo plurales. Es más, en los países más desarrollados (aquéllos que cuentan con mayor abundancia de medios culturales y más sofisticados), es claro que unos medios no casan con los otros, y que la tarea de ordenarlos entre sí desborda a sus usuarios, lo cual produce cierta sensación de desasosiego y apatía. En cambio, si la filosofía busca la verdad respecto de cada realidad, esta no podrá ser sino una, y la evidencia conocida sobre lo real impelerá a asentir, por fuerza, a todo hombre. Desde este punto de vista, el pluralismo cultural de nuestro tiempo (que afecta a disciplinas como la ética, el derecho, etc.) parece opuesto a la ancestral tendencia unificante de la filosofía.

Por otro lado, si se atiende a los 'resultados', también observamos diferencias entre la cultura y la filosofía. Es obvio que cualquier medio cultural está sometido a la falibilidad. En cambio, la verdad no lo está, sino que es precisamente lo opuesto al error. Esto es así porque la cultura depende de la acción externa humana y esta es falible. Sin embargo, la verdad conocida depende del acto de conocerla, y este no es falible, pues conoce siempre. En efecto, los actos de conocer no se equivocan, pues conocen en la medida de la luz del acto. Quien se equivoca es la persona humana, y no precisamente por ejercer demasiado su conocer, sino por cortarle prematuramente las alas. La persona se equivoca cuando no acepta lo que su acto de conocer le ofrece; cuando le pide más o menos de lo que él conoce.

Es la persona humana la que constituye las acciones externas que ella obra, mientras que no es constituyente de sus actos de conocer, pues estos se ejercen tal como son, no como quiere la persona humana que sean. En este sentido cabe decir que el conocer humano es más autónomo, mientras que la acción humana externa es dependiente del sujeto. En su hacerse, la obra cultural tiene entera dependencia respecto de su productor. En cambio, el filósofo no es productor o responsable de las verdades que descubre. A alguien no se le puede medir por lo que piensa a menos que acepte o quiera eso que ha pensado. Se le puede medir, en cambio, por sus quereres y haceres. Por lo demás, es clásico afirmar que lo cultural es externo, pues permanece en materia exterior, mientras que lo pensado –como notó Aristóteles– es interior al pensar.

7. Los déficits humanos del culturalismo

Se acaba de indicar que la filosofía no es cultura, pues es más alta que ella, ya que depende en exclusiva del pensar, mientras que la cultura depende en buena medida del hacer, el cual es inferior al saber. Esto indica que conocer es condición de posibilidad y fin del hacer y, consecuentemente, que la cultura, por inferior, debe subordinarse a la filosofía. Con todo, hay quienes sostienen la opinión contraria. Atendamos a su propuesta y consideremos las implicaciones humanas que alberga.

Si se considera que la cultura es lo dominante en la vida humana, la libertad personal se esfuma, pues si lo que cada hombre hace está regido por el entorno cultural, su acción estará determinada.

Obviamente, de acuerdo con este férreo esquema, la moral humana pierde sentido, pues esta no es posible sin libertad personal. Ahora bien, si la libertad es un rasgo distintivo de la intimidad personal humana, y la moral es la manifestación de esa intimidad, la interpretación culturalista de la acción humana comporta una negación de la ética y de su raíz: la antropología trascendental.

Esta carencia también se puede detectar desde otro punto de vista: si la cultura no es ni persona ni acción humana ninguna, sostener la primacía de lo cultural sobre cada hombre comporta aceptar la despersonalización del hombre y la falta de ética en sus acciones. Por su parte, si a nivel social todo es cultura, incurrimos en fanatismo o totalitarismo, pues es obvio que se deberá supeditar la libertad personal de cada quién a la cultura vigente. Es la tendencia a considerar lo cultural como más importante que el propio hombre, una especie de idolatría –ya muy antigua, pero muy actual–, que es errónea, sencillamente porque lo cultural no es absoluto sino relativo.

Una voz autorizada, la de San Juan Pablo II, calificó no hace mucho a nuestra civilización como "cultura de la muerte". Esta sentencia recobra sentido al notar que lo más nuclear del hombre –la intimidad– y su manifestación más destacada –la ética– están heridas de muerte para quien acepta el culturalismo, pues esta aprobación comporta la pérdida del propio sentido personal y del sentido de la acción humana al subordinarlos a la cultura dominante. En efecto, los medios culturales son para la acción humana, no a la inversa. La acción es para la mejora intrínseca del hombre, es decir, para su crecimiento en humanidad, que estriba en el desarrollo ético (hábitos y virtudes). Y la ética es para la persona, no al revés. ¿Para qué de cada persona? Para que la intimidad personal de cada quién no encuentre impedimentos en las facultades superiores humanas (inteligencia y voluntad) a la hora de manifestarse como la persona que es –distinta de las demás– y está llamada a ser.

Por otra parte, si la clave de lo humano se condensa en su hacer cultural, tesis distintiva del culturalismo contemporáneo, esta propuesta –frente a lo que se pretende– no dista tanto como podía parecer de la tesis central de la filosofía moderna respecto del hombre, pues –como es sabido– tal doctrina primaba del hombre sobre todo su acción, en definitiva su obrar, en contraposición a la clásica, que ponía lo distintivo humano en el ser. Según ese nuevo modelo, lo primero es el actuar, siendo secundario que la operatividad se cifre en la acción laboral, lúdica, lingüística, etc., aunque a un campo lo haga prosperar la refinada técnica, a otro el confort o bienestar y a otro la muy cuidada retórica. Si el ser del hombre se reduce a su obrar, la antropología subyacente, se quiera o no, es moderna.

De la tesis precedente surge la mentalidad de que un hombre vale lo que valen sus producciones (tu *curriculum*, querido universitario), opinión afín a la del pragmatismo, que incluye en su seno la llamada ética consecuencialista o de resultados. Lo que subyace a esta hipótesis es que el hombre se hace haciendo. Sin embargo, el hombre ni es, ni puede ser un producto de sus manos. Sostener lo contrario es, en rigor, ateísmo. Por eso, no es de extrañar que las sociedades occidentales que incurren en este error antropológico estén aquejadas de un deplorable proceso de secularización.

Si en una época se encumbra la cultura por encima del resto de lo humano, estamos ante un periodo histórico semejante a la Edad Moderna, caracterizada por el "mito del progreso indefinido" y por el "optimismo ilustrado" e "idealista". Pero como estos sucumbieron con el existencialismo, en la postmodernidad la visión de la cultura ya no es esperanzada. En efecto, así como ese movimiento cerró las esperanzas del moderno idealismo entendiendo al hombre como 'un ser para la muerte', así la postmodenidad abdica de las ansias idealistas de plenitud de sentido aceptando en buena medida la ausencia de sentido del ser humano. Por eso, no es de extrañar que su pseudofilosofía busque su fuente inspiradora en el nihilismo nietzscheano.

La cultura es fruto del respecto que el hombre guarda con el mundo mediante su acción productiva. Pero es obvio que el hombre no se limita a convivir con las realidades intramundanas por él elaboradas, pues, por lo pronto, es manifiesto que está abierto a la entera naturaleza física, a sus propias facultades humanas, al fundamento de la realidad externa, a su propia intimidad personal, y a las demás personas (en especial, al Dios personal). Y es claro también que ninguna de esas realidades se puede producir. Por eso, en la cultura no cabe encontrar ni la filosofía de la naturaleza, ni la ética, ni la metafísica, ni la antropología trascendental, y en menor medida la teología natural que sabe de Dios desde la propia intimidad.

Como se ha indicado, la cultura se forma con la razón práctica. Esta vertiente de la razón ha sido muy encumbrada en la filosofía contemporánea (Peirce, el último Heidegger, el segundo Wittgenstein, Gadamer, Habermas, etc.), y lo sigue siendo en la actualidad (Rescher, Putnam, Rorty, Vattimo, Derridá, Berti, etc.). Pero si todo, o lo más relevante en nosotros, es la razón práctica, entonces, o no cabe metafísica, es decir, búsqueda de los fundamentos reales, o esta adolece de fundamentación, pues las realidades fundantes no están sometidas a la acción humana. Tampoco cabe antropología trascendental –y se prescinde, asimismo, del acceso de esta a la trascendencia divina–. De modo que, pretendiendo ganar en lo práctico, parece que se ha perdido lo más relevante: los fundamentos de la realidad, el sentido personal íntimo y su apertura íntima a la trascendencia divina. En este sentido cabe decir que si la cultura y su comprensión hermenéutica se tornan autónomas, lo radical del hombre deviene esclavo.

Por otra parte, como la acción cultural es una manifestación humana periférica, es decir, menos unida o intrínseca a la persona humana como es, por ejemplo, la ética, la mentalidad culturalista sobre el hombre tiende a ser más superficial. ¿Cómo explicarlo? No se mide la moda por el hombre, sino al hombre por cómo va a la moda (en el vestir, hablar, su afiliación política...). Además, como lo humano que se corresponde afectivamente con los productos culturales son en buena medida los sentimientos sensibles, la sociedad del culturalismo tiende a ser sentimental. No es, pues, de extrañar que en una sociedad con estas características el humanismo –y sobre todo la filosofía– estén en retirada, arrinconados a algunos anómalos y privados cenáculos.

Si –como se ha indicado– con la cultura el hombre continúa la naturaleza, la tarea de la cultura será no depauperar lo natural, sino precisamente 'cultivarlo', es decir, sacarle más partido. El hombre saca mayor rendimiento a la naturaleza porque no se conforma con el que ella le ofrece, a pesar de ser bastante. A la par, si el hombre añade a lo natural, esto indica que el hombre no es naturaleza, sino superior a ella y, en consecuencia, que el fin humano no está en la naturaleza. Además, como lo que añade –la cultura– depende del hombre, el fin humano tampoco radica en la cultura, sino a la inversa. Por lo demás, las acciones culturales están imbricadas con actos internos humanos que redundan en el propio beneficio o perjuicio del hombre (*virtudes* o *vicios*). De otro modo: la cultura externa es para que el hombre 'se cultive' internamente, no al revés, asunto que hoy se olvida. Atendamos a este extremo.

8. ¿Es la filosofía para la cultura o la cultura para la filosofía?

Aristóteles decía que la música no es para quien la hace, sino para quien escucha. Eso es así porque hacer música es una actividad práctica, mientras que escucharla es una actividad cognoscitiva, teórica, y el Estagirita descubrió que conocer es superior a hacer, hasta el punto que consideró que "la teoría es la forma más alta de vida". Si la música es para el que la oye, la cultura es para el que la piensa. Esto indica que la cultura se debe subordinar al pensar, no a la inversa, es decir, que el hacer es para el saber, pues hacer por hacer carece de sentido. Pero si el hacer impide el saber, el hacer está de más. Dicho de manera más práctica: si la universidad se está convirtiendo hoy en una sede dónde cada vez se tiende a hacer más cosas y, consecuentemente, se obstaculiza en mayor medida estudiar y pensar, tal institución académica sobra, y ya no cabe llamarla por su nombre, pues se ha convertido en otra cosa.

Si el hacer no nos lleva a mejorar intrínsecamente (por medio de hábitos de la razón y virtudes de la voluntad) constituye un impedimento para nuestra progresiva humanización. Como se puede apreciar, en el hombre se dan varios niveles de realidad que están engarzados entre sí formando parejas, a las cuales podemos llamar dualidades (por ejemplo: cultura–acción, o sea, hecho–hacer; acción externa–crecimiento interno, es decir, conducta–virtud; crecimiento de la inteligencia y de voluntad–intimidad personal, a saber, ética–antropología trascendental, etc.). Todas ellas se caracterizan por estar conformadas por un miembro inferior y otro superior, el cual entra a su vez a formar parte como miembro inferior de una dualidad humana más elevada.

En su ejercicio la razón es más interna al hombre que la cultura, pues la cultura resulta de las acciones externas humanas, mientras que la filosofía depende de sus actos de pensar. La distinción entre ambos es de niveles. En unos se da mayor perfección; en otros, menos. Además, hay acciones productivas más perfectas que otras, y hay actos de conocer más cognoscitivos que otros. A la par, los más cognoscitivos son más intrínsecos o cercanos a la intimidad humana. Por eso, la diversidad de las disciplinas filosóficas que ellos permiten también se mide por la mayor o menor cercanía a la intimidad personal. Como los saberes filosóficos más internos son superiores a los externos, los menores se deben subordinar a los superiores.

De lo que precede se puede entrever que la cultura debe servir a la ética y, consecuentemente, que una cultura será mejor en la medida en que mejor la sirva. A su vez, la ética debe subordinarse a la antropología trascendental, y también se puede sostener que una ética será más válida en la medida en que más respete al ser personal humano. De no mantener esta subordinación, aparece el relativismo en cada disciplina. En la actualidad, este campea a sus anchas en cualquier rama filosófica.

Ahora bien, una cosa es el relativismo cultural y otra la relatividad de lo cultural. La primera expresión es incorrecta; la segunda, en cambio, correcta. En efecto, la primera defiende que toda manifestación cultural es igualmente válida, aceptable, relevante, y eso es erróneo. Además, como lo cultural es en cierto modo independiente del hombre, aunque no enteramente, hay que vincular la cultura a la ética. Por tanto, es claro que el relativismo cultural es inaceptable, sencillamente porque también lo es el relativismo ético. A su vez, este no se debe aceptar porque es erróneo el relativismo antropológico. En efecto, no cualquier concepción del hombre es válida, y entre las que lo son, unas son más acertadas que otras. La ética es el único vínculo posible de cohesión de la sociedad, y la clave de la ética es la virtud. De modo que será mejor aquella cultura que más favorezca el ejercicio y desarrollo de las virtudes.

La ética engarza con la cultura simplemente porque una ética sin cultura recorta el ámbito de sus bienes, de sus normas o deberes a ejercer, y de sus virtudes a incrementar. Polo ha escrito que "si la cultura afecta a la capacidad humana, en vez de continuarla, se está matando la gallina de los huevos de oro... Cuando la cultura atenta contra la dignidad del hombre, está en trance de muerte, se debilita desde dentro necesariamente. Al final se derrumba, como la famosa estatua de los pies de barro". Sólo el hombre puede aportar irrestrictamente, porque cada persona humana es un dar, un amor personal. A la par, sólo quien se sabe persona aporta, trabaja, y su trabajo manifiesta su amar personal y a él se encamina.

9. Una pequeña gran conclusión

Si la filosofía se describe desde antaño como 'amor a la sabiduría', y la cultura se suele describir como 'aprecio cuidadoso por lo elaborado', cabe preguntar en cuál de los dos amores la persona está más implicada. Decía Aristóteles que la forma más alta de amistad es la que media entre personas, no la que hace referencia a las cosas. Con todo, la amistad con las personas tiene un norte, el amor a la sabiduría, porque no hay verdadera amistad si esta no busca la verdad. De acuerdo con esto, el amor personal impregna más a la filosofía que la cultura.

En suma, si se pregunta si la filosofía es cultura, la respuesta no puede ser más que la filosofía no forma parte de la cultura. Si se indaga el porqué de tan contundente afirmación, cabe decir que en la filosofía el existente está enteramente comprometido, mientras que en la cultura no. En definitiva, la filosofía no es cultura porque la persona no lo es.

2
¿Es ideología?

1. Planteamiento: breve sinopsis del proceso secularizante

Lo distintivo de las ideologías es ir sacralizando una hipótesis que no es verdad hasta tornarla idolatría. La verdadera filosofía, en cambio, se ha caracterizado siempre por desacralizar lo que no es sagrado. "Aunque ya no existen el imperio romano y sus ideologías... –ha escrito Ratzinger– también hoy aparecen, por un lado, los poderes del mercado, del tráfico de armas, de drogas y de personas, que son un lastre para el mundo y arrastran a la humanidad hacia ataduras de las que no nos podemos librar. Por otro lado, también se presenta hoy la ideología del éxito, del bienestar, que nos dice: Dios es tan sólo una ficción, sólo nos hace perder el tiempo y nos quita el placer de vivir. ¡No te ocupes de él! ¡Intenta sólo disfrutar todo lo que puedas!".

En 1889 Nietzsche publicaba una obra exasperada, *El ocaso de los dioses*. Con ese libro no sólo pretendía acelerar la actividad secularizante que con múltiples esfuerzos precedentes se había llevado a cabo, sino abolir definitivamente la religión e inaugurar una nueva época, la de 'la muerte de Dios'. Pero la filosofía nietzscheana no juega con la verdad, porque su mismo autor acepta que esta no existe. Transcurrido más de un siglo desde su publicación, se constata que esa 'hermenéutica de la sospecha' ha sido prolongada con multitud de esfuerzos secularizantes a lo largo del s. XX, que han adquirido, además, no sólo formas literarias, sino tintes supuestamente científicos, médicos, políticos, bélicos, éticos, filosóficos, etc. Pero, por lo mismo, hay que dudar de la 'verdad' de estos.

Es claro que el empeño secularizante está vigente en la llamada postmodernidad, que tampoco se distingue por su aprecio a la 'verdad'. Además, se puede advertir que la actividad secularizante todavía no ha tocado fondo. No obstante, se puede ofrecer a consideración la siguiente tesis, a primera vista paradójica: el peor enemigo de la verdadera filosofía no es la secularización, sino la divinización de lo no divino, es decir, la sacralización de las idolatrías. Con ello se puede advertir que la secularización de lo sagrado no es más que un medio para alcanzar ese fin, a saber, la idolatría de lo profano. Y eso es así porque el hombre, tanto en su naturaleza como en su intimidad personal, es un ser religioso y no puede dejar de serlo. Lo que en la actitud secularizante está en juego, por tanto, es la sustitución de una religión superior por otra inferior.

Como es sabido, secularización (de *seculum-i*, siglo), designa el transcurso del tiempo histórico y, por extensión, las realidades temporales cambiantes. No obstante, en general, el término se puede tomar como equivalente a '*temporalización*', pero en concreto indica la acción de convertir en meramente secular lo que antes era tenido por sagrado o divino. Así, la expresión 'secularización del cristianismo' significa la progresiva pérdida de lo permanente del cristianismo, es decir, de lo divino o eterno que impregna la esencia de la vida cristiana, y que es capaz de eternizar lo no estrictamente eterno, pero que sí es eternizable. Esa actitud persigue la transformación del cristianismo en una mera realidad temporal.

Es comúnmente aceptado que la secularización del cristianismo ha sido progresiva desde la escisión independentista del Estado respecto de la Iglesia en época tardomedieval. Esta separación, de carácter antagonista y favorecedora de lo mundano frente a lo religioso, conoció una notable aceleración en la Edad Moderna, sobre todo con la Ilustración. Posteriormente, en el siglo XIX, movimientos filosóficos como el idealismo, el materialismo, el voluntarismo, el modernismo, entre otros, intentaron la abolición definitiva del cristianismo por medios teóricos y prácticos. El siglo XX ha representado en un cuadro de claroscuros la relación Dios-hombre, en el que, dominando las sombras que pretendían ahogar la vinculación del hombre con su Creador y sumirlo en el ateísmo (materialismo, capitalismo, etc.), también han aparecido algunas luces intensas de renovación cristiana (eminentes Romanos Pontífices, nuevas fundaciones, grandes santos, innumerable mártires, lúcidos pensadores cristianos, etc.), como, por lo demás, ha sucedido siempre en épocas de crisis.

Diversos estudios teológicos se han centrado en el siglo XX en el problema de la secularización. Pero a nadie se le oculta que ese fenómeno no ha cejado de ser progresivo hasta nuestros días, en especial en algunos países de la vieja Europa, como por lo demás, ya había denunciado Ortega: "un ventarrón de farsa general y omnímoda sopla sobre el terruño europeo. Casi todas las posiciones que se toman y ostentan son internamente falsas. Los únicos esfuerzos que se hacen van dirigidos a huir del propio destino, a cegarse ante su evidencia y su llamada profunda, a evitar cada cual el careo con *ese que tiene que ser*". Aunque el fenómeno no se haya difundido a todos los países, sin embargo, todos ellos permanecen bajo esta amenaza. La secularización es afín al indiferentismo religioso. La crisis cristiana conduce a una filosofía anémica, pues quien prescinde de Dios desconoce su verdad más íntima, es decir, es miope antropológicamente, porque la verdad o sentido personal desborda nuestro propio alcance, y solo si Dios nos la manifiesta, podemos descubrirla enteramente.

Con todo, conviene mantener –como se ha indicado– que la secularización o intento de temporalización de lo netamente sagrado no es sino un medio que conduce a la idolatrización o eternización de lo no divino. Por eso es pertinente afirmar que la idolatrización es todavía peor que la secularización, pues es su fin. Dicho esto, hay que advertir que la actitud de la verdadera filosofía, y asimismo del cristianismo, ha sido siempre la de desacralizar o privar del carácter de sagrado y eterno a lo que no es divino, para dejar de ese modo la puerta expedita a rendir el verdadero culto al único Dios Eterno. La desacralización filosófica y cristiana, y su lucha frente a las idolatrías, ha admitido varias formas. Planteemos el problema y demos un repaso a ellas, porque pueden orientar los actuales esfuerzos para combatir esta lacra.

2. Planteamiento del problema

Se puede sostener que la secularización es el intento de temporalizar lo divino. Ese empeño se vio tanto en el cesaropapismo como en el clericalismo de todas las épocas y latitudes. En efecto, el primero intentó subyugar la autoridad eclesiástica bajo el poder temporal, manipulando lo divino. El segundo intentó que lo sacro avasallase e invadiese toda realidad temporal sin respetar su índole y autonomía. En rigor, ambas formas han perseguido históricamente un fin temporal. Por eso, ambas son opuestas al carácter eternizable de la persona humana. Son errores que desconocen la trascendencia sobre el tiempo de las personas, tanto divinas como humanas.

El tiempo no es opuesto a la eternidad. Pero la actitud que intenta temporalizar toda la realidad sí lo es. Contraria a esa actitud es la eternización, esto es, la sucesiva irrupción de lo eterno en el tiempo, o también, la gradual liberación humana de las ataduras temporales. Pues bien, el cristianismo significa, desde este punto de vista, al menos, dos cosas: a) la irrupción plena de lo eterno en el tiempo con la Encarnación de Cristo, y b) la progresiva divinización o eternización del hombre al aceptar la irrupción sucesiva de Cristo en él, o sea, su cristificación. De modo que el cristianismo visto desde ambas vertientes no es temporalizante, sino eterno en una, en Cristo, y eternizante en otra, en el hombre.

El tiempo, según la tesis clásica de Aristóteles, es siempre 'tiempo de', es decir, no es una realidad aislada, sino inherente a otra. De otro modo: el tiempo no subsiste, sino que es –como decía el Estagirita– 'accidente'. La sucesión temporal no es la eternidad. Sólo Dios es eterno; mejor: la eternidad es Dios. En cambio, la clave del hombre en la actual situación no es ni la sucesión temporal (que da lugar a la historia), ni la presencia (que es exclusivamente mental), ni la eternidad (que es sólo divina), sino el ser eternizable. Por ello, la irrupción de Cristo (el eterno) en el tiempo –con la Encarnación– conlleva la plenitud de los tiempos, porque esos tiempos son los tiempos de la realidad irrestricta que es Dios. Por otra parte, en la medida en que cada cristiano acepta a Cristo y se configura con él plenifica su tiempo histórico. Aceptar la plenificación significa desvincularse progresivamente de las ataduras espacio-temporales y aceptar gradualmente la eternización.

El hombre no es sólo capaz de abrir el tiempo a la historia con su libertad personal, sino también de abrirse libremente como persona a la eternidad. Obviamente esto es posible para el hombre porque este no es ni tiempo ni historia. Es decir, la persona humana no cumple años; no se es más persona por tener 8 u 80 años. El tiempo mide a la parte sensible, corpórea, de la naturaleza humana, pero no a la persona humana, a la intimidad personal. Por eso Cristo declara que quien le acepta no sólo tendrá la vida eterna, sino que la tiene. Pero sólo la puede tener si la persona humana no es tiempo. Por lo demás, el cristiano no se eterniza, ni tampoco es eternizado pasivamente, sino que acepta activamente la eternización (con Dios), porque ahora es eternizable (es decir, es para el eterno, Dios), y tras esta vida, si ha aceptado al eterno, es eternizado. En esta vida el hombre es un espíritu que no es tiempo, sino que está en el tiempo. Al ser pertenece la eternización; al estar, la temporalidad.

Lo que precede se entiende mejor si se admite la distinción real entre persona y naturaleza, ya sea en Dios, en los ángeles o en los hombres. Por persona se entiende cada quien; por naturaleza, lo común de un género de seres, es decir, los rasgos comunes a todos los representantes de ese grupo. Así, no se puede identificar la naturaleza divina, que es una, con las Personas divinas, que son tres. Asimismo, la Persona del Hijo, que es una, no se identifica con sus naturalezas, que son dos (la divina y la humana). Tampoco se identifica la persona de cada ángel con su naturaleza, aunque esta también sea distinta en cada uno de ellos. A la par, no debe confundirse la persona humana, que distingue a cada hombre y es la raíz de las distinciones somáticas y psíquicas, con la naturaleza humana, que caracteriza a todos los hombres y nos asemeja entre nosotros. En las criaturas la persona es superior a la naturaleza, porque la persona es lo radical, lo íntimo, mientras que la naturaleza humana es del orden de lo manifestativo. Si esto se acepta, se esclarecen mejor las diversas formas de desacralización que ha llevado consigo el cristianismo y, con él, la filosofía que indaga la verdad. A continuación se procede a revisarlas.

3. El ocaso de las religiones

La irrupción de la filosofía que se jugó la vida por la verdad, ya desde Sócrates, fue una crítica a las religiones, tan establecidas como faltas de fundamentación veritativa. Asimismo, el carácter distintivo de la religión cristiana frente a las demás religiones (no reveladas por Dios positivamente en la historia) estriba en que estas son una búsqueda más o menos sincera y más o menos acertada de Dios por parte de los hombres, mientras que la cristiana –también la judía– consiste sobre todo en que es Dios mismo quien busca al hombre. La clave del cristianismo radica en que Dios asume al hombre (Cristo es el Dios-Hombre), no un hombre al que se le diviniza (el hombre-Dios), como aparece en otras religiones y mitos.

A su vez, la distinción entre la religión judía (que es revelada por Dios) y la cristiana (que también lo es) estriba en que en la primera Dios llama indirectamente a los hombres como pueblo, es decir, a través de intermediarios (patriarcas, reyes, profetas), mientras que en la segunda es Dios mismo (Cristo) el que los llama directamente, y no en grupo, sino a cada uno por su nombre (por ejemplo, la vocación de los Apóstoles). Además, en la segunda, Dios revela su ser personal (pluripersonal) y la persona de cada hombre; no en la primera.

Frente a la búsqueda infalible y plena de luz por parte de Dios al hombre en el cristianismo, las luces cognoscitivas naturales humanas que buscan a Dios –las religiones naturales– languidecen como la luz de la vela al entrar en contacto con la del Sol. Por eso el cristianismo desacraliza las demás religiones no reveladas por Dios y se muestra como la religión de la plena revelación de Dios a los hombres, porque en ella es Dios mismo quien se revela. Así, mientas las demás religiones alcanzan parte de verdad sobre Dios, el cristianismo es la manifestación de la Verdad plena.

De manera que el cristianismo es la gran desmitificación de las religiones, pues se presenta a sí mismo como la única religión con verdad completa, no sólo revelada por Dios y, en consecuencia, la única enteramente verdadera, sino también asistida siempre por Dios en esa verdad. Esa infalibilidad es tal porque la Iglesia no es sólo visible, sino que su cabeza es el mismo Dios invisible. Por eso, la religión cristiana es divina mientras que las demás religiones no lo son. Con todo, el cristianismo no sacraliza a la parte de la Iglesia sensible, sino sólo a la invisible, cuya cabeza es Cristo. Sólo esa parte es divina, eterna. El resto, es llamado a la eternidad. Lo mismo la verdadera filosofía: desacraliza no sólo toda ideología no verdadera, sino asimismo toda religión no personal y que admita errores en su seno.

4. La desacralización de las personas

Si se atiende a las criaturas espirituales, se pueden llevar a cabo dos formas posibles de desacralización, a saber, a) la desacralización de las personas creadas, y b) la desacralización de las naturalezas humanas creadas. Esta segunda admite dos modalidades: 1) desacralizar las naturalezas en general; 2) desacralizar algunos rasgos distintivos de ellas. Revisemos brevemente estas formas.

a) La desacralización de las personas creadas. Un clásico refrán castellano (podría decirse que propio de cristiano viejo) declara que "nunca la soberbia subió al cielo". En rigor, la soberbia es ceder al engaño del "seréis como dioses" que la *Escritura* pone en boca del tentador, es decir, el intento de eternizarse por las propias fuerzas. Esta tentación cuenta con una apoyatura en el ser personal, a saber, que la persona humana trasciende el tiempo, pues uno se sabe eternizable. Sin embargo, el intento de eternización por cuenta propia es una actitud que trunca en la persona creada la búsqueda de su tema eterno.

Romper con el destino personal conlleva también el rechazo del origen personal. De ese modo uno no se ve ni para Dios (*propter Deum*) ni tampoco de Dios (*ex Deo*). Esto segundo conlleva la negación de la filiación divina. Rechazada esta, la persona humana nota que nada creado puede dar razón de su origen. Por eso se ve cercana a la nada (actitud que corrobora el existencialismo ateo). En este sentido, se puede decir que la soberbia es hija de la nada. Pero la soberbia no sólo se origina de la nada, sino que también se alimenta de ella (porque la eternización es inalcanzable por uno mismo), e incluso termina en la nada (por eso a quienes se separan definitivamente del Eterno, Tomás de Aquino los designa como 'casi nada'). Pues bien, una verdadera filosofía lleva consigo la desdivinización de cualquier persona creada (angélica o humana). Nadie es eterno –divino– sino sólo Dios. Nadie puede eternizarse sino coexistiendo con Dios.

b) La desacralización de las naturalezas personales creadas. Las manifestaciones de las criaturas espirituales son realmente distintas de su intimidad. En la modernidad a las manifestaciones se las ha reunido bajo la denominación de yo. El yo no es la persona, sino el conocimiento que la persona tiene de aquello que configura aunadamente sus manifestaciones, a saber, su personalidad. Que se distinguen realmente la persona y el yo es obvio, porque –como advierte Leonardo Polo– el yo pensado no piensa, es decir, no es un yo viviente, sino una especie de macro-idea que es raíz de todo el manejo y activación de las facultades y cualidades humanas. Idea que puede considerarse, a la par, el centro de lo real extramental, y que lo puede tamizar todo según sus criterios ideales.

Cuando la persona humana intenta reconocerse como tal en su yo, cede a la *vanidad*, y se imposibilita a conocerse como la persona que es y que está llamada a ser, porque su yo no es persona. De esa actitud nace la propia complacencia que atribuye toda cualidad a méritos propios, y sesga o prescinde del carácter abierto de la persona a las demás (en especial al Dios personal). Esa construcción ideal puede ser ingente, pues carece de límites. Ahora bien, frente a otras religiones y filosofías, ha sido peculiar de una filosofía que sólo pacta con la verdad no idolatrar ninguna naturaleza de las criaturas espirituales (las angélicas o la humana) tomada esta en su conjunto, o tomada alguna facultad o rasgo de ella. Atendamos brevemente a ambas facetas.

1º) La desacralización de las naturalezas personales creadas en general. Pertenecen a la naturaleza angélica la inteligencia y la voluntad, y pertenece a la naturaleza humana lo común de los hombres: la corporeidad, las funciones vegetativas y locomotrices, los sentidos (externos e internos), los apetitos, los sentimientos sensibles, etc. Todas esas facetas reales presentan en el hombre rasgos comunes, es decir, distintos radicalmente (y no sólo de grado) respecto del resto de los seres (minerales, vegetales y animales). Pero de entre las disposiciones de la naturaleza humana, las potencias más nobles son la inteligencia y la voluntad. A cada una de ellas acompañan en su ejercicio una serie de sentimientos espirituales. Tomadas en su conjunto todas estas funciones y facultades, es distintivo del cristianismo y de la auténtica filosofía, frente a otras formas de religiosidad y de pensamiento, el no idolatrar a la naturaleza humana en general, y tampoco a ninguna de esas facetas reales inferiores o superiores que forman parte de ella. Atendamos de entre las disposiciones inferiores únicamente a la corporeidad.

Es obvio que, frente al cristianismo y a una sana filosofía, hay ideologías que consideran que lo nuclear del hombre es su corporeidad. De ese estilo han sido el nazismo, cualquier forma de racismo, el materialismo, etc. También hay ideologías que sostienen que lo fundamentalmente humano es lo que se le puede pedir a la corporeidad humana (salud, belleza, fuerza, trabajo, placer, etc.). De este tipo son, por ejemplo, el activismo y el hedonismo. En todas esas formas el culto al cuerpo está más o menos explícito. Sin embargo, el cristianismo no admite que ningún cuerpo humano sea Dios, tampoco el de Cristo. En efecto, el cuerpo de Cristo es, precisamente, de Cristo, pero no es la Segunda Persona de la Santísima Trinidad, el Hijo, sino del Hijo. Tal cuerpo está asumido inseparablemente por el Hijo, pero el Hijo no es tal cuerpo, sino que tiene tal cuerpo humano. Si eso se acepta, ello supone un gran esclarecimiento respecto de la antropología, pues de modo similar a Cristo, ninguna persona humana es su cuerpo, sino que tiene (dispone según) un cuerpo.

El cuerpo lo recibimos de nuestros padres biológicos. Es la vida recibida. Pero cada persona humana es más que su vida recibida. Precisamente por ello la persona humana puede añadir (desarrollar, adquirir hábitos, virtudes, etc.) o quitar (herir, enfermar, matar, formar vicios, etc.) esa vida recibida. A ese añadido lo podemos llamar vida añadida. Ahora podemos establecer la equivalencia entre naturaleza humana y vida recibida por una parte, y por otra, entre adquisiciones humanas y vida añadida. Pero ninguna de las dos, ni las dos, equivalen a la persona humana. Pues bien, el cristianismo y una clara antropología, no idolatran ni a la vida recibida ni a la añadida.

2º) La desacralización de algunas facultades o rasgos de las naturalezas personales creadas: el saber, el querer, los sentimientos humanos, etc.

a) Por una parte, el cristianismo y una filosofía correcta rechazan la absolutización de la razón humana. No rinden culto a la razón ni a la ciencia, sino que las toman como medios. Por eso rechazan el cientificismo (o neopositivismo), también porque al absolutizar la ciencia esta acaba supeditando a sí al propio hombre (recuérdese la fecundación *in vitro*, el problema de los embriones sobrantes, la instrumentación genética, la experimentación con células madre embrionarias, etc.). Tampoco divinizan la actividad de la razón, sus objetos o ideas, sean estas ideas mejores (ej. tolerancia, democracia, igualdad, etc.) o peores (dictadura, comunismo, capitalismo, etc.).

b) Por otra parte, el cristianismo y un pensar correcto también desacraliza el querer humano. La perfección o crecimiento de la voluntad humana se llama virtud. Pero el cristianismo y la ética filosófica clásica que más ha estudiado la virtud (Aristóteles, Tomás de Aquino...) evita entender la virtud como fin (como sucedía en los estoicos), o a la voluntad como poder (como Marx, Nietzsche...), o a la fama u honra como fin (como en el Siglo de Oro español), y propende a entenderlos como medios, más aún, como servicio.

c) Por otro lado, el cristianismo y el sano pensar desacralizan también los sentimientos humanos, tanto los sensibles (en contraposición, por ejemplo, a algunos sectores del romanticismo o de la postmodernidad), como los espirituales. Por eso, no espera de ellos la felicidad personal que estos no pueden otorgar. En efecto, el hombre no es lo que siente, sino que el sentir es un estado del hombre. El estar no es el ser, sino que deriva de él.

5. La desacralización del lenguaje

El hombre no es un animal lingüístico, como postulan las filosofías del lenguaje recientes, sino que el lenguaje es de y para el hombre. La historia de las religiones enseña que las formas de religiosidad primitivas centradas en la magia ponían su fundamento en el lenguaje, pues mediante su dominio por conjuros se pretendía conseguir un fin. También los sofistas descubrieron en la Grecia clásica el poder manipulante de la palabra. En nuestra época, la sofistica, muy abundante por cierto, se ha sofisticado en extremo con el manejo lingüístico de lo real por parte de algunos poderes políticos, de ciertos medios de masas, de usos en los lenguajes jurídicos, médicos, etc. Además, en nuestros días los nacionalismos tienden a venerar las lenguas tradicionales que caracterizan a su pueblo. A la par, con la globalización, buena parte de la población mundial tiende a tomar como fin de la vida práctica el buen manejo del idioma que sirve de comunicación internacional.

En todas estas actitudes prácticas –y en ciertas corrientes teóricas de pensamiento como la hermenéutica de Gadamer (que defiende un lingüísmo trascendental), la filosofía analítica, el pragmatismo, etc.– se puede ver cierta tendencia a considerar que lo distintivo de lo humano es el lenguaje, e incluso que el hombre se puede describir como un ser lingüístico, como ya propuso Cassirer.

Sin embargo, el cristianismo y la filosofía que ha centrado correctamente la atención en el lenguaje (desde Agustín de Hipona) no sólo no ha considerado cualquier lenguaje como un fin, o que sea lo distintivo de lo humano, sino que incluso desacraliza su propio lenguaje, pues aunque Dios se haya expresado en palabras humanas, recogidas en las *Escrituras*, con todo, el cristiano, en rigor, no cree en esas palabras, sino en Dios a través de esas palabras. Tampoco el filósofo venera la palabra, sino que busca la verdad a través de las palabras. Con otro ejemplo: la fe cristiana se sintetiza en el credo, pero el cristiano no cree en el credo, sino a través del credo. Asimismo, la Tradición, los Padres, los doctores, los santos, han expresado las verdades de la fe cristiana con palabras, pero el cristiano no cree en palabras, sino en realidades a través de esas palabras. Más aún, aunque el propio Magisterio de la Iglesia precisa mucho la formulación lingüística de sus dogmas, manda creer en el contenido de los dogmas, no en las expresiones dogmáticas. El cristianismo cuida con primor las palabras con que se confeccionan sus sacramentos por el poder divino, pero tampoco cree en esas palabras, sino en las realidades que subyacen bajo esas palabras de las que estas son signos sensibles, es decir, medios, no fines. El único fin del cristiano es Dios. Y el del auténtico filósofo, la verdad.

En suma, el cristianismo y la verdadera filosofía desacralizan el lenguaje, incluso el religioso, porque, por definición, este es temporal, procesual (*kinético*), físico, sensible. Está tomado de lo sensible y sirve muy bien para expresar lo sensible, ya que el lenguaje es lo más remitente y menos sensible entre lo sensible. En cambio, aunque puede hablar con verdad de lo suprasensible, en este ámbito el lenguaje siempre es deficiente. En definitiva, el cristianismo cree en la Palabra, no en las palabras, porque la primera es eterna, mientras que las segundas son temporales. No tiene a las palabras como fin, sino como medio para expresar un significado. Por eso la hermenéutica bíblica no debe sobrepasar ciertos límites. De modo similar, la filosofía tiene como fin la verdad, no la interpretación de los textos. Por eso, como expone Polo, "la hermenéutica está animada por la intención de comprender lo que de entrada es poco inteligible, por la razón que sea. Por eso no es un método válido para lo que es inteligible de suyo. Por este motivo no es aplicable a la temática de la metafísica ni a las otras partes más profundas de la filosofía", pues donde reluce la verdad, sobra la interpretación textual, o como escribió Ratzinger: "lo que solamente puede subsistir mediante la interpretación, en realidad ha terminado ya de existir. Con razón el espíritu humano se vuelve a la verdad misma y no a lo que, sin ser la verdad misma, puede ser indirectamente compatible con ella mediante el método de la interpretación". En rigor, ante lo obvio, sobre interpretar.

6. La desacralización del hacer humano

Por una parte el cristianismo y una correcta filosofía de la acción humana desacralizan el hacer; por otra, lo hecho.

a) En cuanto al hacer, el cristianismo desacraliza cualquier acción humana. Tómese como ejemplo el relato de San Pablo cuando explica por qué perecieron en el desierto los idólatras del pueblo de Israel: "Se sentó el pueblo a comer y a beber, y se levantó a divertirse". Aunque suene burdo, para muchos de nuestra sociedad –como para muchos de los primeros tiempos del judaísmo y del cristianismo– su dios es su alimento, su bebida, o su sexo; en rigor, su hacer, sus acciones. De modo similar, una correcta filosofía de la acción humana sabe que es la persona la que debe atravesar de sentido personal y humano su acción, pues las acciones del hombre que no tienen tal sentido son carentes de sentido. Tal filosofía sabe que la acción es segunda respecto de la persona, como lo es la ética respecto de la antropología trascendental. Por eso, no se le ocurre sublimar las acciones humanas. Tal filosofía no puede aceptar el aserto de Goethe: 'en el principio era la acción', porque la acción no es primera, sino que deriva de la persona como acto.

El cristianismo desacraliza el hacer, pero eso no le lleva a despreciar el hacer, el trabajo, a verlo como absurdo, sino que, más bien, la clave de cualquier acción humana para el cristiano está en atravesarla de sentido personal, es decir, en personalizarla de tal manera que pueda ser aceptada por Dios; en que sea una manifestación adecuada de la persona novedosa e irrepetible que cada quién es, una ofrenda suya susceptible de ser aceptada por el ser divino para que, aceptándola, le dote de más sentido que el que posee. Como la persona humana es dar, el meollo del hacer está en que su acción ofrezca un don, un aporte, un añadir al mundo más perfección y significado que el que este tiene. Con todo, ninguna acción, por santa que sea, debe ser objeto de gloria humana. Conformarse con lo hecho es dirigir la mirada al pasado en vez de mirar al futuro histórico y metahistórico, desde donde Dios sigue llamando a cada hombre.

b) En cuanto a lo segundo, a lo hecho, el cristianismo (también el judaísmo) desacraliza las obras. Recuérdese a propósito el motín contra Pablo en Éfeso porque el Apóstol se opuso al culto de un ídolo de plata: Artemisa, la diosa de los efesios, que reportaba buenas ganancias a un tal Demetrio y a los demás plateros de la ciudad. La acusación contra Pablo en ese caso fue que este decía: "no son dioses los labrados por las manos". En nuestra época Diana sufre metamorfosis, pues toma formas de fama, *curriculum*, artículos, libros, obras de arquitectura, pintura o escultura, de inventos técnicos, etc., y, sobre todo, con la forma más maleable, el dinero. Todos estos asuntos son tenidos por muchos como fin en vez de ser considerados como medios. En suma, conformarse con el haber hecho es –como declamaba Schakespeare– 'estar pasado de moda'.

7. La desacralización del espacio

Con el cristianismo el hombre adquiere el papel hegemónico de la creación sensible. Es la criatura central del universo físico, es decir, pasa a ocupar el centro (no geográfico, sino en importancia) de la creación visible. Se desmitifica, por tanto, la visión del mundo, pues ya no se le rinde culto al cosmos, merced a la noción de creación. Téngase en cuenta que esta noción también es central en una correcta filosofía.

Desde el cristianismo se concibe al hombre no sólo como criatura, lo cual es una radical novedad, sino también como hijo de Dios en el Hijo de Dios. En la filosofía de Polo se lee: "que el universo es creado implica que es distinto de Dios y por lo mismo que carece de valor absoluto. Con esto, la idea de que el hombre dependa completamente del universo queda descalificada. El hombre puede afirmarse como autónomo, si no respecto de Dios, sí respecto del universo: aun en la hipótesis de que forme parte de él, no depende en lo más profundo de su ser de él. La vinculación genética del hombre con el universo es secundaria: solamente así se puede destacar la noción de persona humana (un surgir originario dotado de intimidad no puede derivar por entero del universo).

En el pensamiento cristiano se produce, aprovechando este cauce doctrinal, una decisiva liberación del hombre".

Es tesis propia del cristianismo sostener que el hombre no es mundo, sino que está en él. Está en él teniéndolo, es decir, habitándolo. Con eso el cristiano no queda autorizado a desentenderse del mundo, a despreciarlo, o a sacarle partido despótico, etc., sino a ocuparse de él y mejorarlo. "El cristianismo, –advierte asimismo Polo– a partir de la interpretación creacionista del mundo, modifica radicalmente el modo como el hombre se entiende y vive respecto de lo que le rodea: el hombre no está abarcado por el universo, sino que puede enfrentarse con él; no está unilateralmente sujeto a sus leyes, sino que puede influir y actuar sobre la realidad creada. De este modo se constituye la idea de que el hombre no solo tiene algo que hacer en el universo, sino también con el universo (el hombre es actor, y no partícula, en orden al universo). De esta enorme modificación brota la inspiración de que se alimenta todo el esfuerzo científico y técnico que se desarrolla en occidente. Sería, por lo tanto, un error creer que la inspiración científica se opone al cristianismo: sin el cristianismo, la ciencia occidental se habría frustrado".

El cristianismo no predica desentenderse del mundo (como le reprochaba el marxismo), sino, muy al contrario, anima no sólo al cuidado del mundo, sino que enseña incluso el amor a la patria, más aún, a la patria chica, la mejora del espacio (del terruño) que nos ha visto nacer o en el que vivimos, y que toma como parte del cuarto mandato del divino decálogo. Con todo, ni el hombre deriva del *habitat* ni se reduce a él. Tampoco se reduce a sus antepasados, ni es explicable enteramente desde ellos. Por eso, el cristianismo condena el nacionalismo exacerbado ceñido a un lugar determinado.

8. La desacralización del tiempo

Como es sabido, la mentalidad presocrática entendió al tiempo como cíclico. También los estoicos pensaban así. En el neoplatonismo, especialmente con Plotino, el tiempo ya no se considera cíclico, pero sí circular. Pero con la aparición del cristianismo –en expresión agustiniana– se puede decir que '*circuli explossi sunt*', que el esquema circular saltó por los aires. La imagen del círculo se abandona porque la creación no es temporal, y tampoco lo es la recapitulación final de todas las cosas en Cristo. La historia adquiere con el cristianismo un carácter más progresivo, lineal, con avances y retrocesos debidos a la libertad humana, pero sin término, pues es imposible que la historia culmine desde sí. El tiempo culmina desde fuera con la irrupción de la eternidad, Dios, en los tiempos con la Encarnación, y terminará con una nueva irrupción divina, Cristo; término que, como la creación, tampoco será temporal.

En cambio, en la filosofía moderna Newton lanza la imagen de tiempo absoluto, isocrónico, siempre igual. Pero ese tiempo no es real, sino imaginario. Esta concepción también se encuentra, con matices, en Locke, Condillac, Leibniz, etc., y, a su modo en Kant, quien describe al tiempo como forma *a priori* de la sensibilidad humana intermedia (de la imaginación). Por otra parte, con Spinoza y Hegel se pasa a una mentalidad secularizada de la eternidad en la cual esta se concibe como historia. Por su parte, Nietzsche volvió a aceptar el esquema presocrático del tiempo cíclico, el eterno retorno, y también a sostener que el hombre es puramente temporal. Asimismo, Heidegger, acusando la influencia de Dilthey, mantuvo que el hombre es tiempo. Pero estas tesis no son cristianas ni filosóficamente correctas, sino precristianas, más aún, presocráticas. Por el contrario, es tesis filosófica que el hombre es un espíritu en el tiempo, pero no un espíritu temporal. El hombre tiene tiempo, pero no es tiempo físico. En otro contexto, la teoría de la relatividad de Einstein vuelve a entender el tiempo como Aristóteles, es decir, como relativo a las realidades físicas.

La eternidad no es contraria al tiempo, porque el tiempo es para la eternidad. El fin del tiempo es transtemporal, eterno. El tiempo y la eternidad tampoco son la presencia mental. Tal presencia no es física ni metafísica sino cognoscitiva. No es física porque en la realidad física no hay presencia, sino constante movimiento que nunca se detiene: nunca nada ha terminado de suceder. La presencia tampoco es metafísica porque ningún acto de ser real es en presente (el del universo es persistente, el del hombre es coexistente y el divino es eterno, pero ni la presencia mental persiste, ni coexiste ni es eterna). Es propio de la presencia mental la simultaneidad entre el acto de pensar y el objeto pensado. Por eso, la descripción de la eternidad por parte de Boecio como "*interminabilis vita tota simul et perfecta possesio*" –aceptada por Tomás de Aquino–, que está tomada de, o asimilada con, la presencia mental, es insuficiente para describir la eternidad. La eternidad no es ni tiempo interminable ni presencia constante. La eternidad es el ser de Dios, y a Dios ni le describe el tiempo ni la presencia mental.

La eternidad es verbo (es Dios como Acto) y el hombre es adverbio. El hombre no es eterno sino eternizable (divinizable) porque es para Dios, que es eterno. La distinción lingüística entre el hombre que acepta a Dios en la presente situación y en la vida posthistórica es el paso del hombre como adverbio al hombre como adjetivo, es decir, de eternizable (divinizable) a eternizado (divinizado). Pero si bien el hombre en el punto de partida de la presente situación es eternizable, en la medida que en el transcurso del tiempo acepta personalmente a Dios se va eternizando (gerundio), aunque no sólo por sus propias fuerzas. Luego, en el Cielo, se puede describir como el que es eternizado en el Hijo coeterno. Con todo, sabemos por fe que tras el Juicio Final Dios dará lugar a los nuevos cielos y a la nueva tierra, pero parece claro que en aquella nueva situación habrá tiempo para la renovada naturaleza humana. En suma, el cristianismo rechaza cualquier idolatría que dé culto al tiempo, pues el tiempo es siempre tiempo de cualquier realidad.

9. En síntesis

La secularización es un naturalismo (no exento de materialismo) que concede a esta tierra el estatuto de un cielo definitivo, como consecuencia de negar el Cielo y su incoación en esta vida.

La aparición del cristianismo supuso, y supone siempre, la negación de la divinización o eternización de lo creado. Y la misma ha sido la tarea de la filosofía verdadera. Por el contrario, cuando históricamente se ha intentado secularizar, temporalizar, al cristianismo, se ha tendido a rendir culto a lo creado (panteísmo, panpsiquismo, idolatrías, etc.); lo cual es un intento de eternizar lo no eterno. Esa actitud propende a creer, esperar y amar en lo que no es divino, es decir, se inclina a divinizar, a transformar en ídolo, a eternizar, cualquier realidad creada, sea esta eternizable o no.

La falta de fe sobrenatural (también de esperanza y de amor) en Dios inclina a los hombres, por compensación, a tomar como falsos dioses protectores suyos pluralidad de realidades creadas de mayor o menor rango, más o menos buenas o amantes. Pero no hemos examinado estas diversas y erróneas posibilidades pseudoreligiosas, sino lo contrario, a saber, cuáles son las implicaciones de la desacralización que comportan el cristianismo y la filosofía en cada campo, que formuladas en clave antropológica se pueden resumir en las siguientes:

a) La irrupción del cristianismo comporta la decadencia de las demás religiones, porque sin negar que Dios sea alcanzable por las fuerzas humanas, deja en entredicho que el modo natural de búsqueda de lo divino de cualquiera de esas religiones sea el modo superior de acceso a Dios, porque en el cristianismo es Dios quien busca al hombre y quien le da un nuevo modo de conocer sobrenatural –la fe– por la que alcanza mejor y sin error al Dios intrapersonal. En consecuencia, el cristianismo pone en tela de juicio no sólo la divinidad, sino también la misma existencia de las demás religiones. En efecto, enjuicia la divinidad de ellas, porque sólo en la cristiana Dios se ha manifestado de modo positivo, claro y por completo, puesto que Cristo es Dios que se revela. Cuestiona la existencia de ellas, porque si con el cristianismo sabemos que Dios nos busca y cómo debemos responderle del mejor modo posible a esa búsqueda divina, las demás búsquedas y respuestas humanas pierden sentido.

b) El cristianismo, y con él una correcta filosofía, rechazan la divinización de una persona creada, ya sea esta angélica (un ángel), o humana (el emperador, pongamos por caso), porque ninguna de ellas es eterna, sino que unas son eternizadas (las glorificadas), otras eternizables (los hombres en la historia), y otras tendentes a ser sumidas en un tiempo sin término (las condenadas).

c) Asimismo, el cristianismo y la filosofía verdadera derogan la adoración a la naturaleza humana de las personas creadas –ya sea esta angélica o humana–, (bien tomada tal naturaleza de modo completo y colectivamente –el culto a los 'dioses', como los griegos y romanos, o a la 'humanidad', como propuso Comte–, o bien parcialmente, ya sea a sus potencias inmateriales –el culto a la diosa razón de la Ilustración; a la voluntad, como en ciertas formas de voluntarismo contemporáneo, al poder actual, etc.–), ya sea también a sus cualidades, funciones o potencias corpóreas (a la fuerza, a la belleza, al placer sexual o al que puede proporcionar cualquiera de las demás facultades sensibles, con o sin aditamentos externos tales como la droga, el alcohol, etc.).

d) El cristianismo y el pensar filosófico desacralizan también el culto a los actos humanos, y en primer lugar, a los interiores. Dentro de estos se pueden distinguir los actos u operaciones del pensar, los del querer y los de los sentimientos. Todos ellos son sin tiempo o en presente. Pero la presencia, a pesar de no ser tiempo, no es ni eternidad ni eternizable.

e) El cristianismo y la filosofía desacralizan también las acciones manifestativas, es decir, las acciones humanas productivas, sencillamente porque estas son temporales. De entre ellas la más alta (y condición de posibilidad de las demás) es el lenguaje, y es claro que no rinden culto al poder transformador social del lenguaje. Por eso no cede a políticas temporalizantes que rechazan el carácter eternizante de la persona humana (liberalismo, capitalismo, comunismo, socialismo, fascismo, nacionalismo, etc.), ni a movimientos ideológicos o educativos que usan el conectivo lingüístico con fines meramente temporales (pragmatismo, conductismo, etc.).

f) De modo similar, el cristianismo y la neta filosofía dejan de adorar toda construcción hecha con manos humanas (la Diana de los efesios). Son productos humanos los inventos y desarrollos de la ciencia, del trabajo, la técnica, la cultura, la economía, etc. Por eso abdican del activismo laboral que toma el trabajo como el fin de la vida humana (al menos en los países occidentales y en aquéllos que viven bajo su acusada influencia). Rechazan el culturalismo, el ídolo del dinero, etc.

g) El cristianismo y la filosofía correcta desmitifican el cosmos. Por eso rechazan la actitud de quien da culto a los astros (al Sol, como los mayas; a la Luna, como los chibchas, a los planetas, como los grecolatinos, a las fuerzas de la naturaleza, como los hindúes, etc.). Es decir, con ellos sucumbe la idolatría del espacio.

h) De modo similar, el cristianismo y la filosofía verdadera dejan de venerar el tiempo como si de una realidad sobrehumana se tratase (por eso repudian los mitos, que afirman la primacía del pasado; la adivinación, el mito del progreso indefinido, etc., que apuesta todas sus fuerzas al futuro exclusivamente temporal). Es decir, con ellos sucumbe la idolatría al tiempo.

En suma, cualquier tipo de sociedad que pretende ser y llamarse postcristiana y al margen de la verdad filosófica, en rigor, es y se asimila a una u otra forma de sociedad precristiana y prefilosófica. De ello se puede deducir que el cristianismo y la filosofía que descubre la verdad son las únicas novedades radicales y adecuadas con la novedad radical que es cada persona humana.

3

¿Es educación?

1. Planteamiento

La filosofía sólo puede ser educación si la educación es personal y va dirigida a la persona. Esto es así, porque solo en la educación personal el educador y educando están –como en la verdadera filosofía– enteramente comprometidos. Por eso el auténtico educador y educando, como el verdadero filósofo, son los que lo son siempre, es decir, los que no lo son de salón. La clave de la educación y de la filosofía está, pues, en la dedicación personal. La educación se dedica a las personas; la filosofía a las verdades; pero como las verdades más altas son las personales, la educación y la filosofía comunican en su punto culminar. Por eso, una correcta 'filosofía de la educación' solo es 'filosofía' si el saber educativo se subordina al saber 'filosófico' personal. Con todo, debemos averiguar qué significa eso de 'personal'.

No son personas sólo los adultos, sino también los niños. Es más, no lo son más los adultos que los niños. Por eso, la verdadera filosofía y pedagogía es para los que se hacen como niños, como por lo demás advirtió Clemente de Alejandría: "Parece evidente que la pedagogía es, como su mismo nombre indica, la educación de los niños, pero queda por considerar quiénes son esos niños a los que alegóricamente se refiere la Escritura, y luego asignarles un Pedagogo. Esos niños somos nosotros... El significado de estas palabras lo precisa el mismo Señor, cuando dice: 'Si no os convertís y os hacéis como niños, no entraréis en el reino de los cielos'".

Ser persona es realmente distinto (no sólo en la terminología) de ser hombre, porque existen personas que no son hombres (los ángeles y las Personas divinas). Lo propio de los hombres es tener cuerpo y alma. Lo propio de las personas, en cambio, no es eso, porque existen personas que no disponen ni de cuerpo ni de alma, y no por eso dejan de ser personas o lo son en menor medida que las que poseen esas dimensiones. Pero si el hombre dispone según su cuerpo y su alma y, además, es persona, aquello en que radique su ser personal no podrá ser ni su cuerpo ni su alma, ni por supuesto, la unión o suma de ambos. De manera que persona no es el todo humano, sino lo radical en el hombre, es decir, esa realidad íntima, el ser, de la que depende tener un cuerpo y un alma.

El cuerpo y el alma se tienen, pero la persona no se tiene, sino que se es. Al cuerpo pertenecen las funciones vegetativas, los sentidos, los apetitos sensibles, etc. Al alma, en cambio, pertenecen dos potencias inmateriales: la inteligencia, la voluntad. Por su parte, es característico de la persona la intimidad y la apertura personal a la trascendencia. Esa intimidad abierta es espiritual, es decir, la persona es un espíritu. La persona dispone de realidades que son, o bien inmateriales (ej. inteligencia y voluntad), o bien corporales (ej. sentidos, apetitos, etc.). La persona posee un cuerpo, pero no es su cuerpo, pues de lo contrario sería menos persona aquélla con carencias corporales, en la enfermedad, etc., y, desde luego, no lo sería tras la muerte. A la par, la persona posee razón y voluntad, pero no las es, pues de lo contrario sería menos persona un bebé que un culto profesor universitario, un deficiente mental que un hombre virtuoso. Estas cualidades no son la persona, sino de ella.

Nadie se reduce a su razón o a su voluntad, sino que se sabe por encima de ellas. Por eso las puede ejercer o no, más o menos, en una u otra dirección. Es decir, las tiene en su mano, como también su cuerpo, pero no se identifica con ellas. Con todo, es claro que estas facultades inmateriales son más maleables por cada persona que las de la corporeidad humana.

En consecuencia, si se pregunta en qué radica, en rigor, 'educar personas', la cuestión habrá que dirigirla a la intimidad personal, no a la inteligencia, a la voluntad o a las diversas dimensiones corpóreas; tampoco –por lo dicho– al todo o conjunto de las facultades humanas. A la par, tal tarea no cabe reducirla al trabajo práctico que ejerce un profesor, maestro, orientador, etc., sino que hay que tomarla en sentido más profundo, pues –sin duda– compromete también la intimidad del educador. Por tanto, la pregunta acerca de qué sea educar personas ofrece serias dificultades que se intentarán exponer a continuación. Para solucionarlas, conviene dividirlas en varios apartados: las dificultades del educando, las del educador y las de la tarea educativa personal.

2. Las dificultades del educando

De ordinario se desconoce qué es ser persona. Por eso, para educar personas, primero hay que saber qué sea una persona, saberse persona y saber a cada quien como persona distinta. Pero este asunto es difícil, porque una persona no es un qué sino un quién. Como los qué son comunes y los quién irrepetibles, obviamente nos resulta más fácil conocer un qué que un quién. Es más, nunca acabamos de conocer enteramente a una persona, como tampoco alcanzamos en esta vida a comprender completamente la persona que somos. He ahí la primera dificultad con la que se topa este empeño educativo.

Además, no hay dos personas 'iguales'. En efecto, aunque suele decirse que 'todos somos iguales', refiriéndose con dicha expresión a que todos los hombres están constituidos con la misma dignidad natural debido a su pertenencia al género humano, en rigor, cada persona es radicalmente distinta, pues es una novedad radical. En efecto, si bien la naturaleza humana es común a todos los hombres, cada persona humana es superior a la naturaleza humana de la que ella dispone, por eso subordina ésta a su fin personal. Cada quién es irrepetible. Por tanto, educar personas exige poner el centro de la atención en cada radicalidad personal, es decir, en la intimidad, no en su naturaleza humana. Aquí tenemos otra dificultad de nuestra empresa educativa.

Al notar la diversidad en los educandos, agudos educadores como Víctor García Hoz propusieron como solución práctica la 'educación personalizada'. Con ser válida esta propuesta, hay que notar, sin embargo, que en esos planteamientos la distinción entre personas se plantea, de ordinario, más en el ámbito de las manifestaciones humanas, que en el de la intimidad personal. Con otras palabras: no se trata de un problema de 'convivencia' (o, como hoy se dice, de 'intersubjetividad social') debido a la pluralidad de tipologías psicológicas o sociológicas humanas, sino que cada quien es, en rigor, –si se permite la expresión– *copy-rigth*, persona radicalmente distinta, independientemente de qué piense, quiera, sienta, hable, actúe, o de que ni siquiera piense, quiera, sienta, hable o actúe, o incluso de que lo haga, o lo omita, de modo similar o diverso de otros. Ahora bien, esa irreductibilidad personal no es aislada, sino 'coexistente', es decir, su intimidad es abierta radicalmente a otras personas. Se trata, pues, de un rasgo constitutivo o trascendental de cada persona (de ahí la dificultad que se nos plantea). No se trata, pues, tan sólo de un inconveniente de comunicación educativa –como se suele plantear– sino del acceso íntimo a los diversas intimidades personales.

La complejidad se acrecienta al notar que la persona no es una realidad sensible, ni un compuesto psicofísico, sino de índole exclusivamente espiritual. Con lo cual, hay que preguntarse cómo podemos conocer lo espiritual, pues de lo contrario difícilmente se podrá llevar a cabo con éxito una tarea educativa personal. En suma, nos es difícil conocer a una persona, porque cada una es un quién, no un qué; porque cada una es novedosa; y porque nos cuesta saber cómo se conoce una realidad irrepetible que es exclusivamente espiritual.

3. Las dificultades del educador

Una de ellas aparece inmediatamente al formularse una pregunta obvia: ¿cómo se va a educar a una persona como tal, si ni siquiera se la conoce bien, pues es claro que tampoco el educador se conoce bien a sí mismo como la persona que es? Además, mientras vivimos no llegamos a ser la persona que estamos llamados a ser. En efecto, la persona humana es un ser de proyectos porque ella es un proyecto como persona. Si Aristóteles decía que sobre el futuro no cabe verdad, ¿acaso podemos saber cuál será definitivamente el sentido personal de cada quién?

Por otra parte, si, como se ha indicado, no hay dos personas iguales, y nos hemos cuestionado cómo podrá el educador conocer a cada persona como distinta, ahora hay que indagar lo siguiente: dado que la realidad personal es espiritual, habrá que descubrir un método adecuado para conocer y educar dicha realidad. Si se la desconoce, difícilmente se la podrá ayudar a encaminarse en la búsqueda de su propio sentido personal. Pero aun conociéndola, aunque sólo sea en parte, el acierto de la tarea educativa no estará asegurado, entre otras razones porque no sabemos cómo educarla.

Además, aun conociendo a una persona y sabiendo asimismo como educarla, la eficacia de la tarea educativa tampoco estará garantizada, porque tanto educar como aprender son libres. Puede que el educador acepte educar personalmente, pero también es posible que el educando no acepte su educación personal. En efecto, como las personas en cuanto personas no dependen del educador, es decir, no son un invento suyo, ni siquiera de ellas mismas, ni tampoco de la biología ni de la cultura, historia, etc., en rigor, cabe plantearse si el educador ¿tiene derecho a educar personas?, es decir, ¿es de su incumbencia dicha tarea?, ¿se le ha encargado ese menester?, ¿quién?, ¿para qué se le ha confiado?

4. Las dificultades de la tarea educativa personal

Añádanse a las precedentes dificultades que educar es un conjunto de acciones referidas a personas. Pero si, como se ha señalado, la persona es una realidad espiritual, ¿cómo se educa tal realidad?, es decir, ¿en qué tipo de acciones consistirá la tarea educativa? Más aún, si cualquier acción, por ser sensible, es inferior a la realidad personal, ¿cómo se puede mejorar a través de lo inferior lo que es realmente superior? ¿Acaso tendremos que ejercer 'acciones' espirituales?

Además, las acciones, por ser de las personas pero no las personas, se deberán subordinar a las personas, no al revés, pues educar es una actividad humana, mientras que la persona no es ninguna actividad, sino una realidad superior, y es claro que lo inferior se debe adecuar a lo superior, o –como indicaban los medievales– el obrar al ser. Ahora bien, ya se ha dicho que no sabemos bien cómo subordinar la acción educativa a dicha realidad para que dicha actividad sea personalmente, en cada caso, eficaz.

Además, la tarea de educar no se puede entender desvinculada de la de aprender, pues las diversas facetas humanas no se pueden explicar por separado, es decir, analíticamente, sino vinculadas, o sea, sistémicamente. Con todo, unas de las dimensiones humanas son superiores a otras. ¿Cómo es su vinculación? Esta debe radicar en que lo menor sirva a lo superior, y en que lo superior favorezca a lo inferior. 'Servir' indica que lo menor en el hombre no se debe tomar como fin en sí, ni mucho menos, como fin de lo superior. 'Favorecer' alude a que lo superior explica, gobierna, cuida de lo inferior. Ahora bien, educar es inferior a aprender, pues si no se aprende personalmente, no se puede educar personalmente. Con todo, como se ha manifestado, desconocemos en buena medida cómo se aprende personalmente de las personas; consecuentemente, desconocemos cómo educarlas personalmente.

Con las dificultades expuestas, alguien puede sospechar que su solución pasa por tomar a cada persona –al decir de Kant– como si de un 'fin en sí' se tratase. Pero una persona humana no es, en rigor, ningún 'fin en sí', porque ni se debe a sí misma, ni puede culminar desde sí, ya que es claro que no se puede otorgar la felicidad a sí misma. Si eso es así, y la persona es la realidad superior, la solución a la dificultad pasa por no aislar a la persona humana, sino correlacionada con otras personas, en especial, con aquéllas de las que depende su ser personal. Ahora bien, esa dependencia se llama de ordinario 'filiación'. De modo que las precedentes dificultades se deben atender en el ámbito de la educación filial, es decir, hay que estudiar las dificultades del educando, del educador y de la tarea educativa filial.

5. Dificultades en torno al carácter filial y fraterno

Cada hombre–mujer a educar, es, obviamente, hijo/a de sus padres. Con todo, no es esa su filiación radical, sencillamente porque, si bien el cuerpo lo debemos a nuestros progenitores, cada persona humana como tal no es debida a ellos. Se podría objetar que también la personalidad se la debemos a nuestros padres, educadores, amigos, etc. Por tanto, cabría concluir que mantenemos una filiación en la personalidad respecto de ellos. Sin embargo, tampoco es esta la filiación radical, porque la personalidad adquirida no es la persona que se es nativamente o que está llamada a ser destinalmente. En efecto, ni los padres ni los educadores, amigos, nos han otorgado el ser personal, por lo que desconocen en buena medida qué persona somos y, sobre todo, cuál seremos.

Para dotar de solución a la precedente dificultad se podría responder que cada persona es únicamente hija de Dios. Ahora bien, como el ser personal humano es creciente tal filiación no está consumada, pues se puede ser más o menos hijo, y además, ante ese aceptar Dios no se queda indiferente, sino que añade filiación sobrenatural, una elevación a vivir en cierto modo la vida personal divina ya en esta vida. En cualquier caso, darse cuenta o no de que se es hijo no es indiferente, pues si uno no acepta serlo, busca la independencia radical, y en esa tesitura el hombre cree que se lo debe todo a sí. Pero es claro que si el hombre se lo debiera todo a sí mismo, la educación carecería de sentido.

Por otra parte, también se puede dar el agravante de que el educador no se quiera saber personalmente hijo. Pero estando el educador lejos de su propio carácter filial, difícilmente podrá favorecer o secundar el carácter filial del educando. Inversamente, se puede decir que, en rigor 'educar personas' es secundar la filiación divina de cada persona humana. Pero para eso se debe saber qué singulares hijas son tales personas, es decir, quién se está llamado a ser como hijo delante de Dios. Ahora bien, este extremo no se puede saber a menos que el educador se sepa personalmente hijo, se abra como tal a Dios, y que Dios le revele en cierto modo qué hijos distintos son los educandos. En rigor, educar personas es un encargo divino derivado de saberse hijos.

En consecuencia, si se requiere ser y saberse personalmente hijo, tanto por parte del educando como por parte del educador, y eso para educar filialmente, la acción que entre ellos medie no puede ser la de padre, madre, tío, profesor, etc., sino la de co-hijos, es decir, hermanos. Pero como no existen dos hijos 'iguales', la dificultad de la tarea educativa se acrecienta, pues ¿cómo llegar a saber el hijo que se es, o el hijo distinto que son cada uno de los demás? Añádase que, según lo indicado, ese conocimiento no puede ser ni sensible ni racional. Por tanto, si la persona es una realidad espiritual y la filiación es lo radical suyo, ¿cómo alcanzar a conocer el carácter filial irrepetible de cada quién? Que esta indagación es filosófica es manifiesto, porque si el filósofo busca la verdad, la más alta verdad es su personal filiación divina. Por eso, quien abdica de Dios desconoce su verdad más íntima.

Si somos hermanos, la educación entre nosotros deberá ser fraterna. Con todo, somos libres. Por eso, puede ocurrir que el educador no se reconozca como hermano del educando o incluso que no lo quiera ser. En efecto, es difícil que un padre se sienta personalmente hermano de su hijo; que un maduro profesor universitario vea como hermanos a sus numerosos alumnos de primero de carrera; también que una profesora de enseñanza media conciba como hermanas a las alborotadas alumnas de sus aulas. A su vez, otro tanto le puede suceder al educando respecto del educador. Efectivamente, es difícil que una hija vea personalmente como hermana a su madre; que un alumno universitario pueda ver al profesor como hermano, pues a veces lo ve como distante e incluso como extraño. A la par, el educando puede que ni siquiera desee ser personalmente hermano de dicho profesor, entre otras cosas porque no le cae bien, le suspende, le dobla en edad, es raro, tiene manías, su carácter es muy distinto, etc.

Por otra parte, la relación propia entre hermanos es la fraternidad, pero como no hay dos hermanos 'iguales', hay que preguntar ¿cómo debe ser el trato educativo distinto entre hermanos distintos? En esto estriba la siguiente dificultad.

6. Dificultades en torno a la acción educativa

La dificultad se puede resumir preguntando en qué puede radicar la acción educativa fraterna. ¿Se trata de decir, hacer, ser modelo, etc.? Si entre el educador y el educando media la fraternidad, obviamente la clave de la acción educativa no consistirá principalmente en hablar de matemáticas, inglés o geografía. Tampoco en enseñar un oficio u otro. Ni siquiera en adoptar una u otra conducta modélica, porque si cada persona es distinta, no estará bien representar el papel de un modelo universal.

Además, cabe preguntar lo siguiente: ¿en orden a qué se tiene que educar o aprender fraternalmente?, es decir, ¿cuál es el fin de la actitud educativa fraterna? Y si no hay dos personas iguales, cabe preguntar si el fin de tal educación debe ser el mismo para todos. Si se responde que cada quién debe tener el suyo, ¿cómo educar a tantos?, ¿acaso se puede conocer el fin de cada uno de ellos? Las anteriores cuestiones se pueden responder diciendo que el fin de la educación fraterna es fomentar la filiación irrepetible de cada quién (no hay dos hijos 'iguales'), porque la fraternidad es segunda respecto de la filiación. De otro modo: la clave radicará en que cada quién llegue a saberse hijo de Dios y crecer, si libremente desea, en esa línea. Pero como no hay dos hijos 'iguales', ¿cómo educar en orden a la peculiar filiación de cada quién?

7. ¿Qué es ser 'profesor' de personas?

La postmodernidad en que vivimos se caracteriza no sólo por problematizar y cuestionar desordenadamente las diversas realidades, sino también por no ofrecer soluciones. Nuestras preguntas no pretenden ser en modo alguno postmodernas. Por eso conviene ofrecer –como se ha intentado– un buen planteamiento al problema. Las respuestas tampoco pretenden ser 'políticamente correctas'. Por tanto, al margen de lo 'establecido' conviene ofrecer una guía de solución radical (de raíz). Vamos, pues, a procurar dar con las soluciones de fondo a las preguntas planteadas.

a) Acerca de la propia persona. Una persona sólo se conoce personalmente; o, si se quiere, íntimamente, porque cada quién es una intimidad distinta. Esa intimidad se alcanza naturalmente de modo espiritual, porque cada persona es un espíritu distinto. Si este extremo no se nota de ordinario en la educación, ello indica que en esa tarea se emplea más la razón (en cualquiera de sus vías) que un conocer superior a la razón, a saber, el personal. El saber personal no es el racional, sino suprarracional. La razón conoce formando ideas, pero es claro que la idea de persona no es persona ninguna. Por tanto, la razón no alcanza a saber quién es la persona. Por eso, a la persona sólo se sabe a nivel personal.

¿Qué descubre el saber personal de la propia intimidad? El primer descubrimiento ya se ha indicado: que somos personalmente abiertos al ser personal que nos ha otorgado nuestro ser personal. Con todo, nota –como también se ha expuesto– que esa apertura personal es libre. Repara asimismo en que esa apertura personal y libre es cognoscente. En efecto, se sabe que tal conocer personal accede al ser personal divino. Pero sólo accede a ese ser personal si lo acepta, en rigor, si lo ama.

b) Acerca de las demás personas. El conocer personal, al alcanzar la propia intimidad humana, nota que esta es personalmente abierta al ser divino. En esa apertura personal descubre su dependencia, la cual es libre y filial. Por serlo, desde Dios nos abrimos libre y fraternalmente a las demás personas creadas, que también dependen libre y filialmente de Dios. La persona, al notarse abierta al ser personal divino, puede aceptar dicha dependencia filial, y al notar que desde Dios nos abrimos las demás personas creadas, puede vincularse fraternalmente. Pero también puede rechazar lo uno y lo otro (ambos van unidos). Ambas actitudes personales, la de aceptación y la de rechazo, son libres, pero en la primera actitud la libertad personal se ejerce en orden a su fin y por tanto crece. En la segunda, en cambio, la libertad personal queda sin fin personal y decrece.

Si bien la apertura al ser personal divino es constitutivamente íntima en cada persona humana, la apertura a los demás no lo es, sino que es de índole manifestativa, por el lenguaje corporal y convencional. Por eso no podemos juzgar la intimidad de ninguna persona creada. De ella solo sabe Dios y en cierto modo cada persona. Por eso conviene que contemos con lo que Dios quiera transmitirnos en orden a ayudar a los demás y con lo que cada persona quiera y sea capaz de manifestarnos en la medida en que se conozca. En efecto, para educar yendo hasta la raíz personal de cada quien, conviene que contemos con ambas aperturas, la que directa e íntima con Dios, para que nos ayude a tratar a cada quien como quien es, y la indirecta, la que tenemos con los demás a través de nuestro trato asiduo.

c) Acerca de la tarea educativa personal. Si lo que antecede responde a un planteamiento correcto, la tarea educativa personal deberá ser manifestación de la persona que educa se sabe principalmente co–existente con Dios y secundariamente con el educando, libremente abierta a ellos y, por encima de esto, abierta a con conocimiento y amor personales, es decir, íntimamente. Y todo esto en orden a que el educando se reconozca coexistente personalmente con Dios en primer lugar, y en segundo lugar con el educador, y en ambos casos, libre, cognoscitiva y amantemente. En suma, ambas actitudes se deben ejercer en orden a que en ellas, educador y educando, cumplan mejor su sentido filial y fraterno.

8. Primero aceptar, segundo dar

Si es cierto que el amar personal tiene dos dimensiones, a saber, aceptar y dar, y que la primera en nosotros es superior a la segunda, puesto que somos criaturas, dado que educar es dar, aportar, nadie puede educar personalmente si no acepta personalmente. A la par, se dará personalmente en la medida en que acepte personalmente. Por eso, educar personalmente es segundo respecto de aprender personalmente. Y ambas actitudes se deben ejercer en la medida en que se subordinen a alcanzar cada vez más el carácter filial de cada persona.

En el mundo andamos sobrados de docentes, discentes y de medios educativos de todo tipo –aunque de estos elementos se suele decir que están mal repartidos en las diversas áreas geográficas–. No obstante, de todos hay que aprender. Toda persona educa si se sabe aprender de ella. Esa actividad no la ejercen únicamente los padres respecto de sus hijos o los maestros con sus alumnos. Es más, los padres aprenden a ser padres al notar el abandono filial de sus hijos en sus manos, lo cual equivale a la mejor lección filial que pueden recibir. Con otras palabras: los padres, sólo son mejores padres si son, en primer lugar, mejores hijos y, derivadamente, mejores hermanos entre sí (marido y mujer). Y lo mismo ocurre entre profesores y alumnos. En efecto, profesor que no aprende más que enseña es mediocre. No se olvide que los mejores libros para aprender son las personas, porque la realidad personal es la superior. Además, como las personas humanas se dan repartidas por doquier (y las angélicas y divinas nunca faltan), nadie carece de la posibilidad educativa más alta, la personal.

Sin embargo, parece que la educación personal está en crisis. ¿Por qué? Cabe preguntar si ese déficit no será debido, prioritariamente, a que no nos sabemos personalmente hijos. Y, secundariamente –y dependiendo de lo anterior– porque la fraternidad personal escasea. En cualquier relación entre docente–discente, si los educandos desconfían del educador, es decir, si tiende a agrandarse la separación entre ellos, es porque su vinculación fraterna corre peligro. Si la fraternidad no se manifiesta, es porque el sentido de la filiación personal es débil, escaso o nulo. La independencia conlleva el desagradecimiento filial y fraterno. Como agradecer es aceptar, y sin aceptar no cabe educación personal, la falta de agradecimiento –síntoma de nuestro tiempo– delata la situación de crisis educativa personal.

9. A modo de propuesta

Como toda pedagogía se fundamenta en una determinada antropología, es pertinente que la actual pedagogía recabe su fundamentación más en la antropología trascendental, es decir, en esa que mira a la radicalidad íntima y espiritual del ser humano. Pues si se basa en otras antropologías (evolutiva, experimental, cultural, racional, filosófica, etc.), que atienden a diversas facetas humanas de índole manifestativa, va por las ramas sin tocar la raíz, o si se prefiere, pretende tomar el rábano por las hojas.

Se trata, en rigor, de recuperar y ahondar en el descubrimiento de persona (en este caso, humana) como distinto al de la naturaleza (también humana). Es obvio, que la actual investigación de estos problemas pedagógicos admite diversos enfoques que, de ser correctos, se tienen como complementarios. Sin embargo, hay que preguntar si la distinción entre ellos comporta o no jerarquía, y si la recaba, habrá que tener en cuenta que a diversos planos de hondura humana real corresponden distintos niveles de conocimiento humano. Por tanto, que no todo método pedagógico es 'igualmente' válido, ya que en el hombre no todo vale 'igual' ni está en el mismo plano.

La solución a la crisis educativa pasa por secundar el carácter filial de cada quién. Una propuesta es siempre de libre aceptación. La propuesta dice así: ¿se quiere educar personalmente?, es decir, ¿se desea ser 'profesor de personas'? Para ello conviene primero aceptarse como hijo, y segundo, aceptar a los demás como co–hijos. ¿Cuántos hijos caben? Como ninguna persona humana es perfecto hijo de Dios, caben ilimitadas. ¿Se puede educar y aprender de todas ellas? Sin duda. ¿Cuándo se educa mejor, o sea, más eficazmente? Cuando mejor hijo se es. Si existe alguien que sea perfecto hijo de Dios, ese será el mejor maestro. La revelación cristiana enseña que Cristo es el perfecto Hijo de Dios, y por ello, el único modelo de toda filiación y fraternidad. En consecuencia, el mejor Maestro.

¿Está la educación personal en crisis? Lo está si el cristianismo lo está. ¿Cuándo el cristianismo entra en crisis? Cuando los cristianos no valoran su filiación divina; cuando piensan de ordinario que se deben más a sí mismos que a Dios. Así surge, en primer lugar, la soberbia, que no es un vicio de la voluntad, sino de la intimidad personal, la cual se ocluye con él. En segundo lugar aparece la envidia, pues en los demás no se descubren co–hijos sino antagonistas. Suele decirse que estos defectos no sólo son la carcoma de las familias, sino también de las empresas y, sobre todo, de la universidad, que debería ser la cumbre de la educación institucionalizada. Como estos enemigos no son externos, sino que radican en la propia intimidad, si se quiere mejorar la educación, hay que extirpar su peor mal desde la raíz. Pues bien, si la filiación conforma el acto de ser humano, y la fraternidad lo superior de la esencia manifestativa humana, la amistad es la mejor manifestación de aquéllas. Por eso, se puede comprobar que la educación personal no está en crisis si entre padres e hijos, profesores y alumnos, etc., media la amistad.

Por lo demás –como se ha formulado– la persona humana no es estática o detenida, sino proyecto. De modo que la educación en la amistad no debe tener como meta una etapa o periodo de la vida humana. De otra manera: no se debe educar para la infancia, la pubertad, juventud o madurez, sino de cara a la eternidad. Y en orden a esta toda educación es siempre escasa. En efecto, si, en rigor, mientras vivimos no acabamos de ser la persona que estamos llamados a ser, educar en orden a la realidad personal que seremos exige una labor permanente. En este sentido la formación no termina nunca. A esta proyección educativa se la suele denominar formación religiosa. Esta no es sólo la mejor, sino la raíz y fin de todas las demás facetas educativas. Si esa educación se desestima, el hombre no sabe quién es, y –como se ha explicitado– sin ese saber radical carece de sentido la educación personal. Pero si esos sentidos se pierden ¿qué sentido tienen las demás facetas educativas?

4

¿Es comunicación?

1. Planteamiento

¿La filosofía comunica algo? Parece que algo debería comunicar, pero ¿qué? Con todo, los filósofos más que comunicar tienden a ser crípticos. Más aún, no parece que se comuniquen ni entre ellos y, además, las escuelas filosóficas suelen ser incomunicables. Pero de ser esto un defecto de los 'filósofos' y no de la filosofía, ¿acaso se resuelve la filosofía en comunicar?

Siguiendo la reciente indicación de Benedicto XVI acerca de que "el sentido y la finalidad de los medios de comunicación debe buscarse en su fundamento antropológico", a continuación se intentará buscar la raíz humana de la comunicación. Desde luego, este empeño cuenta con precedentes, pero la mayor parte de sus propuestas vinculan la comunicación con el carácter 'social' humano, con la inteligencia, la voluntad y la capacidad lingüística humanas. Sin prescindir de esas dimensiones antropológicas –a las que se aludirá en su momento–, aquí se sostiene que la comunicación nace de un nivel más profundo que los advertidos, a saber, de la intimidad personal, ya que lo que conforma el núcleo personal es intrínsecamente abierto. Con otras palabras: persona significa apertura personal. Por tanto, una persona única es imposible.

En escritos relevantes sobre 'filosofía de la comunicación' suelen comparecer –además de la especificidad de los *mass media*– ciertas notas características de la relación comunicativa humana: la prudencia, la veracidad, la misma comunicación. Se debe averiguar la vinculación entre ellas y, como las realidades son jerárquicas, su engarce debe ser de subordinación de las inferiores a las superiores, y de favor de las superiores a las inferiores. De modo que se debe indagar cuál de esas dimensiones es superior a las demás y, consecuentemente, cuáles se deben supeditar a la más alta.

2. Comunicar la verdad

En orden a cumplir este primer cometido, se puede comenzar por una anécdota. En un Departamento de Filosofía de una prestigiosa universidad se celebraban casi semanalmente 'seminarios de profesores' (a los que se invitaba también a alumnos selectos) y, asimismo, 'seminarios de la sección' abiertos a todos los alumnos y a otros públicos. En cada una de estas reuniones un profesor exponía los resultados de sus últimas indagaciones, y los demás debatían con él los hallazgos. La comunicación entre los profesores parecía asegurada, puesto que el marco era adecuado. Como se trataba de filósofos –y se supone que estos buscan la verdad–, el fin de tales reuniones debería ser, por parte del ponente, transmitir a los demás las verdades por él descubiertas, y llevarlo a cabo con la veracidad, y por parte de los oyentes, aceptar los descubrimientos e intentar aportar nuevos desarrollos.

Sin embargo, al comunicar las verdades descubiertas se empezó a notar no sólo que, obviamente, no todos pensaban lo mismo respecto del tema en cuestión –lo cual es síntoma de buena salud mental–, sino que en muchos casos las verdades halladas no eran bien recibidas. De modo que se pasó a ir con 'pies de plomo' al comunicar la verdad. No siempre se decía lisa y llanamente, unas veces por no herir susceptibilidades; otras –por parte de los susceptibles–, por no sentirse forzados a reconocer en público su desconocimiento del tema a la par que su susceptibilidad; algunas, por afán de conciliar a toda costa las desacordes posiciones; otras, en virtud de una 'prudencia' entendida de modo que llevaba a no atender a ciertas verdades, porque estas perjudicaban los propios intereses, es decir, los propios pareceres; y en todos los casos, por falta de confianza entre los interlocutores, hasta tal punto que quien salía perjudicado del debate podría preguntar –a raíz de las consecuencias habidas tras manifestar la verdad– aquello de San Pablo: "¿es que me hecho enemigo vuestro diciéndoos la verdad?".

El resultado era de esperar: cada vez los seminarios se volvieron más esporádicos hasta que finalmente desaparecieron, pues donde no se acepta la verdad, sobra el ofrecerla, porque el dar es segundo y correlativo respecto del aceptar. Un corolario: a partir de ese momento, en buena parte de los antiguos dialogantes fueron despuntando cada vez más sus intereses prácticos (fama, títulos, poder –cargos de gobierno–, etc.) que su 'interés' por la filosofía, y es que "*extra communionem personarum nulla philosophia*". Por eso cabe preguntar si este desenlace fue un asunto meramente accidental, o más bien algo coherente con la precedente situación. Por lo demás, si la nueva actitud de tales pensadores no parece muy acorde con el perfil filosófico, cabe interrogar si muchos de ellos dejaron en buena medida de ser filósofos, o es que verdaderamente no lo habían sido antes. Aún cabe formular otras cuestiones: ¿qué falló en la precedente tesitura: la 'comunicación', la 'prudencia', la 'veracidad'? ¿Ninguna de las tres? ¿Tal vez algo más y superior a ellas?

Por lo demás, si es a los filósofos a quienes se les pide que lideren la tan ansiada interdisciplinariedad, a fin de que la 'universidad' no se convierta en 'pluridiversidad', al escindirse los pensadores yendo cada cual por sus propios derroteros, ¿cómo podrá cumplir su fin esta institución una vez astillados los saberes por falta de maestros que los vinculen? La separación entre las especialidades radica en que todas ellas usan el método analítico y este es, por definición, aislante. En cambio, el filósofo tradicionalmente ha sido más amante del método sistémico o reunitivo, en especial para los asuntos humanos, sencillamente porque el hombre no funciona por partes, sino con unidad de vida. De modo parejo –como indica Polo– "una profesión en la que la capacidad de análisis debe unirse a la síntesis es el periodismo", porque al periodista se le pide atar en las manifestaciones lo que el filósofo debe ver unido en la raíz.

3. Filosofía y comunicación

Como es sabido, las corrientes de pensamiento más relevantes de la historia de la filosofía occidental han sido el realismo, el racionalismo–idealismo, el nominalismo–voluntarismo y el monismo. Todas menos la última defienden la 'comunicación'. En efecto, el realismo (Aristóteles, Agustín de Hipona, Tomás de Aquino, etc.) sostiene la comunicación del conocer y del querer humano con el ser, el cual coincide con el bien. El racionalismo–idealismo (Leibniz, Hegel, Husserl, etc.) respalda únicamente la comunicación del conocer con la verdad, no con el ser. El nominalismo–voluntarismo (Escoto, Ockham, Descartes, Kant, Schopenhauer, Nietzsche, Wittgenstein, etc.) tiende a acoger sólo la comunicación del querer con el bien.

Desde luego que es superior la comunicación cognoscitiva y voluntaria con el ser (realismo) que prescindir de alguna de esas aperturas (racionalismo–idealismo; nominalismo–voluntarismo).

Por su parte, es superior la comunicación del racionalismo–idealismo que la del nominalismo–voluntarismo, pues este tiende a descalificar la verdad, y sin ella la comunicación voluntaria es antojadiza o consensual. Sin embargo, el monismo (Parménides, Plotino, Proclo, Spinoza, etc.) es, por naturaleza, falto de comunicación y, desde este punto de vista, es la filosofía más problemática, pues si lo único que existe es una única realidad, ¿con qué se va a comunicar? Por eso, no es extraño que para quienes defiendan esta posición su estadio final sea el mutismo; y sus seguidores, escasos o ninguno.

A lo que precede se podría añadir que lo que en nuestros días se impone es el pensamiento débil propio de la postmodernidad, el cual defiende que la comunicación humana preponderante es con la belleza. Ahora bien, las comunicaciones precedentes son superiores a la de este esteticismo, porque prescindiendo del ser, de la verdad y del bien, es imposible saber si se está ante una belleza 'real', 'verdadera' y 'buena' o, por el contrario, ante otra 'aparente', 'falsa' y 'mala', lo cual impele al sentimentalismo, es decir, a proferir ante lo 'bello' el usual 'me gusta' o 'me disgusta', sin 'querer' su bien o mal, sin 'saber' si es más o menos verdadero, y sin alcanzar su 'fundamento real'. Pero el sentimentalismo es, por definición, individualista, porque los sentimientos son de cada quién y, hablan, sobre todo, de sí.

El realismo es la filosofía más comunicativa, más amplia, pero tiene que velar por su amplitud de miras, porque si las reduce, alberga en su interior el racionalismo–idealismo. En efecto, el racionalismo–idealismo aparece al restringir el ser a ser conocido. Por su parte, este incuba en su seno el nominalismo–voluntarismo, porque el segundo comparece cuando la verdad conocida se constriñe en el lenguaje, el cual cae bajo el dominio de la voluntad. A su vez, el nominalismo–voluntarismo gesta en su matriz el esteticismo, pues este hace su acto de presencia cuando el lenguaje, más que a la verdad y al bien, se subordina a la belleza. De modo que la distinción entre estas corrientes es netamente jerárquica –no es cuestión de gustos y de elección–, pues la distinción entre ellas estriba en su mayor o menor amplitud comunicativa. Téngase en cuenta además –por lo que más adelante se expondrá– que, salvo en el realismo, en ninguna de las otras corrientes de pensamiento la comunicación se entiende como personal.

4. Comunicación y verdad

El fin de comunicar es transmitir la verdad. Con todo, la verdad no tiene actualmente buena prensa, pues no pocas veces se considera 'relativa', 'subjetiva', etc. Ahora bien, si la verdad es relativa al interés, la fama, el prestigio, etc., ¿qué se podrá comunicar? Únicamente asuntos subjetivos, intereses particulares. Además, en la mayor parte de las disciplinas universitarias (también en filosofía) hoy se usa más la 'interpretación' –hermenéutica– que otros métodos cognoscitivos más sólidos para buscar la verdad. Pero si cualquier cosa que alguien diga, que no esté de acuerdo con el propio criterio, cae sistemáticamente bajo la interpretación, se anula al interlocutor y se pasa al imperio absolutista del punto de vista. Con esa actitud no sólo se pierde la verdad, sino también la confianza y se tiende al aislamiento social, es decir, se desintegra la sociedad. En efecto, ¿cómo se puede fiar alguien de quien no se fía de la verdad?

Actualmente se habla mucho (y en varios idiomas) y se exige que se hable muy bien. Nótese que en el pensamiento débil o postmoderno prima la literatura –la retórica– sobre la filosofía –la verdad–. Muchas personas hablan bien y entienden mal, y muy pocas hablan poco y entienden mucho. Hoy se está dispuesto a comprar el bienestar, el éxito personal, el prestigio social y el aplauso de la opinión pública al precio de la verdad. Esto les acaece también a las universidades: suelen considerarse mejores las que mejor publicidad hacen de sí mismas, no las que más verdades y más de fondo descubren.

A la verdad se antepone el consenso, la buena fama, el gusto. Ante esta generalizada situación, alguien puede preguntarse admirado: ¿por qué razón no se entienden asuntos tan claros? Si uno tiene paciencia, tal vez advierta la respuesta: por ninguna razón (verdad), sino precisamente por falta de ella. Ahora bien, renunciar a la verdad no sólo no soluciona nada, sino que corre el peligro de acabar en una dictadura de la voluntad, porque lo que queda después de suprimir la verdad sólo es simple decisión arbitraria. Pero quien no reconoce la verdad se envilece. Acomodar la verdad, intentar construirla es tarea fácil; lo difícil es corresponderse con ella y defenderla de modo sereno.

5. Comunicación y bien

El fin de la comunicación es transmitir el verdadero bien, no los bienes aparentes. Se intercala 'verdadero' antes de 'bien' porque la verdad precede al bien. No se trata sólo de mostrar los bienes materiales, sino de manifestar bienes superiores, como son, por ejemplo, las virtudes de la voluntad. Repárese en una de estas virtudes, pertinente en este punto, la veracidad.

En la filosofía griega (Aristóteles) y medieval (Tomás de Aquino) se defendió que los actos cognoscitivos de la razón práctica son tres, que por orden de inferior a superior, de menos a más cognoscitivos son los siguientes: la deliberación o consejo, consistente en sopesar los pros y los contras de varias alternativas a realizar; el juicio práctico, que destaca una de esas alternativas como más factible que las demás; y el precepto o imperio, que manda poner por obra el propósito o proyecto formulado. A cada uno de estos tres actos –añadían dichos pensadores– siguen en la propia razón, como redundancia en ella de reiterar tales actos, unas perfecciones intrínsecas a las que llamaron hábitos intelectuales, que de menos a más cognoscitivos son los tres siguientes: el saber deliberar (*eubulia*), la sensatez (*synesis*), es decir, el saber discernir entre juicios prácticos rectos y otros arbitrarios, y la prudencia o saber mandar cuándo, cómo y del modo que es debido las acciones prácticas a realizar.

Pues bien, lo que hay que añadir a esa correcta relación es lo siguiente: por encima del acto de imperar nuestras acciones conocidas (que es distintivo de la prudencia) hay todavía algo superior: el manifestar la verdad conocida (decirla y hacerla), o sea, comunicarla a los demás y a nuestras obras. Y en la medida en que se lleva a cabo, sobre este acto se conforma una perfección intrínseca, a saber, la veracidad. Esta es superior a los hábitos precedentes porque es mejor que las verdades las sepan varios que no uno solo, y porque es mejor que además de conocerlas se pongan en práctica. De modo que la prudencia se debe subordinar a la veracidad.

¿Por qué es tan relevante la veracidad? Porque si la verdad (racional, ética, personal...) no se manifiesta, no hay confianza (corpórea, manifestativa, íntima...); si no hay confianza, no hay comunicación (gestual, oral, escrita...); y sin comunicación, no hay sociedad (familiar, empresarial, universitaria...). Por tanto, sin veracidad no existe tejido social: la virtud de la veracidad es más que una parte de la justicia, pues sin comunicación la sociedad humana es imposible. La veracidad es más que la justicia, porque sin ella no cabe la amistad, y es claro que esta es superior a la justicia. En suma, sin veracidad (pieza clave de la ética) ningún lenguaje cumple su fin, y sin este no se vincula la sociedad.

6. Comunicación y belleza

El fin de la comunicación es manifestar la verdadera y virtuosa belleza. Se antepone 'verdadera' a 'belleza', porque la verdad la precede; se coloca 'virtuosa' antes de belleza, porque el bien es anterior a lo bello, y el bien interno, la virtud, es superior a los externos. El comunicar es para escuchar, no a la inversa, pues se aprende y mejora más escuchando que hablando. La belleza de la palabra debe estar al servicio de la virtud de la voluntad; y esta, a la verdad del contenido objetivo intelectual. Por eso la filosofía no se reduce a literatura, y por eso esta es algo más que entretenimiento o diversión. La belleza no es tal sin la verdad, porque la verdad es bella por sí misma.

7. Requisitos del diálogo

Tras estudiar el método cognoscitivo, es decir, tras discernir entre las filosofías más relevantes de la historia del pensamiento tomando como punto de referencia la comunicación, y tras destacar como más apropiada la realista (por ser la más comunicativa y personal), ahora es pertinente atender al tema en cuestión, la comunicación más abierta, a saber, el diálogo. El diálogo añade a la comunicación, por una parte, la bilateralidad, pues la comunicación puede ser unilateral y, por ende, despótica, es decir, del estilo como se comunica el hombre con la realidad material: transformándola. Por otra parte, además de la bilateralidad, lo que el diálogo añade a la comunicación es la posibilidad de ganancia en humanidad: en hábitos intelectuales, en virtudes de la voluntad y, sobre todo, en confianza y aprecio personales. Pues bien, los ingredientes exigidos por la comunicación más abierta, el diálogo, son:

a) La sociedad. Esta y el diálogo se reclaman. Cuando falta la sociedad no hay diálogo, y sin este no cabe sociedad. La crisis social se da cuando falta el diálogo, y sin este no se aúna la sociedad a cualquier nivel: familiar, educativo, entre amigos, empresarial, ciudadano, nacional... Cualquiera de estas sociedades está más unida cuando el diálogo en su seno es más fluido y rico. Dialogar es añadir. Más que de cosas (palabras), se trata de un añadido en humanidad. Se añade bien común que, más que de realidades materiales, está formado de virtudes humanas. La búsqueda del bien común como fin favorece el trabajo en equipo, y este, a su vez, es fruto del diálogo (sin lenguaje no cabe trabajo). El bien común será superior en la medida en que los objetivos lo sean. Obviamente no se trata de que todos piensen lo mismo –en ese caso no había valor añadido–, sino que quien descubre más proponga y lidere la mejoría de los otros, y en que estos no se conformen con lo descubierto, sino que sigan buscando y descubriendo más.

b) La paridad entre los interlocutores. Otro requisito del diálogo es la semejanza entre los interlocutores. Pero tal proporcionalidad no significa 'igualdad', porque esta impide la comunicación. En efecto, si todos fuéramos iguales (y en todo), la comunicación estaría de más. Paridad significa cierta homogeneidad que respeta la distinción sin fosilizar las diferencias clasistas. Por eso, entre señores y esclavos es difícil el diálogo, como lo es entre profesores 'feudales' y subordinados, entre países ricos y pobres, entre políticos corruptos y ciudadanos honestos, etc. Es así porque los superiores desprecian a los inferiores y consideran que nada pueden aprender de ellos. En cambio, cabe diálogo entre Dios y el hombre, porque el primero, al dialogar, sin dejar de ser quien es, se abaja, se hace hombre, y al tratar con el hombre lo eleva (lo diviniza), lo convierte en amigo; más aún, en hijo.

c) Los hábitos intelectuales. Pensamientos hay muchos, pero los mejores son fruto de los hábitos intelectuales superiores. Primero, pensar; luego, hablar. Una comunicación que en vez de favorecerlos fomenta la ignorancia es sofística, despótica, no dialógica. El conocer precede a la comunicación, porque el pensamiento es superior y condición de posibilidad del lenguaje y de la acción. Por eso, el fin del lenguaje es, sobre todo, comunicar pensamientos universales, no sensaciones psicológicas particulares. Sin conocimiento no hay vida social. Por ello, en rigor, los animales carecen de sociedad, y también por este motivo, las universidades deberían ser las sociedades mejores. Sin embargo, si ceden a la obturación, al conformismo, a la pereza mental, el lenguaje universitario deja paso al silencio, a la murmuración, difamación, etc., y en vez de ejercer su función vinculante, se convierte (por aquello de '*corruptio optimi, pessima*') en la más disolvente. Sin pensar, la gente se deja llevar por la publicidad retorcida y reiterativa; su libertad entra en pérdida porque su norte ya no es la verdad, y su intimidad queda indefensa. Esa despersonalización, aliada de la infelicidad, deja al hombre sin capacidad de reacción ante los problemas y sin esperanza ante el futuro. ¿Sus frutos? Disgregación y soledad.

d) Las virtudes de la voluntad. Sin hábitos intelectuales no caben virtudes. Tampoco sin sociedad y sin trato equitativo con los demás. Primero hábitos, segundo virtudes; sin verdad no hay bien. Por eso el núcleo de la comunicación es la objetividad, la verdad. De tomarse al revés, si se subordina la verdad a la decisión voluntaria, a la votación, la comunicación sobra, porque no añade, sino que resta bien común, virtud. Por eso, la veracidad es la virtud capital de todo diálogo. Se trata de una virtud de la voluntad que defiende la verdad hallada a pesar de los propios gustos e intereses. Obviamente, para ejercer esa defensa, la voluntad requiere el fortalecimiento que otorga la virtud. Sin veracidad, la sociedad es imposible, pues el lenguaje no cumple su función, ya que la mentira, doblez, disimulo, etc. son su carcoma. Sin verdad no hay sociedad porque la confianza se esfuma. En efecto, cuando nadie se fía de nadie, el bien común no comparece.

e) El lenguaje y la información. Sociedad, proporcionalidad, hábitos intelectuales, virtudes de la voluntad, y luego, lenguaje, información. Sin sociedad proporcional no podemos mejorar internamente con hábitos y virtudes; pero acto seguido debemos manifestar esas perfecciones adquiridas, y aún otras innatas, porque cada quien es una persona nueva que desborda lo común de lo social y, por eso, puede añadir. Por lo demás, toda verdad se puede transmitir. De todos se puede y se debe aprender, pero no de todos 'lo mismo' y 'por igual'. El fin del comunicar es la mejora interna propia y ajena, no a la inversa. Los lenguajes humanos son de diversos niveles: corporal, cultural, convencional escrito y hablado... Estos usan de diversos medios, siendo uno de ellos los *mass media*. Sin lenguaje no cabe sociedad y sin sociedad no cabe lenguaje. Se reclaman mutuamente, pero este está en función de que aquella mejore en humanidad, en rigor, en virtud. Si no tiene ese fin, el lenguaje está de más. En principio, cuanta mayor sea la información disponible, mejor se vincula una sociedad; ahora bien, esa información debe ser formativa, no cháchara insustancial, charloteo, retórica tan sutil y afectada como engañosa.

f) La confianza personal. Sin confianza aparece no sólo el pesimismo social, sino algo más grave, el personal, porque uno no alcanza a conocer en solitario su propio sentido personal, ya que no es existente sino coexistente, sobre todo con Dios. Por eso, la apertura a Dios en los hombres es lo que más aúna la sociedad, y su olvido (el laicismo), lo que más la disgrega. Se trata del tema de la fe, de las convicciones. Cuando falta la confianza en Dios, la comunicación carece de fundamento y de fin y se torna movediza. De modo similar, cuando se falta a la confianza a la palabra de los hombres (en la familia, el trabajo, etc.), se recurre a documentos escritos, pero esto es síntoma de que falta unión, porque el lenguaje oral es superior al escrito.

* * *

Por contraste con lo indicado acerca de los requisitos del diálogo, lo que es el relativismo ético en la sociedad, eso es el error para la inteligencia, el vicio en la voluntad y la mentira (*locutio contra mentem*) en el lenguaje. El relativismo ético es el peor disolvente de la sociedad, lo que más atenta contra el único vínculo posible de cohesión social: la ética. Por su parte, el error impide consolidar hábitos intelectuales, y el vicio imposibilita las virtudes de la voluntad. A la par, la mentira frustra la comunicación. Además, no hay mentira pequeña.

Saltando de plano a un nivel más importante, lo que son esas lacras a nivel de manifestaciones humanas, eso es la falta de confianza a nivel personal: la pérdida de sentido de la intimidad humana, porque la persona es apertura personal. Todas esas negaciones introducen la incomunicación. Pero no todas son igualmente aislantes. Todas ellas son parásitos que viven a costa de succionar la realidad humana, pero unas se ceban en las hojas y ramas, otras en el tronco y las peores en la raíz: así, mientras una sociedad basada en la mentira se destruye (basta atender a las causas de la reciente crisis financiera, o a las crisis de ciertas políticas nacionales e internacionales), una persona sumida en la propia mentira pierde su sentido personal. Como una persona es superior a lo común de la sociedad, este mal es peor que el precedente. Por eso, a continuación se va a centrar la atención en lo más neurálgico de la persona humana, raíz y fin de toda sociedad y comunicación dialógica.

8. La comunicación como manifestación de la intimidad

En la filosofía moderna se ha exaltado la razón humana; en la contemporánea, en cambio, la voluntad. Como se ha indicado, es peculiar de ambas potencias el ser comunicativas: la inteligencia comunica con la verdad; la voluntad con el bien. En efecto, no cabe conocer sin conocido, es decir, método sin tema. A la par, no cabe querer sin bien. Además, los pensadores clásicos griegos y medievales notaron que ambas potencias están abiertas a la totalidad de lo real. Sin embargo, hay que añadir que esas dos potencias humanas son abiertas, comunicativas, porque la realidad de la que dependen, el acto de ser personal, lo es. La persona es cada quién, pues nadie se reduce a su inteligencia y a su voluntad. Tiene esas potencias, pero tales potencias no son la persona sino de ella. Ellas son la condición de posibilidad de cualquier comunicación manifestativa sensible, la primera de las cuales es el lenguaje. No hay lenguaje sin pensamiento y sin voluntad. Pero ni ellas, ni el lenguaje, ni lo que este posibilita, son la persona humana. La persona es raíz de toda comunicación porque la persona es comunicación. El hombre se comunica con los demás porque en su intimidad es comunicación personal –no con cosas, sino con personas–.

Ad intra, en su intimidad, el hombre se comunica especialmente con su Creador, de quien radicalmente depende, y desde él, con otras personas creadas. Esa comunicación íntima posee tres notas: libre, cognoscitiva y amante. Por eso la comunicación personal humana *ad extra* es mejor en la medida en que es más libre y más transida de sentido y amor personales. En consecuencia, si lo que se comunica externamente adolece de sentido personal o es despersonalizante, la comunicación externa será inhumana o deshumanizante. 'Persona' y 'hombre' no son equivalentes. Tampoco 'personal' y 'humana' lo son. 'Persona' indica intimidad, cada quién, novedad irreductible. En cambio, 'hombre' designa lo común del género humano, lo humano de los hombres, que puede crecer con hábitos intelectuales y virtudes de la voluntad, es decir, en 'humanidad', o puede decrecer y envilecerse si estos faltan, o sea, 'deshumanizarse'. Cada quién es irrepetible, pero lo humano de los hombres tiene muchos aspectos comunes. Lo humano depende de lo personal o, como diría un pensador tomista, la *essentia* del *actus essendi*.

El acto de ser humano es comunión; derivadamente, la esencia es –en dependencia del acto de ser– dialógica. De otro modo: la coexistencia es del orden de la intimidad; la intersubjetividad es del orden de las manifestaciones. El acto de ser humano es coexistente; la esencia es social. El que se diga que 'el hombre sea un ser social por naturaleza' (o político), se atribuye a su 'naturaleza' corpórea y, sobre todo, a la 'esencia' inmaterial humana (inteligencia, voluntad y yo), pero no al 'acto de ser' o intimidad personal, porque a ese nivel el hombre es más, es coexistente, co-personal. Lo otro, y sobre todo lo lingüístico, depende de esto; no a la inversa (como tantos defienden). No conviene confundir esas notas, ni hacer surgir la intimidad del trato del hombre con el mundo y de su habla con los demás, pues en el hombre hay 'distinción real' de niveles.

Pues bien, comunicar es, a nivel de manifestaciones, una expresión del ser personal humano. Como este es libre, cognoscente y amante, la comunicación exterior –si no es despersonalizada y despersonalizante– es libre, con sentido personal y amorosa. Estos tres rasgos se distinguen según jerarquía. A su vez, como la libertad personal es esperanzada, el conocer es transparente, y el amor es aceptante y donante, consecuentemente, la comunicación –si quiere responder al calificativo de 'personal'– debe ser esperanzada, transparente y, sobre todo, aceptante y otorgante. Comunicar es libre. Ocultar (el silenciar), lo contrario. Se comunica también en la medida en que se conoce. El conocer humano puede ser de muchos niveles: sensible, racional (con diversos grados: técnico, productivo, laboral, científico, etc.), ético o propio del yo, metafísico o superior al yo, y el más alto, el personal. Se comunica más personalmente si tal manifestación humana deriva del 'conocer personal'. A su vez, se comunica en la medida en que se quiere. El querer humano puede ser, asimismo, de muchos niveles: apetitivo sensible externo, interno, el querer de la voluntad, el 'querer querer' o querer del yo, y el amar personal. Se comunica más personalmente en la medida en que esa manifestación humana depende más del 'amor personal'.

En la Edad Media se decía que el bien es 'difusivo'. Pero el amor personal es superior al bien, porque más que difusivo es 'efusivo', pues nunca se agota ofreciéndose, y el respecto de ese ofrecimiento libre, más que cosas, son personas. En efecto, esa donación personal no se entiende sin una correlativa aceptación, asimismo personal. Por eso, la comunicación hay que entenderla como manifestación de la donación y aceptación personales. Se da porque sobreabunda. Pero como el respecto del dar es el aceptar personal, que es superior a aquél, el fin de la comunicación es que sea aceptada. Ahora bien, donde no hay aceptar sobra el dar. Cuando ni se da ni se acepta personalmente, la comunicación no continúa el ser personal, quedándose en mera información impersonal que, lejos de apelar a la intimidad, constituye un tenue bronceado superficial que se pierde u olvida con presteza. Si, además, se somete al público a un bombardeo de información trivial, provoca en este el hastío, la despersonalización.

La persona es más que comunicación; es coexistencia. Con todo, la persona todavía no es la coexistencia que está llamada a ser y que libremente puede esperar ser. Esto abre la consideración del destino del hombre. Si la persona humana se abre esperanzadamente a esa coexistencia futura que le ofrece su Creador, tal comunicación quedará asegurada pero no por ello detenida sino creciente. De lo contrario, al perder la apertura a la trascendencia, perderá su ser comunicativo. La incomunicación deriva siempre de la soberbia, pues esta disuelve la 'coexistencia' de la intimidad personal humana. Su resultado es, a nivel de manifestaciones, el individualismo. ¿Cuál fue, pues, la raíz del defecto que llevó al solipsismo a aquellos filósofos a los que se aludió al inicio de este tema? Tal vez el problema resida en el orgullo, y este se alimenta al querer permanecer en el error. ¿Qué solución tiene esta dificultad? Para los filósofos, que sigan siendo filósofos, pues quien se siente llamado por la verdad y se deja conducir por ella sin inquietarse por el resto, ese es verdadero filósofo. Para los demás, que se adaptan a la verdad sin subordinarla a sus antojos.

9. En conclusión

"La comunicación –ha escrito Polo– humana no es mero asunto intraespecífico, repetitivo, sino interpersonal. El lenguaje humano es la expresión o manifestación de lo interior. El hombre masificado no admite la comunicación enriquecedora. Por eso, bastantes de los llamados medios de información han perdido el auténtico sentido del lenguaje. La eticidad del lenguaje consiste en la relación recíproca entre los hablantes. Aquí se asienta el deber y la virtud de la veracidad". La globalización comunicativa que permiten los nuevos medios será humana y humanizante en la medida en que lo comunicado nazca de la intimidad personal humana y la tenga como fin. Además, ya que esta intimidad es constitutivamente abierta a la trascendencia divina, la comunicación tendrá más sentido personal en la medida en que más abierta esté a dicha trascendencia, y menos, en la medida en que ocluya esa nativa apertura. Por lo demás, esto engarza con el saber teológico, pues no es lo mismo decir que Dios es acto puro, simple, etc., que decir que es persona, ya que en el segundo caso se descubre que es absolutamente imposible que en Dios exista una única persona, pues sería la tragedia pura. Ahora bien, si lo neurálgico de la persona humana es ser 'comunicación', es porque se asemeja al Dios personal, su Creador, que también lo es.

5
¿Estudia lo real?

1. ¿Qué es realismo?

Julián Marías escribió que "el filósofo es un hombre inquieto e inquietante. Tiene, claro es, una enorme audacia; su riesgo permanente e ineludible es la soberbia; pero ésta se cura solo con que el filósofo siga siéndolo, con que acepte su condición y su destino hasta las últimas consecuencias; entonces desemboca en la más radical humildad, en la única verdadera humildad: aceptar la realidad". Si la filosofía no investigara lo real, no sería un descubrimiento, sino una ficción. Con todo, ¿qué es lo real? Para quienes se consideran pensadores 'realistas' la clave del realismo filosófico estriba en partir de la realidad (del ser, según declaran), es decir, tomar lo real como fundamento.

Sin embargo, no todos entienden lo mismo por realidad. Para los primeros filósofos realistas, los pensadores griegos clásicos, lo fundante era la realidad física (*physis*), pero consideraban que esta no era la única realidad. En cambio, algunos pensadores modernos defienden que la realidad física, la materia, es la única realidad. Este 'realismo' se puede llamar materialista, y ha admitido muchas variantes (empirismo, marxismo, positivismo lógico, etc.).

Con todo, como agudamente ha advertido Polo, "es imposible que exista ser sin verdad o sólo el universo material. Pero la verdad es imposible sin el conocimiento. El materialismo es la hipótesis de un mundo material absoluto... El acto de conocer no procede del ser material, porque no es material. El conocimiento indica otro tipo de realidades: las realidades no materiales". Por el contrario, "otros realismos no son materialistas porque conceden al intelecto una función hegemónica respecto de la realidad y admiten que lo intelectual es real por encima del pensamiento humano. Así, para Aristóteles la realidad pura es la inteligencia separada".

Afín al materialismo es el 'realismo' que se puede denominar 'cosista'. Pero el verdadero realismo no es de cosas, sino de principios. 'Cosa' y 'principio' no significan lo mismo. Los pensadores clásicos llamaban a las causas de la realidad física principios, pero no 'cosas', pues las cosas se conocen y se pueden explicar aisladamente, pero no las causas físicas (material, formal, eficiente y final), porque lo son entre sí (*ad invicem*). Otro realismo fisicalista es el que se puede llamar substancialismo. Deriva de advertir en la realidad física la distinción entre sustancia y accidentes, notando que estos inhieren en aquélla, no a la inversa. Tomando como modelo esas categorías físicas, algunos 'realistas' tienden a postular que toda realidad es sustancial, y pasan a hablar de 'sustancias separadas' aludiendo con ello a los ángeles, e incluso hablan de Dios como de 'sustancia'. Sin embargo, la realidad primordial no es sustancial, puesto que sustancia es noción adecuada para designar a los compuestos de materia y forma, pero ni todas las realidades son así, ni tampoco las superiores, sino justo las inferiores.

Por otra parte, para unos filósofos que no son materialistas o fisicalistas, el mejor procedimiento que encuentran para ser realistas es seguir la sentencia aristotélica según la cual el 'ser se dice de muchas maneras': de una manera se dice como 'acto', de otra como 'potencia' (modo metafísico); de una como 'sustancia', de otra como 'accidente' (según las llamadas categorías); de una como 'verdad', de otra como 'falsedad' (de acuerdo con la predicación), siendo estos sentidos distintos, pero vinculados. De entre quienes siguen este recurso, hay unos que se demoran en averiguar cuál de esos sentidos es primero a los demás, es decir, de establecer un orden de importancia y dependencia entre ellos. Otros, en cambio, no.

Ciertos pensadores realistas piensan que los sentidos aristotélicos del ser no son ni los únicos ni los más importantes, pues consideran que lo radical de la realidad son los denominados 'trascendentales metafísicos', es decir, perfecciones puras (sin mezcla de imperfección) existentes en todo lo real. Si bien el elenco de estos trascendentales varía con los autores, se pueden sostener como tales el ser, la verdad, el bien y la belleza. Sin embargo, algunos 'realistas' consideran que dichos trascendentales no son sino nociones racionales 'universales', de modo que, para ellos, lo fundante es exclusivamente el ser o el ente. De entre estos, hay quienes piensan que el fundamento o ser es único –se trata del monismo–, mientras que otros mantienen la pluralidad de seres –pluralismo–.

Además, entre quienes admiten dichos trascendentales, unos no atienden al orden entre ellos, o piensan que tal orden no es real, sino que obedece al punto de vista que se tome en cada caso, siendo indiferentes estos enfoques. Pero esta opinión –como veremos enseguida– no es correcta, porque no puede justificar la trascendentalidad de ninguno de los trascendentales.

2. Realismo *versus* idealismo, nominalismo y esteticismo

Para que los trascendentales lo sean, deben guardar –como advirtió Tomás de Aquino– un orden entre sí. Si se pretende aislar uno de ellos de los demás, de modo que se considere el escogido como el único trascendental, desde luego no se podrá mantener que los demás trascendentales lo sean, pero tampoco lo será el elegido. Así, si el ser como primer trascendental se consuma en serlo, es claro que no permite que los demás trascendentales lo sean, pues este carecerá de verdad, es decir, de sentido, y asimismo de bien y de belleza; por tanto, se entenderá como 'cosa', como 'sustancia' ignota; y también como no susceptible de ser querida y sin belleza.

Las distintas filosofías a lo largo de la historia del pensamiento occidental se pueden distinguir atendiendo al orden de prioridad que otorgan a los trascendentales. El realismo sostiene la primacía del trascendental ser; que el segundo trascendental es la verdad y que el tercero es el bien. Para el idealismo, en cambio, el primer trascendental –y el único– es la verdad. Para el voluntarismo lo es solo el bien. Y para el esteticismo, la belleza. El idealismo es la radicalización del racionalismo y de la Ilustración moderna. El voluntarismo es afín al nominalismo bajomedieval. El esteticismo, que se puede denominar pulcrismo, es actual.

La filosofía del siglo XX se inicia como una continuación del idealismo. En efecto, la llamada fenomenología en su origen no fue realista, porque se ciñó exclusivamente al objeto pensado como tal, es decir, a la verdad. Luego aparecieron en escena diversas reformulaciones del voluntarismo, como fue el existencialismo; y a fines de siglo XX y principios del XXI, comparece el esteticismo: la filosofía postmoderna. Para el idealismo no interesa la realidad, sino la verdad. Para el voluntarismo nominalista no interesa la verdad, porque la considera ficción; a la par, considera que la realidad es singular, incomunicable, y por tanto, sin verdad. Por su parte, el esteticismo culturalista se pone de entrada al margen del bien y de la verdad, y es ajeno al ser de lo real. Sólo atiende a lo que le agrada.

Ante este panorama hay 'realistas' que consideran que la salida de estos atolladeros pasa por optar entre una u otra filosofía. Pero es claro que el optar prima inicialmente a la voluntad sobre la inteligencia y la realidad, lo cual supone incurrir en un defecto que se pretendía evitar, a saber, el voluntarismo. Lo mismo ocurre si se prima a la verdad aislándola de los demás trascendentales. Por eso, el idealismo es más voluntarista de lo que parece, y asimismo lo es el racionalismo. Otro tanto cabría decir del pragmatismo, que subordina injustificadamente –porque voluntariamente quiere– la verdad a lo hecho, pero es claro que la verdad es intencional, mental, no un producto cultural, y asimismo que el ser no se reduce a ser conocido.

En suma, idealismo y nominalismo no son sino las dos caras de una misma moneda, a la sazón falsa, pues se acuña con ocasión del olvido de la intencionalidad cognoscitiva del objeto pensado. Tuvo su inicio en Ockham y atraviesa toda la modernidad. En efecto, si se olvida que lo pensado es intencional respecto de lo real, caben dos posibles salidas: o atenerse a los hechos, o quedarse con las ideas. La primera línea ha sido recorrida en demasía por el nominalismo, empirismo, utilitarismo, voluntarismo, pragmatismo, positivismo, etc. La segunda, en cambio, –y no con menos ímpetu– por el racionalismo, la Ilustración, el idealismo, la primera fenomenología, etc.

En efecto, en ambas tendencias lo que está vigente es el llamado problema del 'puente' entre lo mental y lo real. Se trata de la vieja objeción del idealismo al realismo: 'no puedo traspasar lo pensado para ir a lo real, y si no traspaso, no puedo estar seguro de que lo mental se parece a lo real. De la realidad no se sabe nada, pues sólo se conoce lo mental'. Esta vieja objeción olvida la intencionalidad de lo conocido. Por su parte, el nominalismo sólo atenderá a la idea pensada para atribuirle un 'nombre' con el que conformar un lenguaje convencional comunicativo, y se ajustará en exclusiva a los hechos. En suma, por una parte, solo verdad; por otra, solo realidad empírica individual.

Para intentar enlazar los dos extremos algunos 'realistas' han sostenido, o bien que la verdad (la idea) tiene una realidad pequeña (*esse diminutum* decía Escoto; hoy se busca en las neuronas), o bien que la verdad no está sólo en la mente, sino también en la realidad (verdad ontológica). Pero ni la realidad material está en la mente, porque la mente no es material, ni la verdad está en lo material, porque la verdad no es material. La verdad está en la mente, y lo real no es ni verdadero ni falso, sino simplemente real. Ahora bien, la verdad de la mente es verdad porque se agota siendo pura referencia a la realidad extramental. De otro modo: el ser real funda la verdad en la mente, y el ser veritativo mental es completamente referencial a lo real.

Seguramente se preguntará que, si la idea es universal mientras que la realidad es singular, ¿cómo puede ser remitente la idea a lo real? Se trata del clásico 'problema de los universales'. Respecto de esta dificultad se han propuesto históricamente, sobre todo, tres soluciones: a) la del llamado realismo exagerado, a saber, los universales existen en sí en un mundo aparte (Platón); b) la del nominalismo: los universales son exclusivamente lógicos (Ockham); c) la del denominado 'realismo moderado', o sea, los universales son lógicos pero tienen un fundamento '*in re*', en lo real (Tomás de Aquino). Sin embargo, ninguna de las tres propuestas es correcta, entre otros motivos, porque los universales son reales en el mundo físico y son intencionales en la mente, pero no del mismo modo (Aristóteles). Lo primero, porque en la realidad física los universales son las formas (*causas formales*), que se hallan distribuidas en multitud de individuos de la misma especie (*causas materiales*). Por ejemplo, la 'forma perro' o 'estructura interna de ese animal' se da repartida en Boby, Tarzán, etc.). Lo segundo, porque los universales son puramente mentales en la abstracción, pero se conocen como reales por un acto racional ulterior, a saber, el concepto o la simple aprehensión.

En resumen, el idealismo se queda con la verdad (el objeto pensado) despreciando la realidad. El nominalismo, opuestamente, desprecia la verdad, a la que llama ficción (*ficta*) y se queda con la realidad física (a la que llama hecho). En cambio, el realismo, acepta la vinculación entre ambas sabiendo que primero es el ser y en segundo lugar la verdad, a la par que sabe que lo pensado no es una 'ficción' ni lo real se reduce a un 'hecho'. Como se puede apreciar, las dos primeras filosofías están cerradas: una en lo empírico, otra en el mundo de las ideas. El realismo, en cambio, es una filosofía abierta. Ahora bien, para ser abierto, el realismo no sólo debe estar abierto a lo real, sino también a lo cognoscitivo; y cabría añadir que también debe estar abierto a lo volitivo (sin cerrarse en el subjetivismo). Las dos primeras facetas se examinan a continuación.

3. Realismo referido a lo real y al conocer humano

Para ser realistas hay que serlo no sólo en los temas, sino también en los métodos. Por temas se entienden las distintas realidades existentes; por métodos, los diversos niveles de conocimiento adecuados para conocer los diversos temas. Las realidades son distintas jerárquicamente entre sí. Y asimismo los niveles cognoscitivos humanos. Además, los distintos niveles noéticos son proporcionales a las diversas realidades (por ejemplo: no se ven colores con el oído).

El idealismo ha sacrificado los temas al método. Por el contrario, el *nominalismo* ha renunciado al método en favor del tema. En cambio, el realismo no puede inclinarse hacia ninguno de esos polos, sino vincularlos, porque el conocimiento humano también es real, aunque se trata de una realidad distinta a la extramental: el realismo en el conocimiento significa esto: mayor claridad referida a aquello que es aclarado sin transformarlo. Lo conocido en cuanto conocido es mental, pero es intencional respecto de lo real. A la par, el realismo de lo real significa que, si bien la idea mental no es real, sí lo es el acto de conocer que presenta dicha idea.

Si el realista se fija más en la realidad externa que en la verdad, no podrá dar cuenta de esta; tampoco podrá dialogar con los racionalistas–idealistas. Además, acabará no siendo realista, porque pierde una realidad superior a la física: los actos de conocer. Por otra parte, si se fija en exceso en la verdad y en los actos de conocer, aparte de que se cierra al diálogo con los nominalistas–voluntaristas, puede extrapolar la índole de los objetos pensados y de los actos de pensar a la realidad física, es decir, creer que esta es 'acto', 'perfecta', 'presente' en vez de ser potencial, imperfecta y temporal.

En suma, el realismo tiene dos vertientes: una real y otra cognoscitiva. La objeción idealista y nominalista del 'puente' noético entre lo mental y lo real es refutada por la remitencia cognoscitiva, que corre a cargo de lo pensado. A la par, ni el nominalista ni el idealista reparan en la realidad activa, perfecta (sin potencia), de los actos de conocer. Ser realista significa, por tanto, sostener a la vez que la realidad externa es potencial, imperfecta, mientras que el conocer es acto, perfecto. Por tanto, ser realista equivale a sostener que no toda realidad está en el mismo plano ni vale lo mismo. De modo que si el realista lo es en verdad, buscará los actos superiores, tanto si estos son extramentales como si son íntimos. A los primeros se les llama metafísicos; a los segundos se les denomina antropológicos.

El realismo referido a lo real estudia las causas reales mediante los diversos actos de la razón que las conocen. El realismo referido al conocer estudia los diversos actos de la razón mediante los hábitos adquiridos. Superior a las causas son los actos de ser extramentales. Quien los estudia es la metafísica y lo lleva a cabo, no mediante la razón, sino mediante lo que los medievales llamaban 'intelecto', a saber, un hábito innato que conoce los primeros principios reales. Superior a la razón, a sus actos y hábitos es la persona humana, el acto de ser personal. Quien lo estudia es la antropología trascendental, y lo alcanza con un hábito innato: el de sabiduría. De modo que hay que ser realista en las diversas dimensiones de lo real: en filosofía de la naturaleza, en metafísica, en teoría del conocimiento, en antropología...

Realidad física por un lado; verdad por otro. Al conocer la realidad física, la verdad se funda en lo real. El realismo concede la primacía a lo real, pues sin lo real no existe nada a conocer. La realidad física tiene su fundamento, su ser. Pero nuestros actos de conocer no son la verdad, sino la luz que presenta la verdad. Por tanto, el conocer humano no deriva del ser extramental, sino de la persona humana. Los temas se vinculan pero son distintos. Los aislamientos y los intentos forzados de unificación no son realistas, sino nominalistas–idealistas. Si lo primero es el ser, no pueden serlo ni la verdad ni el bien. Quien vincula la verdad con el ser es el conocer humano, y quien vincula el bien con el ser es la voluntad humana. Pero para esa última vinculación, el bien requiere de la verdad, pues de lo contrario no cabe distinguir entre bien aparente y verdadero.

4. ¿Qué es el realismo metafísico?

Consiste en advertir que el fundamento de la realidad extramental es el acto de ser del universo físico, y que este, a su vez, es dependiente del acto de ser divino. Estos actos de ser son los 'primeros principios' de la realidad. Por eso, el nivel cognoscitivo humano que los advierte (un hábito innato) se llama de los primeros principios. El acto de ser de la criatura no personal equivale al principio de no contradicción, porque si el ser creado es, la nada no puede acaecer, es decir, el ser de la criatura no puede dejar de ser. El acto de ser divino equivale al principio de identidad, porque en él no cabe distinción real entre una dimensión más perfecta y otra menos perfecta (entre acto de ser y esencia), ya que es simple. A la dependencia del ser creado respecto del increado se ha denominado clásicamente causalidad trascendental. Es el tratado de la creación.

Si el hombre no estuviese abierto a conocer los fundamentos reales (actos de ser), el realismo sería pura hipótesis, porque no daría cuenta de que la realidad física está fundada. Ahora bien, esos principios no se conocen presentando ideas mentales, porque no se pueden abstraer. De modo que no todo nuestro conocimiento, ni el más importante, es abstractivo o deriva de los sentidos. En efecto, no es que el realista desconozca el pensar que forma ideas; sino que no se reduce a ese modo de pensar. El que se queda en las ideas es, precisamente, el idealista. Y quien dice que sólo podemos conocer formando ideas, es un idealista que se cree realista. Pero como la realidad siempre supera a las ideas que podemos hacer de ella, tal 'realista' acaba adaptándose a las realidades pasando bastante de las ideas, es decir, su resbalar hacia el voluntarismo es apremiante. Además, como no podrá conocer todas las realidades, porque de algunas no cabe formar ideas, acabará pegándose sólo a las que le gusten, de modo que parece forzoso su deslizamiento hacia el esteticismo.

Conocer el ser en toda su amplitud es conocerlo como trascendental. Primero es el ser, segundo el conocerlo, es decir, su verdad. Eso quiere decir que la verdad es un trascendental fundado; pero un trascendental fundado no se autofunda: no hay autofundamentación de la verdad. Ahora bien, el ser puede ser el primer trascendental siempre y cuando la prioridad del ser permita la conversión, es decir, permita seguir sosteniendo que la verdad, el bien y la belleza son trascendentales; de lo contrario, no. Hay algunos tipos de realismo que no permiten la conversión y, por tanto, son falsos; en rigor, más falsos que el idealismo, porque una prioridad del ser que no permite la conversión implica que tampoco el ser se entiende como trascendental. De ese tipo de pseudo–realismos son el materialismo, el cosismo y el substancialismo.

Como se puede advertir, la clave del realismo gira en torno a la noción de acto, que indica perfección sin mezcla de imperfección. Ahora bien, la distinción entre actos es jerárquica. Por tanto, el progreso en el realismo significa descubrir la índole de los actos, en especial, de los superiores. Y, de hecho, así ha acontecido en la historia de la filosofía. Demos un sucinto repaso a tales hallazgos.

5. Síntesis de las cimas del realismo clásico

a) El realismo griego clásico –que culminó con Aristóteles– fue una filosofía caracterizada no solo por descubrir y defender que lo más real es el acto, sino también por advertir diversos niveles jerárquicos de actos: el superior, el 'Acto Puro', esto es, Dios; por debajo –ya a nivel humano– de lo que el Estagirita llamó 'intelecto agente', o sea, la raíz activa del conocer humano, lo más alto de él; otros descubrimientos menores fueron el del acto como 'operación inmanente', es decir, como acto de conocer de la inteligencia (al que llamó *enérgeia*) y el de los hábitos, tanto adquiridos como innatos; y a nivel de realidad física, el acto de la 'sustancia', la causa formal (acto al que denominó *entelécheia*). Con todo, como este –el acto como causa formal– no se da aislado ni de la materia ni del resto de las causas físicas, no es, en rigor, acto perfecto, es decir, no evade la potencialidad o imperfección.

b) El realismo clásico medieval –que culminó con Tomás de Aquino–, se caracterizó no sólo por descubrir el acto de ser, sino también por distinguir entre el acto de ser divino y el creado. Radicó la distinción en que el primero es simple, mientras que el segundo es compuesto con su esencia, la cual es potencial respecto de él. Sin embargo, trató en general los actos de ser creados, es decir, no descubrió la distinción real existente entre ellos. Por otra parte, hizo también extensivo el sentido del acto como 'operación inmanente' a la voluntad y el de los hábitos a las virtudes de esta potencia, y esto supuso un gran avance, porque como 'acto' denota perfección, pudo atribuir la voluntad a Dios. Asimismo, algún pensador como Alejandro de Hales, notó que los 'hábitos' cognoscitivos son superiores –más activos– que los actos de conocer ('operaciones inmanentes'), lo cual fue también un serio progreso. Otros pensadores, en cambio, consideraron que el hábito es inferior a la operación, lo que supuso un lamentable retroceso. Con todo, se olvidó de un sentido del acto muy relevante: el del 'intelecto agente' humano, al que se caracterizó usualmente, como 'potencia'. Unas excepciones sorprendentes al respecto fueron las de San Alberto Magno y su discípulo Dietrich von Freiberg (Teodorico el Teutónico), que lo consideraron como lo más activo, perfecto, en nosotros y, por ser cognoscitivo, abierto a conocer la realidad más sublime, el ser divino.

c) La filosofía moderna y contemporánea –salvo la vertiente neoescolástica de los comentadores aristotélicos– olvidó todos los sentidos del acto, y asimismo, los de acto de ser. En este sentido, si la filosofía clásica griega y medieval se designa como realismo, no se puede caracterizar como tal en líneas generales a la moderna y contemporánea. El pensamiento reciente –con L. Polo– ha recuperado los aludidos sentidos del acto y, asimismo, los de acto de ser creado e increado. Pero ha añadido dos nuevos descubrimientos en esa misma línea: la distinción entre el ser creado no personal y ser creado personal y la distinción antropológica interna en el acto del ser personal humano.

6. La reciente ampliación del realismo metafísico clásico

El realismo clásico es fundamentalmente metafísico; el reciente, antropológico. El segundo supone un añadido sobre el primero. El avance se puede advertir tomando en consideración los trascendentales ya aludidos. Los trascendentales metafísicos no discutidos son el ser, la verdad, el bien y la belleza. Estos pueden ser prolongados antropológicamente, porque el ser dice relación a un ser personal de quien depende. En efecto, el ser personal es co–ser o co–existente, mientras que el no personal simplemente existe. Ahora bien, la coexistencia es un añadido a la existencia. Por su parte, la verdad dice relación a un conocer personal, pues sin conocer no cabe verdad. Por otro lado, el bien dice relación, más que a una voluntad, a un amar personal que se vincula a él. Y la belleza, que a nivel metafísico es la reunión armónica de los demás trascendentales, a nivel personal es la unión íntima entre los trascendentales personales.

El descubridor de los trascendentales antropológicos, Leonardo Polo, estableció tres tesis en orden a notar su distinción respecto de los metafísicos: a) Primera: "es posible, hoy, sostener una posición filosófica realista si se distingue la metafísica de la antropología; esta distinción posee alcance trascendental". b) Segunda: "la mencionada distinción, con alcance trascendental, entre el ser del hombre y el ser de que trata la metafísica, no es alcanzada por la filosofía clásica (para la filosofía clásica el hombre es un ente), ni tampoco por la moderna". c) Tercera: "para que la citada distinción sea trascendental, se requiere un esclarecimiento teórico o gnoseológico, porque si no se distingue con nitidez de qué manera se formulan los temas de la metafísica del modo de llegar o formular los temas antropológicos, es evidente que la distinción trascendental entre los dos ámbitos de la realidad no puede mostrarse con la radicalidad con que se establece".

La primera tesis significa que la distinción entre antropología y metafísica es jerárquica, es decir, que el ser que estudia la antropología es superior al ser que estudia la metafísica, en rigor, porque el acto de ser humano es libre, mientras que el no personal no lo es; y es claro que la libertad es superior a la necesidad. La segunda tesis es fácilmente comprensible, porque la filosofía clásica no distingue el ser el hombre (en cuanto ser) del ser creado no personal, pues los trata en común, sosteniendo que en ambos casos se da un ser compuesto con una esencia. Tampoco la filosofía moderna distingue –aunque lo intenta– el acto de ser del hombre del acto de ser no personal, entre otras cosas porque olvida el descubrimiento medieval del acto de ser. La tercera tesis indica, en rigor, que a temas distintos se requieren métodos o niveles cognoscitivos distintos. Los temas son los trascendentales, y es claro que los personales son irreductibles a los no personales, aunque se vinculen con ellos. Los métodos o niveles de conocimiento humanos son asimismo distintos, porque mirar hacia dentro es superior a mirar hacia afuera; en rigor, el hábito de sabiduría es superior al de los primeros principios. En definitiva, el ser personal es irreductible al ser que no es personal porque, entre otras cosas, es libre; además, no se puede conocer con el mismo nivel cognoscitivo lo libre que lo necesario, pues lo libre requiere de un conocer superior a lo necesario.

Se ha indicado que la filosofía moderna intenta distinguir el acto de ser humano del no personal. Para conocer el acto de ser personal se ha servido de varios medios: a) uno es la libertad, que los pensadores modernos experimentan irreductible a las acciones humanas (de orden predicamental), pero al carecer de método noético para alcanzar a conocer la intimidad humana, no descubre la libertad en ella tal como es, es decir, como vinculante, sino que la entienden de diversas maneras que no amplían el planteamiento metafísico clásico, sino que lo repiten a su modo, a saber, como autonomía, independencia, indeterminación, espontaneidad, etc. b) Lo intenta asimismo a través de los sentimientos más altos, pero aunque estos manifiestan en parte el ser personal, no lo alcanzan como es. En ambos casos –libertad y afectos– el problema es de carencia método noético, de teoría del conocimiento y, en consecuencia, los temas reales personales no se descubren como son.

Tampoco el realismo del siglo XX halló la índole del acto de ser personal, porque lo concibió como clausurado, fundante, sustancial. De modo que no pudo descubrir el resto de trascendentales personales pues, de ponerlo en correlación con ellos, estos se verían como accidentes. En suma, la antropología no es una metafísica del hombre, ni la metafísica es una antropología degradada. A temas distintos, métodos cognoscitivos distintos. Si la metafísica estudia los primeros principios, y el hombre no es claramente un primer principio, porque no fundamenta nada, el hombre no puede ser tema fundamental de la metafísica. Pero esto no indica que el hombre sea inferior a un primer principio, pues estos son necesarios, mientras que el hombre es libre, y ya se ha indicado que la libertad es superior a la necesidad. Precisamente porque es superior es por lo que la libertad puede abrirse a los primeros principios y, en este sentido, es una ampliación de la metafísica. Que la libertad sea abierta significa que transciende, o también, que es trascendental. Por eso los rasgos capitales del acto de ser del hombre no serán sino enteramente abiertos, transcendentales. Es el momento de aludir a ellos, tras distinguirlos del acto de ser cósmico.

7. Los recientes descubrimientos realistas culminares

Estos descubrimientos son los dos aludidos en el epígrafe precedente; uno es metafísico y otro antropológico, y ambos –que debemos a Leonardo Polo– conforman lo que se ha denominado 'realismo trascendental'. Atendamos a su sucinta exposición.

a) La distinción entre los actos de ser creados. Los actos de ser creados son de dos tipos: los actos de ser no personales y los personales. Existe, por una parte, el universo como criatura no personal, que depende de Dios al que no se le advierte como ser personal, y existen los seres humanos como seres personales. Existe un único acto de ser para el universo entero. De otro modo: a cada realidad o naturaleza física no le corresponde un acto de ser, sino que existe uno sólo para todas ellas. También la esencia del universo físico es sólo una, conformada por las cuatro causas. En efecto, aunque las materias, las formas y los movimientos sean muchos, la causa final, que es el orden del universo físico, es una y ordena según unidad a las restantes. Por eso el acto de ser del universo no puede ser sino uno. En suma, aunque quepa hablar de pluralidad de sustancias y accidentes y de naturalezas vivas, en rigor, todas ellas subyacen a una única unidad de orden, de modo que ninguna es explicable sin las demás, y esa realidad que unifica las demás conforma la esencia del universo, a la que corresponde un único acto de ser. En cambio, existen multiplicidad de actos de ser personales cada uno de los cuales cuenta con su propia esencia. Por eso el hombre no depende del universo físico ni en su acto de ser personal ni en su esencia inmaterial; solo depende de él según su naturaleza corpórea; y aun así, esta depende más del alma humana, de la esencia del hombre, que de la esencia del universo.

Ahora bien, la distinción entre los seres creados no es sólo numérica, sino de índole, pues, como se ha dicho, el acto de ser del universo no es libre y, por eso, guarda una dependencia necesaria respecto del Creador, mientras que los actos de ser personales son libres y su vinculación con el ser divino personal es, asimismo, libre. Recuérdese: la libertad es superior a la necesidad. El ser divino es origen respecto de ambos tipos de ser, pero sólo es fin respecto de los actos de ser personales creados, pues estos son el fin del acto de ser del universo. Lo que precede manifiesta la jerarquía entre los distintos actos de ser. Todos los creados –y sus esencias– tienen un rasgo común, a saber, que son nativamente crecientes según perfección. Sin embargo, el acto de ser personal creado, por ser libre, crece libremente y también puede no aceptar crecer, lo cual repercute indudablemente en el perfeccionamiento o deterioro de su esencia (inteligencia, voluntad...).

b) La distinción entre los co–actos del ser personal. El acto de ser personal humano está conformado por los siguientes radicales o perfecciones íntimas o trascendentales: la coexistencia libre, el conocer y el amar personales. La coexistencia libre denota que el acto de ser de una persona es abierto personalmente a un ser personal distinto, es decir, que es imposible la existencia de una única persona (tanto creada como divina). De otro modo: el 'con' es intrínseco al acto de ser personal. A esto también se puede llamar 'relación' constitutiva. En cambio, el acto de ser del universo físico no requiere un acompañante. Depende de Dios, y puede ser acompañado por el hombre, pero, por una parte, su dependencia divina no es, por su parte, un acompañamiento, es decir, no acompaña al ser divino. Y, por otra parte, respecto del hombre, ni depende de él ni lo acompaña. La libertad personal no es originariamente una propiedad de los actos voluntarios, sino de la intimidad humana, e indica que el acto de ser humano es libertad; pero como es 'con', dicha libertad no se entiende sin un 'para', sin un respecto personal, asimismo libre, que pueda acogerla y dotarle de sentido enteramente. El conocer personal no es el racional, sino la persona humana como ser cognoscente, la luz nativa personal que busca su sentido personal en el ser personal divino. El amar personal, por último, tampoco es el querer de la voluntad. La voluntad quiere aquello de que carece, pero el amar personal no es carente sino desbordante; es la persona humana como ser amante que da a quien le ha otorgado dicho ser y puede aceptarlo irrestrictamente. Como se puede apreciar, ninguno de estos radicales personales se puede comprender sin el ser divino personal, más aún, pluripersonal.

Estos radicales del acto de ser humano se distinguen entre sí –como toda realidad creada– según jerarquía. La coexistencia libre es inferior al conocer personal, porque aunque la libertad está orientada a un fin, a un 'para', no busca cognoscitiva y amantemente ese fin. Por eso se puede decir que es atemática y, también por eso tiene que prestar su actividad al conocer y al amar personales para que se encarguen de dicha búsqueda y aceptación. Por su parte, el conocer personal es inferior al amar personal, porque tal conocer es búsqueda, mientras que el amar personal conlleva cierto encuentro, aunque no sea definitivo.

c) Los distintos actos de la esencia del hombre. La filosofía medieval sostuvo, con la patrística, que el espíritu es distinto y superior al alma, o también que la persona lo es respecto de la naturaleza humana; con la escolástica se descubrió que la esencia es potencial respecto del acto de ser. Con todo, no estudió dicha distinción real en el hombre. Tomás de Aquino la notó, pues distinguió el alma de su ser, pero no centró la atención en esa distinción. Pues bien, el reciente descubrimiento de la composición del acto de ser personal humano ha sido asimismo fecundo para descubrir la composición en la esencia humana. La persona es un acto de ser, mejor dicho, un co–acto de ser conformando por los aludidos trascendentales personales. Pues bien, se puede llamar alma a la esencia del hombre, y distinguirla del acto de ser, al que cabe llamar espíritu o persona. Si se revisa meticulosamente la filosofía medieval, se puede notar que al alma como acto respecto de la inteligencia y de la voluntad se puede hacer equivalente a lo que ellos llamaban sindéresis, un hábito innato al que se le atribuye dicho cometido. Si se tiene en cuenta, en cambio, el pensamiento moderno, el alma es equivalente a lo que se denomina yo. Pero tanto en la concepción medieval como en la moderna, al alma (la sindéresis o el yo) se considera simple. Sin embargo, si el acto de ser humano es compuesto, a nadie puede extrañar que la esencia del hombre también lo sea, pues esta depende de aquél. La composición del alma en su ápice también es un descubrimiento reciente y debido al autor indicado.

d) Los distintos tipos de actos de la inteligencia y sus hábitos. Tales descubrimientos son, obviamente clásicos, pero recientemente se han incrementado –por el mencionado autor– los hallazgos. En el plano de la inteligencia los autores medievales distinguían entre diversas vías operativas de la razón (formal, teórica, práctica). Hoy se ha incrementado el descubrimiento de los actos y de los hábitos adquiridos de esas vías, así como de su unión.

8. ¿Cómo avanzar en el realismo hoy?

Avanzar en el realismo comporta siempre progresar en el descubrimiento de los actos. Desde luego, cabe progreso ahondando en los actos descubiertos por la tradición y por el realismo reciente, pero a continuación se proponen unos cuantos campos no suficientemente explorados hasta ahora, por orden de actos superiores a inferiores. El elenco no pretende ser exhaustivo.

a) En el acto de ser personal humano. Elucidar la coactividad (relación) de los co-actos de ser de la persona humana con el acto de ser divino. Desentrañar por qué los co-actos del ser personal humano son tres y no cuatro, es decir, por qué la coexistencia no es realmente distinta de la libertad. Estudiar, asimismo, si existen o no más radicales personales y por qué. Ahondar en la mutua vinculación de los trascendentales personales. Estudiar a fondo el intelecto agente (conocer personal), expurgándolo de las interpretaciones reductivas habidas, por centenares, a lo largo de la historia de la filosofía. Aclarar el método noético adecuado para conocer la intimidad humana y su apertura a la trascendencia (es decir, ese hábito al que Tomás de Aquino llamaba 'originario' y que Polo hace equivalente al de sabiduría).

b) En los hábitos innatos de la persona humana. Descubrir qué clase de actos son los hábitos innatos y avanzar tanto en su distinción como en su vinculación. Averiguar, a la par, la vinculación de estos con la persona humana.

c) En los actos de ser reales extramentales. Dilucidar si el principio de causalidad trascendental (la creación) es o no un tercer principio, un acto real, o hay que reducirlo al ser divino.

d) En los actos de la esencia del hombre. Esclarecer qué clase de acto son las virtudes, si son o no superiores a sus actos y por qué, y si, en rigor, son o no plurales o, dada su unificación, hay que hablar más bien de virtud única. Profundizar en la distinción real entre los hábitos y actos adquiridos de la razón. Estudiar si existen más que los descritos hasta el momento, pues estos son los que se han descubierto: tres actos para la razón teórica (concebir, juzgar y fundamentar) con sus tres hábitos adquiridos (hábito conceptual, judicativo o de ciencia y el de los axiomas lógicos). También se han descubierto tres actos en la razón práctica (deliberación o consejo, juicio práctico e imperio) y sus respectivos tres hábitos (saber deliberar, synesis o sensatez y prudencia). Y se han descubierto tres actos en la vida formal o generalizante de la inteligencia (negar, determinar y generalizar) y sus respectivos hábitos carentes de nombre. Atender a la distinción entre los actos y las virtudes adquiridas de la voluntad. Indagar si existen más. También se han descubierto tres dimensiones en el ápice de la esencia del hombre, la sindéresis, a saber, la que activa a la naturaleza corpórea humana, la que activa la razón y la que activa a la voluntad. Antes tantas tríadas cabe preguntar por qué y desde luego, acertar en la respuesta. Además, de notar que tanto la esencia del hombre como el acto de ser personal están conformados por dimensiones triádicas, hay que poner en dependencia a las de la esencia con las del acto de ser personal para explicar mejor aquéllas. Obviamente, esto no obsta para decir que lo distintivamente humano se conforma según dualidades (actos-hábitos, razón-voluntad...), porque estas están albergadas bajo las tríadas.

e) En los cuasi-actos de la naturaleza corpórea humana. Distinguir entre sí los diversos actos de los sentidos. Distinguirlos a su vez de los actos de la razón porque los primeros no trascienden el espacio y tiempo y los segundos sí. Distinguir asimismo los actos de los apetitos entre sí y respecto de los actos de los de la voluntad.

f) A todo nivel humano. Advertir qué clase de acto son los sentimientos y afectos y si se dan en las diversas dimensiones del ser humano, incluida la intimidad.

* * *

A las precedentes sugerencias de estudio, netamente filosóficas, cabría añadir algunas teológicas, pues también suponen una progresiva indagación respecto del campo de los actos. A título de muestra se indican algunas.

a) Respecto de Dios. Indagar cómo las diversas Personas divinas conforman un único Acto. Investigar qué significa, como acto, la unión hipostática de Cristo.

b) Respecto de la elevación del acto de ser personal humano. Inquirir si las virtudes sobrenaturales (la esperanza, la fe y la caridad) elevan a cada uno de los trascendentales personales (a la coexistencia libre, al conocer y al amar personal, respectivamente). Explorar qué tipo de acto son las gracias actuales, cuál el denominado 'carácter' sacramental, y a qué dimensión humana eleva cada una de esas realidades activas.

c) Respecto de la elevación de la esencia del hombre y su vínculo con el acto de ser personal humano. Averiguar si los dones del Espíritu Santo son la elevación de los hábitos innatos, de los adquiridos y de las virtudes de la voluntad, y a cuál de ellos elevan cada uno de ellos. Descubrir qué clase de actos son los frutos del Espíritu Santo y a qué dimensiones humanas elevan.

9. ¿Qué rescatar, para el realismo, de la filosofía moderna y contemporánea?

Tras lo que precede, puede dar la impresión de que habría que hacer caso omiso de la filosofía que va desde el siglo XIV al XX. Pero no es este el caso, porque sería una neta pérdida olvidar siete siglos de pensamiento, pues en ellos se han buscado temas de primera magnitud y se ha puesto mucho esfuerzo en su indagación. A título de ejemplo pueden servir los siguientes:

a) La distinción real entre persona y yo (clara, por ejemplo, en el 2º Scheler). Junto a ello se debe evitar una concepción 'totalizante' de la persona humana (manifiesta, por ejemplo, en Zubiri), o lo que es peor, el intento de reducir la persona a la suma de sus actos, etc.

b) La búsqueda de la verdad (distintiva del racionalismo, Ilustración, idealismo y fenomenología). Con todo, el retomar hoy esta indagación conlleva defender la verdad de multiplicidad de errores de teoría del conocimiento a la que se ha visto sometida.

c) El valor otorgado modernamente a voluntad. Pero defendiéndola hoy asimismo de los radicalismos voluntaristas.

d) La búsqueda de la persona humana, propia de la filosofía contemporánea (Kierkegaard, Scheler, Stein, Hildebrand, Marcel, Buber, Guardini, Mouroux, etc.). Sin embargo, al continuar esta investigación hay que evitar actualmente los subjetivismos habidos.

e) La defensa moderna de la libertad, pero expurgándola a su vez de liberalismos, libertinajes e interpretaciones rebajadas (ej. espontaneidad, autonomía...) de esta sublime realidad humana.

f) La exploración de los afectos, en especial de los superiores o íntimos (bien tratados asimismo por el 2º Scheler), pero guardándose en esta indagación de incurrir en los sentimentalismos contemporáneos.

g) Aceptar el reciente interés por la belleza, pero prosiguiendo su investigación en el acto de ser personal humano, a saber, como trascendental personal, y asimismo proseguir en el estudio de la belleza en la esencia del hombre.

* * *

Junto a los que preceden, que son temas radicalmente activos, es decir, actos reales, había que prestar atención asimismo al examen de otros que son más bien de índole humana manifestativa, es decir, más potenciales, pero asimismo relevantes e ineludibles hoy para el realismo. Entre ellos se ofrece este breve muestreo:

a) Indagar sobre la familia y la educación (en este segundo caso, en especial a nivel de universidad). Pero evitando, obviamente, visiones sesgadas de estos temas.

b) Atender a la esencia de la sociedad, al lenguaje, trabajo, la empresa, cultura, economía, etc. Pero evitando las visiones analíticas de esas realidades y procurando un estudio sistémico.

6
¿Busca la verdad?

1. Introducción

Según Ortega "la filosofía no es, pues, una ciencia sino, si se quiere, una indecencia, pues es poner las cosas y a sí mismo desnudos, en las puras carnes –en lo que puramente son y soy– nada más. Por eso es, si ella es posible, auténtico conocimiento –lo cual no son nunca *strictu sensu* las ciencias… Pero la filosofía es la verdad, la terrible y desolada, solitaria verdad de las cosas. Verdad significa las cosas puestas al descubierto… desnudar". Ahora bien, ¿seguro que la filosofía ha buscado la verdad? Si una mirada a su historia ha llevado a poner en duda este extremo, una ojeada a su situación actual, parece dar motivos fundados para no despejar la duda. Con todo, sin verdad no cabe filosofía. Y es que no cabe un error absoluto, pues todo error es privación de verdad. Por tanto, en toda propuesta filosófica existe parte de verdad, que hay que rescatar. El problema radica en el más o menos nivel de verdad de cada filosofía. Pero ¿seguro que hoy se busca todavía la verdad por parte de quien osa llamarse filósofo?, ¿qué es la verdad? Pilato parece haber perpetuado y difundido su ejemplo más que cualquier pensador.

Hoy el 'filósofo' joven parece buscar más su *curriculum* que la verdad. Por suerte, Aristóteles, por ejemplo, no tuvo que perder el tiempo fotocopiando y enviando su currículo para que fuese aprobado por la Aneca, pues debido a la multitud de verdades que descubrió, seguramente no hubiera sido aprobado por no pocos de los actuales dictaminadores (*Referis*). Tampoco Platón se vio urgido por subir en el escalafón. Parece que sus afanes eran más bien pedagógicos; por eso sus escritos son dialógicos. Si Agustín de Hipona escribió tanto que constituye un gran modelo para nosotros fue, seguramente, para salir al paso de excesivos errores existentes en el Imperio Romano decadente, no por afán de publicar, entre otras cosas porque el pergamino estaba bastante caro y él prefirió vivir pobre. Si el *corpus* tomista es tan amplio, a pesar de los escasos 20 años empleados en su confección es, de seguro, por amor a la verdad, por defenderla en diversos ámbitos del saber, y por ayudar a los que venían detrás, no porque Tomás de Aquino buscase cargos superiores dentro o fuera de su propia orden. Siempre ha sucedido así con los grandes del pensamiento. Sin embargo, las directrices actuales parecen ser otras, incluso opuestas a las de los clásicos.

Por otra parte, el 'filósofo' viejo hoy parece buscar más la celebridad que la verdad. Esto no se podía sospechar hace decenios, porque los 'celebres' se circunscribían al ámbito de la pantalla (estrellas de cine, presentadores, artistas, cantantes, etc.). Pero hoy este objetivo invade la universidad. Profesores universitarios extravagantes siempre los ha habido, pero es llamativo que la búsqueda de la fama parezca algo estructural, porque claro, sin acreditación oficial uno no es nadie, y para ser acreditado se requiere, no la profundidad en lo sabido, sino la fama nacional e internacional, es decir, tener amigos que te publiquen, que te entrevisten, que te filmen. En consecuencia, el crecimiento del profesor universitario que las actuales circunstancias espolean, más que interno o intelectual, es de 'turismo academicista', de polifacetismo indiferenciado, de 'corrección política', de sonrisa ensayada, de estudiada foto, de dominio lingüístico (y en varios idiomas), de autocomplacencia y autodescripción. En suma, el clásico adagio '*non multa, sed multum*' tiende a olvidarse, y la verdad sufre el eclipse por interposición de la fama.

Para dirimir si estamos ante un investigador, o más bien ante un famoso del mundo universitario, habría que formular preguntas como las que siguen: ¿ese tal ha descubierto más verdad en su especialidad, o más bien, ocultando las ya halladas, las ha subordinado a sus propias opiniones?, ¿qué desea en mayor medida: descubrir verdades de fondo o tener más renombre?, ¿habla y escribe más de la verdad o de sí?, ¿gasta su vida por la verdad o por su propio realce?, ¿piensa y estudia los temas y autores, o esparce su opinión sobre cualquier tema y autor?, ¿preferiría descubrir un campo de verdad o que le nombrasen Académico de las Ciencias en su área?; en las conversaciones: ¿aprende, sirve, o se considera como el Sol que debe irradiar su 'graciosa' luz en derredor?, ¿acepta de buena gana estar equivocado sobre un tema de fondo?, ¿admite que no sospecha la solución, en suma, que no tiene ni idea, o se pronuncia sobre él con cierta autoridad?, ¿agradece la pregunta que pone el dedo en la llaga de alguna de sus deficiencias o la contesta evitándola, es decir, dando un rodeo salpicado con alguna mordaz anécdota?, ¿Se mide con los grandes de su respectivo campo, o se pavonea criticando a los de muy segunda fila?, ¿se mide con los insignes o los menta como citas de salón?, ¿se esfuerza más por entender lo que debería conocer o por ser invitado a notorias asambleas?, ¿es más amigo de la verdad o de los amigos que no lo son de la verdad?

En fin, ¡cuán inocentes eran los sofistas que describen los diálogos platónicos comparados con las sofisticadas maniobras de los nuevos 'ilustrados'! ¿Célebres? Nunca a costa de la verdad. ¿Qué verdad? Cualquiera: la objetiva, la propia verdad o sentido personal, y, sobre todo, la Verdad. Atendamos, pues, a las diversas verdades aunque cueste descubrirlas, pues según el decir de Víctor Hugo, "así como los diamantes sólo se encuentran en las profundidades de la tierra, así las verdades sólo se hallan en las profundidades del pensamiento".

2. Las verdades están en la mente y se distinguen según jerarquía

La verdad es el objeto del entendimiento, y de la filosofía. Se advierte que se da en cualquier nivel operativo de la inteligencia. La verdad no es ni lo real extramental ni el acto de pensar, sino lo que de lo real conoce el acto. La verdad es el objeto conocido, al menos en el primer acto: la abstracción. No es el acto el que depende del objeto abstracto sino al revés, por eso, a ese nivel, la verdad es lo que presenta el acto. La verdad, por tanto, en sentido estricto, está en la mente. Sin mente que la conozca la verdad no se da. El fundamento de la verdad (el ser real) no es la verdad.

En los actos de la razón la verdad no es ni lo real, ni el acto, sino lo que de lo real conoce el acto al confrontar con lo real lo abstraído. Lo real es real, es causa de la verdad que está en la mente, pero lo real no es verdadero ni falso, sino simplemente real. La semejanza se da entre lo conocido (objeto pensado) y lo real. Más aún, la semejanza es lo conocido, que es 'intencionalmente' lo mismo que lo real. La verdad estriba en la comparación cognoscitiva, confrontación, adecuación, entre lo conocido y la realidad. En lo real no está la verdad, porque lo real no es semejante a sí, ni se compara a sí.

El objeto pensado es una 'forma inmaterial' que forma el acto de pensar, es decir, una forma iluminada por el acto de conocer. Caben mayores iluminaciones. El objeto es semejanza de lo real tanto en la razón teórica como en la práctica. En la primera, la realidad externa es causa, medida, del objeto pensado; en la segunda, el objeto es causa de esa semejanza (objeto modelo, boceto o causa ejemplar) y es medida, en cierto modo, de las cosas artificiales. El conocer, en su primera operación, no conoce explícitamente la índole distintiva de lo físico, recuperándola en otros actos. Por lo demás, lo neto en el conocer es el poseer, pero no posee lo real tal como lo real es, sino su semejanza.

Como disponemos de distintos niveles cognoscitivos, la verdad conocida en unos es inferior a la lograda por otros. La verdad es adecuación, concordancia, del entendimiento con lo real. La semejanza se da entre lo conocido (objeto pensado) por el acto y lo real. La verdad es el objeto pensado, lo conocido, pero no sólo él, es decir, considerado como si de un término se tratase, sino la misma adecuación en cuanto que conocida. Es el conocimiento del conocer en tanto que este se adecua a lo real. La verdad, por tanto, no es explícita (conocida como verdad) en la abstracción, porque en ella no hay adecuación del acto con lo real, sino pura semejanza del objeto pensado.

La verdad no se da en un sólo acto de la razón, sino en muchos. En otros se da la verosimilitud. En los que se da la verdad, se da en unos más que en otros, porque los actos se distinguen según jerarquía: unos conocen más que los otros; y en los que se da la verosimilitud, en unos se da más que otros. De entre aquéllos en los que se da la verdad sólo en algunos se conoce que se da la verdad. Cabe conocer, asimismo, verdades más altas por encima del conocimiento racional: por ejemplo, las verdades que se conocen con el conocer personal.

Por otra parte, la verdad no es reflexiva porque ningún objeto pensado se refiere a sí mismo, sino a lo real. Tampoco el objeto pensado se refiere al acto de pensar, porque el acto no aparece en el objeto pensado, ya que un acto no es una idea, y no se puede conocer a modo de idea, porque, por ser inmaterial, no se puede abstraer. El acto no es una idea, una forma mental, sino una realidad de otro orden a las que son físicas, pues, por inmaterial, es superior a ellas. El acto no se conoce a sí mismo, porque se agota presentando el objeto pensado, o confrontándose con lo real físico. Los actos se conocen de otro modo, con actos superiores a ellos mismos.

3. ¿Cómo es la verdad? El amor a la verdad

La verdad conocida por los actos de la razón humana no es ni temporal ni eterna, sino presente mientras se piensa, mientras la razón la presenta. No está ni antes ni después, sino presente al acto de pensarla. La verdad es lo conocido por el acto. El objeto pensado se conoce en presente; es lo presentado por la presencia mental, que es el acto de conocer, pero el presente mental no es ni tiempo ni eternidad. En efecto, por una parte, a lo pensado no le afecta el tiempo; es decir, la verdad lo es independientemente del tiempo en que se piense, y por ello es intemporal. Por otra parte, si no se piensa, esto es, si no la presenta ningún acto de pensar, no es verdad ninguna. En consecuencia, la verdad humana tampoco es eterna, puesto que no siempre se piensa.

"Todos los hombres desean por naturaleza saber", escribió Aristóteles al inicio de su *Metafísica*, pero es verdaderamente filósofo (lo sea o no por profesión) quién se toma en serio su condición humana: la de ser buscador de la verdad. La filosofía es la búsqueda de la verdad si es verdadera filosofía. Es ese saber que permite curar nuestra inteligencia de la ignorancia, del error, del aburrimiento, y también sanar nuestra voluntad del vicio, de la anemia, de la abulia. En efecto, la filosofía lleva consigo –para quien la ejerce– los más altos sentimientos en su inteligencia: el optimismo de encontrarla y la admiración cuando la alcanza; los mejores sentimientos o estados de ánimo en la voluntad: el anhelo de ella cuando se la busca, y el entusiasmo y exultación cuando se la posee. Y comporta también el mejor sentimiento para la intimidad o acto de ser personal: el gozo en la verdad (*gaudium de veritate*). Por contraste, la tristeza personal es el sucio poso que queda en el interior de quien renuncia a conocer y corresponderse personalmente con la verdad, por pequeña que sea.

La filosofía es ese saber en torno a la verdad, sobre todo, de las trascendentales. Ahora bien, la verdad como trascendental no es un asunto que implique sólo a la inteligencia, sino también a la persona que conoce. La inteligencia cuando conoce cada vez más verdad comienza a sospechar que la verdad le trasciende, es decir, que cada vez hay más verdad por conocer que verdad racionalmente conocida. Unas verdades que inspiren la vida creciente de la inteligencia sólo pueden estar fundadas en realidades transcendentes que existen separadas de la propia inteligencia y que son superiores a ella. La búsqueda personal (no racional) de esas realidades es el motor de la filosofía.

Sirven mejor al hombre las filosofías que descubren la verdad humana, es decir, la propia de quien indaga, a saber, las que se alcanzan tras poner en práctica del consejo de Agustín de Hipona: "no vayas fuera, vuelve hacia ti mismo. En el interior del hombre habita la verdad". Estas filosofías son las que se ejercen con entero compromiso personal. Sin él, no se puede hablar de verdadera filosofía. Si la clave de la filosofía es la búsqueda de más verdad, de crecer en el conocer, es absurdo despreciar un conocimiento tan connatural al ser humano. Por lo demás, permanecer siempre abierto a conocer más verdad es ser cada vez más libre.

"Humildad es andar en la verdad", escribió Teresa de Ávila. Como la verdad es el norte de la libertad personal, la humildad abre a ella. Por el contrario, la soberbia enturbia, encapota el conocimiento y esclaviza a la persona que conoce, porque la cierra u obceca sobre lo ya sabido, e inhibe la esperanza de saber más. Por tanto, si el riesgo del filósofo es la soberbia, su remedio es tener la humildad de seguir siendo filósofo, es decir, seguir buscando más verdad. Sólo así el filósofo se encamina al fin último, que no es el éxito, el cual –como dice Polo– siempre es prematuro, sino –como decían los pensadores medievales– la bienaventuranza. Téngase en cuenta que tales pensadores –por contraposición a buena parte de intelectuales de nuestro tiempo– describían al hombre en correlación con la felicidad.

4. Los defectos más extendidos: relativismo, escepticismo y subjetivismo

Hoy la filosofía cuenta, sobre todo, con tres parásitos que le restan savia para crecer en orden a la verdad: el relativismo, el escepticismo y el subjetivismo.

a) El relativismo no requiere explicación, porque esa palabra describe un parecer usual y muy extendido en nuestro tiempo. Defiende la tesis de que 'la verdad es relativa'. La sentencia se puede completar diciendo 'es relativa al hombre', como afirmó Protágoras; o 'es relativa a la cultura', como escribió Spengler y se reitera en la actualidad; o 'es relativa a la sociedad', como postuló Durkheim, etc. Esbozar una lista de sus actuales defensores pondría en jaque la paciencia del lector.

Esta postura es comprensible, al menos en algunos puntos. Uno de estos consiste en que sus defensores parecen notar que el sujeto cognoscente es superior a lo que su razón conoce como verdades. Por eso intentan subordinar la verdad racional a las pretensiones del sujeto. Otro, que nuestro conocimiento que presenta objetos pensados es aspectual y, por tanto, limitado, puesto que admite varias miradas más o menos abarcantes sobre un mismo asunto, no siendo ninguna de ellas exhaustiva. En efecto, los asuntos prácticos de la vida, que ocupan la atención del común denominador de los hombres y el mayor tiempo de su vida, admiten un más y un menos de verdad, pero no una verdad absoluta. Esas realidades se ven, además, desde diversos ángulos, con el agravante que de ordinario a muchos les faltan datos centrales sobre el problema, o les ciegan la mirada en mayor o menor medida sus pasiones, sus experiencias pasadas, sus costumbres, etc.

En otras ocasiones esta actitud es comprensible en cierto modo en la persona de quien está excesivamente cansada y dice estar de vuelta de todo; o en quien ha sido maltratado injustamente, y por ello le da todo igual; o también en la situación de aquél que, tras entregarse a unas determinadas personas en las que confiaba, o gastarse sacando adelante ciertos asuntos, se lleva de ellas una gran decepción. Con todo, en esas circunstancias, cuando alguien se cierra al exterior en el que pierden altura las verdades en las que confiaba, todavía queda el rescoldo de la verdad interior, en la que el que padece esos reveses suele atrincherarse.

Sin embargo, la hipótesis del relativismo tomada en sentido fuerte, es decir, como una tesis universal de teoría del conocimiento, tiene en su contra varios puntos centrales. Uno es que se da una contradicción entre el contenido de la tesis y la defensa de ella. Por eso, en rigor, el relativista niega –como percibió Aristóteles– el principio de contradicción. Otro es de actitud, a saber, que la defensa de que la verdad es relativa se suele sostener de un modo absoluto. Se trata, pues, de lo que suele llamarse 'absolutismo del relativismo'. En este sentido la tesis del relativismo sólo la puede afirmar el que cree tener la sartén por el mango, pues pasa por la freidora las demás propuestas teóricas, pero no la propia. De manera que sólo como excepción a la regla general que menta, se toma el relativismo a sí mismo como válido. En últimas, afirmar que 'toda verdad es relativa', es contradictorio, pues esa afirmación también será relativa, aunque se intente imponer de modo categórico como la única válida.

b) El escepticismo designa una mirada abierta pero sin ver. Es palabra que procede del griego clásico. Es la actitud de quien suspende el juicio ante un determinado asunto. Formulaciones drásticas de su postura pueden ser: 'el conocer humano es ciego', 'mira, pero no ve nada'. En el escéptico hay conocer, pero lo conocido es escaso para él y, consecuentemente, no fija en ello su atención. El sofista Gorgias defendió el escepticismo respecto de cualquier verdad. Un escéptico relevante de esa época fue Pirrón. En la Baja Edad Media Ockham afirmó esta tesis respecto de las verdades fundamentales. En la filosofía moderna esta actitud la empleó Hume referida a toda verdad metafísica. En la contemporánea, Comte respecto de toda verdad que no describa fenómenos de ciencia experimental. Como se puede apreciar, el escepticismo clásico es más omniabarcante que el moderno.

Esta postura parece esconder cierto afán positivo, a saber, evitar de raíz todo dogmatismo. Para eso, el escéptico duda de los conocimientos alcanzados hasta el momento, e intenta descubrir un criterio de certeza inamovible. Confía en que ese criterio alcance una verdad indubitable, absoluta, conocida de modo directo, intuitivo. El escéptico parece albergar en la mente dos propósitos. Por una parte, una intención pedagógica, social, incluso ética, pues si declara que el conocer precedente es parcial, que funciona a poco gas, y que topa con verdades pequeñas, parece que ninguno de los continuadores de las escuelas filosóficas precedentes se atreverá a humillar a los demás en virtud de sus conocimientos adquiridos; es más, se respetará la libertad de todos, pues nadie osará imponer sus conocimientos a los otros. Por otra parte, tras esa '*pars destruens*', el escéptico propone como '*pars construens*' un criterio nuevo de verdad, que formula de modo inapelable. Con él pretende alcanzar una verdad indiscutible, una verdad que no pueda ser parcial, como las precedentes, sino absoluta.

Pero precisamente en esa búsqueda de verdad absoluta es donde radica la parte negativa del escepticismo, pues el conocer humano no puede ser absoluto, y menos el conocer que presenta objetos pensados, es decir, pretendiendo que la verdad completa se dé como una idea (objeto pensado) que esté enteramente bajo el dominio del acto de pensar. En efecto, el objeto pensado es *un* objeto pensado, y como él caben una serie indefinida. Los objetos pensados son irreductibles: si se piensa perro no se piensa gato... No se pueden triturar los objetos pensados para hacer de todos ellos un 'objeto–salchicha' común. Al final de su andadura intelectual, como el escéptico no alcanza su segundo propósito, su '*pars construens*', suele desistir de seguir pensando, y esta fase final de desánimo es la que describe su posición teórica. Pero que su hipótesis es contradictoria es fácilmente averiguable. En efecto, si 'el conocer humano es ciego', ¿cómo se 'sabe' que el conocer humano es ciego.

c) El subjetivismo, en exceso difundido, se suele formular diciendo que 'la verdad es subjetiva'. De ordinario, esta tesis se predica de las verdades objetivadas, diciendo que los asuntos naturales, culturales, sociales, éticos, etc., dependen del modo de ver de cada quién. En esos ámbitos objetivantes la crítica de este postulado es sencilla, porque esa tesis presenta una autocrítica palmaria: si la verdad es subjetiva, también la supuesta verdad de la tesis será subjetiva. No obstante, esa tesis se puede referir también a la verdad personal que cada quién es, y entonces alberga una especial gravedad, pues viene a decir que cada quien carece nativamente de verdad y que luego deviene la verdad que desea ser, es decir, se crea o forma su propia verdad.

Esta hipótesis guarda en su seno varios puntos a su favor. Uno, el notar en cierto modo el carácter irrepetible de cada persona.

Otro, que la verdad personal no es fija, sino desbordante. Por tanto, reconoce implícitamente que su verdad personal es libre, no necesaria. Sin embargo, cabe preguntar si el sentido personal nativo es o no subjetivo, es decir, si depende o no de cada quién. La respuesta es negativa, pues la verdad personal nativa que cada persona humana es no se la otorga nadie a sí, es decir, no depende de cada quién, sino que es otorgada por el Creador. El reto respecto de esa verdad es descubrirla, no inventarla, pues cualquier invento al respecto constituye un obstáculo para hallarla. En este sentido, tal verdad no se puede llamar 'subjetiva'.

Con todo, y aun así, se puede decir que, en cierto modo, la verdad que uno es está en su propia mano, pues si libremente la acepta, la va siendo y conociendo cada vez más; en cambio, si libremente la rechaza, cada vez va perdiendo más el sentido personal y, consecuentemente, la va desconociendo. De modo que nativamente no somos libres respecto de ser la verdad que somos, pero como esta verdad no es estática, puesto que estamos llamados a ser quien todavía no somos, y el llegar a serla o el rechazarla es libre, en ese sentido la verdad definitiva que seremos depende en buena medida de nuestra libre aceptación. En cualquier caso, la verdad personal no puede ser subjetiva, porque para inventar cualquier verdad personal subjetiva, se parte de un conocer que nadie se ha otorgado a sí, que no es, por tanto, subjetivo y tal conocer es verdad.

5. El origen moderno de estos defectos

La raíz del relativismo, escepticismo y subjetivismo modernos tiene un nombre propio y una especie de apellido: Guillermo de Ockham. A este autor se le considera el padre del nominalismo, empirismo y materialismo, así como del racionalismo, Ilustración e idealismo. Para un lector atento, es claro, que esas corrientes de pensamiento oscilan entre el relativismo y el escepticismo respecto de las ideas pensadas, por un mismo motivo: por el subjetivismo de fondo.

Ese pensador del siglo XIV consideró que nuestro conocimiento sensible es intuitivo, es decir, conoce directamente la realidad física. Sostuvo, en cambio, que la razón no conoce las realidades físicas tal como ellas son, sino que forma (*finge*) unas representaciones mentales que no se ajustan a lo real, sino que 'suponen' por sí mismas. A estas 'ideas' –añadió– los hombres les ponen 'nombres' (de ahí la denominación de 'nominalismo') por medio de los cuales construyen el lenguaje para comunicarse.

Lo que olvidó esta filosofía fue la intencionalidad propia del conocimiento racional humano. En efecto, Aristóteles descubrió que el objeto pensado es 'puramente intencional' respecto de lo real de donde se ha abstraído. Esta intencionalidad la admitieron durante el siglo XIII –tras la recuperación de la filosofía aristotélica– los grandes pensadores escolásticos. Pero en el siglo XIV, con Ockham, se olvidó. Con todo, tras él quedó claro, por una parte, que el hombre tiene 'ideas' y relaciones entre ellas a las que llamaron verdad, y, por otra, que existe la realidad física, donde está el bien, la cual se puede conocer mediante los sentidos y se puede querer por la voluntad. Ahora bien, como se creyó que las ideas no se refieren a la realidad física, se rompió el 'puente' de unión entre el pensamiento humano y la realidad, entre la razón y los sentidos. Además, como Ockham supuso que la voluntad sí se ajusta a la realidad física concreta, también se rompió la precedente armonía entre la razón y la voluntad. Por eso, aunque parezcan antagónicos, los modernos racionalismos y voluntarismos parten de este autor. Los primeros buscaron la necesidad en las verdades pensadas; los segundos, en cambio, la contingencia de los bienes físicos.

El nivel de conocimiento que forma objetos pensados para conocer es el inicial e inferior de la razón: la abstracción. Se ha reiterado que lo intencional en el conocer es el objeto pensado o idea, no el acto de conocerlo (en la voluntad lo intencional son los mismos actos, que se inclinan a los bienes reales). Ahora conviene añadir que, la bipolaridad en la que se dividió la filosofía moderna –nominalismo–racionalismo– arranca de una incorrecta interpretación del mínimo nivel racional: del olvido de la naturaleza inmaterial del acto de conocer y de la intencionalidad de su objeto conocido. Si se tiene en cuenta que los niveles del conocer humano que son superiores a la abstracción son múltiples y de mucho alcance, se puede concluir que la filosofía moderna, por estar atorada en la planta baja del rascacielos cognoscitivo humano, desconoce el amplio panorama que se puede vislumbrar desde la terraza superior. En suma, la modernidad no se ha equivocado por pensar demasiado, sino escasamente.

Ockham, el padre de la filosofía moderna, ofreció a la posteridad una alternativa irreconciliable: por una parte, razón, ideas universales y verdad y, por otra, voluntad, bien singular, sentidos y realidad física. Tras esa drástica escisión, los pensadores posteriores se vieron forzados a alinearse mediante la elección (que por voluntaria no es cognoscitiva) en una u otra parte de la disyuntiva. Los que primaron a la razón, y consecuentemente a las ideas y a la verdad, fueron racionalistas, y destacaron en los siglos XVII y XVIII. Los que, en las mismas fechas, dieron preponderancia a la voluntad, y por consiguiente al bien concreto y a la experiencia sensible, fueron empiristas. Históricamente, los primeros dieron lugar a otras corrientes de pensamiento que encumbrarían todavía más las ideas: el idealismo en el siglo XIX y la fenomenología a principios del XX. Los segundos derivaron, con el paso del tiempo, en multiplicidad de variantes dentro del mismo supuesto: sensismo, utilitarismo, materialismo, voluntarismo, pragmatismo, filosofía analítica, etc., en los siglos XIX y XX. Por eso no es extraño que en la radicalización racionalista se persiguiese una 'verdad total', el panlogismo (Hegel), mientras que la crispación voluntarista terminara en el nihilismo (Nietzsche).

De entre estas corrientes de pensamiento, la que suele atenerse a lo sensible, a los hechos, el voluntarismo, es menos intelectual que las otras. Con todo, tiene una ventaja en la que no siempre reparan los demás: afirmar la hegemonía de la voluntad sobre la razón, porque realmente es superior. Por su parte, el racionalismo ha ofrecido desarrollos de la razón que, obviamente, no ha tenido en cuenta el voluntarismo. Por tanto, para ser realistas tras los avances modernos del racionalismo y del voluntarismo hay que serlo no sólo en la explicación de la realidad externa, sino también en la realidad de la razón, de la voluntad, y aún en lo humano que es superior a esas facultades.

6. La secuencia histórica nominalismo–empirismo–materialismo

Tras Ockham, fueron nominalistas en puntos centrales autores que conocían la filosofía aristotélica y la escolástica. En el siglo XIV, si bien son poco conocidos, transmitieron la nueva filosofía a la posteridad, por ejemplo, Juan de Buridan, Nicolás Oresmes, Biagio Pelacani de Parma, etc. Del mismo estilo fueron en los siglos XV y XVI, por ejemplo, Nicolás de Amsterdam y un discípulo de Lutero, Felipe Melanchton. De semejante perfil fueron los naturalistas del Renacimiento.

Con todo, de entre los renombrados pensadores modernos que guardan mayor o menor afinidad con los planteamientos de Ockham hay que considerar, dentro del racionalismo, a Descartes y a Malebranche en ciertos puntos, dentro del empirismo a Hobbes, Locke y, sobre todo, a Hume; en la Ilustración del siglo XVIII a Kant, y en el siglo XIX a Marx, Comte, Stuart Mill, Schopenhauer, Nietzsche, Freud, al pragmatismo, psicologismo, modernismo, etc. En el siglo XX guardan relación con ciertos puntos de la filosofía ockhamista, por ejemplo, Heidegger, que dio un viraje desde el idealismo al voluntarismo; asimismo Sastre, en su interpretación nihilista del hombre y lo real; también el neomarxismo y la Escuela de Frankfurt, en la medida en que son materialistas y reducen el ser a hecho (material o social); el conductismo y la filosofía analítica, en tanto que son positivistas; la filosofía postmoderna, etc.

¿Qué es, en rigor, el nominalismo? Es la doctrina filosófica que sostiene los siguientes postulados: 1) Lo real es meramente empírico, numérica y localmente singular e incomunicado (es decir, sin remitencia a nada). 2) Lo real es contingente, no necesario. 3) Lo real singular no es verdad, pues la verdad, las ideas universales, son ficciones mentales. 4) El conocer es un hecho psíquico y, por tanto, una realidad empírica, singular e incomunicada. 5) Lo que en el hombre se corresponde con lo real singular es la voluntad, no la inteligencia. 6) La voluntad es superior y al margen de la razón –que es hipotética, es decir, finge hipótesis posibles, ninguna necesaria– (voluntarismo). 7) Si la voluntad es un hecho y el bien otro, no hay engarce entre hechos, porque son singulares e incomunicables (diferencia). 8) El acceso humano a Dios no es cognoscitivo, sino voluntario; no es natural, sino sólo por fe sobrenatural (fideísmo). 9) El atributo divino por excelencia es la omnipotencia voluntaria (aislada de la razón divina), con la que el Creador marca su diferencia de la criatura (arbitrismo).

Como se puede apreciar, el nominalismo supone una reducción en dos ámbitos: a) en el de lo real, pues reduce el ser a hecho; b) en el del conocimiento, pues reduce la verdad a ficción, a posibilidad lógica o juego lingüístico. Pero si no hay verdad, no hay ciencia en sentido estricto, es decir, conocimiento por causas o regularidades. Consecuentemente, lo único que cabe es constatar empíricamente lo aleatorio de la realidad.

De lo anterior se comprende por qué los racionalistas confíen tan poco en los nominalistas, pues estos niegan de plano la verdad. Se comprende asimismo por qué los nominalistas no suelen combatir a los racionalistas en su terreno, es decir, usando argumentos racionales, sino más bien con argumentos retóricos, irónicos, empleando ejemplos tomados de la realidad física, etc. Si la realidad física es cambiante, aleatoria, no cabe ciencia exacta de ella. Lo real es relativo. La teoría de la relatividad de Einstein no es nominalista porque, además de las contingencias físicas, todavía parece admitir una geometría universal, pero esta es una ciencia racional. En suma, quienes están más pendientes de lo pragmático que de lo teórico –como ocurre en nuestra época– son más nominalistas que racionalistas. A la par, los nominalistas interpretan las diversas teorías mentales de los racionalistas como hipótesis, no como verdad. Para ellos hay muchas posibilidades lógicas, mentales, pero ninguna es necesaria. Además, unas son inconmensurables con otras, es decir, no hay sistema lógico unitario.

7. La secuencia histórica racionalismo–idealismo–fenomenología

Reaccionaron contra el nominalismo de Ockham autores del Renacimiento como Galileo, para quien la realidad está escrita en lenguaje matemático, y asimismo Newton, cuya física matemática es más perfecta que la realidad física. Son intentos de racionalizar lo empírico. También combatieron el nominalismo, abriendo paso al racionalismo, pensadores modernos como Spinoza o Leibniz. La hegemonía de la razón y de las ideas se exaltó también en el idealismo de los siglos XVIII y XIX por autores como Fichte, Schelling, y, sobre todo, por Hegel.

Dentro de la llamada filosofía contemporánea, se puede encuadrar dentro del idealismo el origen de la fenomenología a fines del siglo XIX y principios del XX con Husserl, así como el neoidealismo de Croce, Gentile, etc. Tiene cierta afinidad con las pretensiones idealistas el llamado estructuralismo del siglo XX, en la medida en que busca un sistema lingüístico completo.

¿Qué es el racionalismo? Es la doctrina filosófica que admite, al menos, los siguientes postulados: 1) La verdad es lo absoluto. Caben múltiples verdades, pero hay un sistema lógico completo que las aúna. 2) La verdad no es real, sino posible, mental. La posibilidad completa es la necesidad. 3) La realidad física, los hechos, carecen de importancia en términos de verdad. 4) La verdad ni es un hecho, ni se puede reducir a hecho. 5) Lo que en el hombre se corresponde con la verdad es la razón. 6) La razón es superior y al margen de la voluntad –que es arbitraria, es decir, sin reglas necesarias–. 7) Hay que tender a la identidad sujeto–objeto. 8) El acceso humano a Dios no es volitivo, sino racional; no es sobrenatural, sino natural, a modo de 'máximo pensable', 'posibilidad lógica completa', 'verdad total' (panlogismo). 9) El atributo divino por excelencia es el saber absoluto (aislado de la voluntad), con el que Dios marca su vinculación necesaria con la criatura (necesitarismo).

Obviamente, estas hipótesis, por opuestas a las nominalistas, indican que el racionalismo no se entiende sin el nominalismo, pues constituye una reacción frente a él, pero admitiendo sus reglas de juego. El racionalista pretende salvar la verdad, cuando el nominalista se aferra en exclusiva a los hechos. Pero como el nominalista le echa en cara al racionalista la parcialidad de las supuestas 'verdades' que él 'inventa', este responde con un esfuerzo denodado para formar un 'sistema' veritativo completo, necesario, porque de logarlo, el nominalista no podrá acusarle de perder el tiempo trazando hipótesis mentales aleatorias. Lo que está en discusión es esta disyuntiva: contingencia–necesidad.

8. Rectificación del nominalismo y del racionalismo

Si el nominalismo es el solipsismo de lo singular, el postulado nominalista 'la voluntad se corresponde con la realidad singular' es falso: 'la voluntad se corresponde con la realidad singular'. En efecto, de acuerdo con su postulado, también la voluntad será una realidad singular e incomunicada. Por lo demás, si la realidad física es azarosa, ¿por qué no admitir que la tesis propia del nominalismo también lo sea? En efecto, de ser coherente con su propio postulado, el nominalista tampoco podrá tomarlo como ciencia. La contradicción es manifiesta.

Cabe preguntar, entonces, por qué ha tenido y sigue teniendo tanto éxito. En efecto, son muchos más los seguidores de las corrientes nominalistas que los de las racionalistas. Tal vez la respuesta correcta sea que es la hipótesis más sencilla, al menos, la más pragmática. Esto último indica que en el nominalismo también se da una reducción del bien a lo útil. Las teorías de los racionalistas son, en efecto, más complejas, porque exigen mayor desarrollo racional, y más aún la de los realistas, porque la realidad es más compleja que lo que de ordinario se suele suponer.

Si el racionalismo es el solipsismo de la verdad, al menos este postulado suyo es falso: no se puede decir que la verdad sea lo absoluto a menos que se identifique el decir con lo dicho, es decir, el conocer y lo conocido, el método cognoscitivo y el tema conocido, pero el racionalismo, aunque pretende la identidad entre sujeto cognoscente y objeto conocido no lo logra.

9. Consejos antiguos a tener hoy en cuenta

Lo que nuestra sociedad busca es el disfrute que proporcionan los placeres sensibles, el poder que ofrece el dinero o el poder.

Esta actitud es más afín al nominalismo que al racionalismo. Con todo, tras estas ansias, la felicidad acorde con el ser humano no comparece. ¿No será que nos estamos olvidando de la verdad? Por eso no está de más recordar unos adagios medievales debidos a Tomás de Aquino. El primero dice que si se comparan por sus efectos el placer que causa el vino, el placer sexual, el del poder de gobernar y el de la verdad, "de modo simple la verdad es más digna, excelente y fuerte, porque las fuerzas corporales subyacen bajo las animales, las animales bajo las intelectuales, y las intelectuales prácticas a las especulativas".

Nuestra sociedad camina, asimismo, demasiado deprisa por estrés laboral, con multiplicidad de gestiones a resolver, con inquietudes, pero en definitiva, parece no saber a dónde va, le falta sentido, verdad, carencia que le asimila al nominalismo. Ante dichas crisis nuestra sociedad tiende a refugiarse en las minorías: pocos amigos, reducidos grupos de instituciones deportivas, gastronómicas, culturales, partidos, etc. Pero también estas instituciones intermedias están aquejadas por la crisis de sentido. Seguramente porque, como decía el de Aquino, "la verdad debe ser preferida a los amigos. Especialmente, pues, les conviene tener esto en cuenta a los filósofos, que son los profesores de la sabiduría, que es el conocimiento de la verdad". Conviene que nuestra sociedad (en la que se valora la verdadera amistad, precisamente porque escasea), y en especial los filósofos, prefieran la verdad a los amigos, al menos por dos motivos: uno, porque los amigos no pocas veces dejan de serlo, no son fieles, mientras que la verdad no cambia, permanece fiel siempre; otro, porque la amistad es un símbolo de la sabiduría, pues de quien hay que ser amigo, ante todo, es del saber.

Tras las crisis familiares y de amistad, la tendencia al individualismo subjetivista parece ineludible. Pero las personas tampoco encuentran la felicidad tras la escisión y el atrincheramiento solipsista, seguramente porque la verdad se debe preferir incluso a uno mismo, pues como advirtió el Aquinate, "más se ama a sí mismo que a la verdad el que no quiere defender la verdad contra sí; así, es manifiesto que más se ama a sí que a la verdad el que no defiende la verdad frente a los adversarios, porque quiere la paz para sí". Conviene, por tanto, que el filósofo no pierda de vista este objetivo, al menos en dos ámbitos: uno, ante un panorama intelectual como el nuestro en el que se defiende que uno no está obligado a manifestar la verdad cuando ésta perjudica los propios intereses; otro, ante la mentalidad generalizada de contemporizar con cualquier opinión para no oponerse a nadie, ser tolerante, y evitarse el pasar por un mal trance. Pero en ambas situaciones no sólo se perjudica a la verdad, sino a uno mismo y a los demás, porque las inteligencias y las intimidades personales sólo crecen en la medida en que se adhieren a la verdad, pues sin esa conformidad no cabe felicidad.

7

¿Trata del bien?

1. Planteamiento

¿La filosofía trata del bien? Desde luego, porque el bien y el ser son lo mismo en lo real ('*sunt idem in re*') decían los medievales, y a la filosofía le va descubrir más realidad. Entonces, si trata del bien y tiende a descubrir bienes cada vez más altos, ¿por qué no puede dar sentido al mal? "Si existe una herencia del siglo XX, acaso el más oscuro y sangriento de la historia humana, no puede ser otra que la inquietante pregunta sobre el mal", ha escrito Possenti, paradójicamente la pregunta menos tenida en cuenta por las filosofías más representativas de dicha centuria (excesivamente ocupadas en cuestiones de método, en temas periféricos, proclives a las ideologías, etc.), porque ante una pregunta que compromete enteramente no sólo cabe la actitud de intentar responderla –mejor o peor–, sino también de eludirla. Da la impresión de que ese parece ser el ademán generalizado en algunos ambientes culturales del siglo XXI. De esta sutil conducta un síntoma puede ser en ocasiones llamar bienes a los males capitales y, asimismo, calificar de males a bienes excelentes. Ahora bien, quienes viven con este paradigma, rechazan someterse a patrones objetivos de bien y mal, intentando ponerse subjetivamente por encima de ellos.

Por eso no es extraño que en una época como la nuestra, Nietzsche sea el autor más aireado, pues es el prototipo de esta actitud. En efecto, de seguro se recordará el título de su obra –fechada en 1886–, *Más allá del bien y del mal*, en la que el pensador de Röcken describía a los por él llamados 'espíritus libres', 'nuevos filósofos', 'sabios' o 'inmoralistas', como 'duros', es decir, sin 'contagio de compasión', para quienes –frente a la 'moral del rebaño', caracterizada por la 'neurosis religiosa'– las ideas de 'Dios' y 'pecado' no tienen más importancia que los juguetes de un niño. Tales espíritus libres no se someten al bien y al mal objetivos, porque se consideran a sí mismos por encima de ellos. Ahora bien, cabe cuestionar si esta postura es la más favorable al ser humano.

Seguramente no. Por eso, en contraste con el título de esa obra decimonónica, conviene sostener que lo mejor para el hombre es no tener que ver con el mal, es decir, que esté 'más allá del mal', pero no del bien, porque el hombre no está hecho para corresponderse con el mal, sino sólo y exclusivamente con el bien. De modo que, si se acepta esto, es mejor no centrar en demasía la atención en el mal en el mundo, sino en la abundancia de bien que se puede sacar incluso de los males más graves.

La sugerencia que precede puede sonar utópica, sobre todo cuando se experimenta que el mal no sólo está entre nosotros, sino en nosotros, pues no existe ningún humano que esté exento del mal (al menos, del mal que se padece), y eso desde el origen de la humanidad hasta su fin. En efecto, el mal es tan antiguo como el hombre y aún más, y nos acompañará hasta el fin de los tiempos. Además, es un hecho de experiencia cotidiana. Más aún, ¿acaso no se puede decir con Berdiaev que "el hecho de no ver el mal hace al hombre superficial, le impide alcanzar las profundidades de la vida"? Entonces, ¿por qué ese empeño en colocarse al margen del mal? Desde luego que debemos convivir con él, pero sin que él forme parte de nuestra vida íntima, porque si nos solidarizamos con su causa, nosotros mismos entramos en pérdida. Vivir con el mal no lleva a rechazar el bien, sino a buscarlo con mayor ahínco, pues si el bien supera el mal en todos sus órdenes, como dice Bouyer, "el bien se vuelve así la ocasión de la suprema rebeldía del hombre, el último peldaño del pedestal que se ha elevado".

Con todo, el problema del mal parece estar tan familiarizado con la conciencia moderna, y a tal extremo, que se ha convertido en una enfermedad del espíritu más que en un problema propiamente dicho. Por eso su comprensión parece sobradamente difícil para los mortales por su extensión y radicalidad, pues, pone en aprieto nuestro conocimiento del sentido del mundo y de la vida humana, e interpela incluso al ser divino.

2. Intentos humanos de dotar de sentido al mal

Al margen de las tentativas filosóficas por comprenderlo, en la antigüedad se dieron otros enfoques: el trágico de la Grecia clásica; el mítico (que es dualista, maniqueo); el gnóstico (admite la dualidad bien–mal en el seno de una unidad originaria), que es un mito racionalizado, etc. Por su parte, las expresiones filosóficas que han intentado explicarlo son abundantes a lo largo del pensamiento occidental. Como se recordará, el pensamiento medieval (Orígenes, Metodio, Atanasio, Gregorio de Nisa, Basilio, Ambrosio de Milán, Agustín de Hipona...), y también el reciente (San Juan Pablo II), explicaba el mal como ausencia de bien debido. Declaró que se daba como déficit en una realidad creada en cualquiera de sus órdenes (ontológico, ético, religioso, etc.), realidad que no debe tener por naturaleza tal carencia. Nunca lo atribuyó al Creador. Nunca, desde Aristóteles, lo asimiló a la nada, pues esta no existe, mientras que el mal afecta siempre a la realidad. Por concebirlo como merma de realidad, tal filosofía lo describió según los distintos niveles de realidad que descubrió.

Por el contrario, algunos representantes del pensamiento antiguo y de la filosofía moderna al margen del cristianismo no entendieron el mal como privación, sino de diversos modos, a saber: como una idea, o –según Espinoza– como un modo de pensar o como irreal; o bien como la limitación propia de la realidad creada, tal como lo concibieron Plotino o Leibniz; asimismo, como un momento imprescindible del proceso histórico dialéctico que es necesario para llegar al bien completo como resultado, tesis propia de Hegel. Algunos autores acentuaron o se polarizaron en alguna dimensión del mal, como por ejemplo la religiosa, como Pascal, o la ética, como Kant, etc. Por su parte, en la filosofía contemporánea el mal se ha interpretado como una lacra ético–religiosa (Kierkegaard), como la única realidad existente de índole negativa (Schopenhauer); como un invento propio de los débiles para atemorizar a los fuertes (Nietzsche), como el sufrimiento de las clases indigentes (Marx) o, dentro del existencialismo, como la meta antropológica definitiva: recuérdese que para Heidegger "el hombre es un ser para la muerte", y para Sartre, un ser "para la nada"–. Como se puede apreciar, las interpretaciones modernas y contemporáneas más representativas del mal son reductivas si se las compara con la tesis central clásica que entiende al mal como privación de bien.

Pero, evidentemente, los filósofos no han sido los únicos que han abordado este tema, pues la literatura se ha ocupado profusamente de él y también las otras bellas artes. Capítulo aparte merecen los historiadores, que lo han narrado en su pluralidad de aconteceres. Con todo, el peligro que estos corren –como advirtió Marcel– es conformar un cuadro abstracto y general de las extorsiones humanas llevadas a cabo por la propaganda de los partidos únicos para llevar a cabo la sistemática despersonalización de cada hombre concreto. Por otra parte, los actuales medios de comunicación no sólo se hacen eco de las variadas manifestaciones del mal (sobre todo, sensibles y afectivas), sino que parecen obstinarse en ellas.

Añádase, además, que el mal ha sido cuestión central en las diversas religiones, en especial, en la revelación judeo–cristiana (y en sus escritores más singulares (Filón, Clemente de Alejandría, Orígenes, Metodio, Atanasio, Basilio, Gregorio de Nisa, Ambrosio, Agustín de Hipona, Tomás de Aquino...), la única que ha logrado una respuesta ajustada, hasta el punto de que se puede afirmar que la respuesta al sentido del mal no es filosófica sino teológica.

De manera que las fuentes de acceso a este tema son innumerables, y los puntos de vista multiformes. En consecuencia, hay que advertir que nuestro empeño por buscar el sentido del mal no es fácil. Además, los desengaños tras los intentos de comprensión son abundantes, pues para no pocos el mal se ha convertido en un problema, un enigma, un misterio, tanto al considerarlo directamente, como al tomar apoyatura para su tratamiento en algún autor previo.

En virtud de ello, en la actualidad, no son pocos los que prescinden de buscar sentido teórico al mal y se limitan a erradicarlo de modo práctico. En rigor, se trata de una prolongación del giro kantiano que cierra las puertas de la comprensión teórica para abrirlas a la actuación práctica. Sin embargo, de ser verdad la tesis aristotélica según la cual "la teoría es la forma más alta de vida", habrá que indagar el sentido teórico del mal sin dejar de atender a la solución práctica de sus múltiples manifestaciones.

3. Diversos enfoques filosóficos sobre el mal

Cabe preguntar si el mal se puede conocer, puesto que, por ser privación, supone también una ausencia de conocimiento, al menos en el nivel cognoscitivo en el que incide. Este enfoque es propio de la teoría del conocimiento, pero este no es el único que ofrece la filosofía. En efecto, hay otra orientación, la propia de la filosofía de la historia, que se pregunta por el origen del mal en la naturaleza humana, y que tiende a converger con el testimonio de la revelación judeo–cristiana, la cual declara que el mal humano entra en escena al inicio del género humano con el llamado pecado original. De este perfil fueron los enfoques de Platón o Agustín de Hipona.

Otra vertiente filosófica que estudia el mal, y que se refiere a su índole como privación de bien debido en sus diversos órdenes, es la metafísica, que indica que el mal es mengua de ser, de verdad, de bien y de belleza, es decir, de los llamados trascendentales clásicos. Se puede decir que esta perspectiva parte de Aristóteles, que fue muy secundada en el Medievo (San Agustín, Sto. Tomás...), y se encuentra el autores del siglo XX como Maritain, Cardona, etc. Ahora bien, como la ética es distinta de la metafísica, también se puede prestar atención a las tesis clásicas más relevantes sobre el mal desde esta materia. Una de ellas es la socrática que declara que "el mayor mal no es sufrir la injusticia, sino cometerla". Otra indica que el mal acarrea debilidad para la voluntad. Una distinta, que el mal comporta desorden en las demás facultades sensibles y, consecuentemente, la falta de suavidad en su gobierno. Otra, que el mal no es relativo o subjetivo, pues se opone a bienes reales, no aparentes, etc.

A las precedentes tesis clásicas sobre el mal se podrían añadir otras más relevantes, propias de la antropología, no descubiertas en la tradición filosófica que nos ha antecedido, pero que se refieren a males especialmente graves, porque suponen una pérdida en la intimidad personal humana y de su sentido. Junto a esas nuevas consideraciones, hay que dar cabida a otra, a saber, la que hace referencia al origen del mal personal, es decir, no al que incide en nuestra naturaleza corpórea, la cual hemos recibido en herencia de nuestros padres, ni tampoco al mal que afecta en el ámbito de las manifestaciones humanas inmateriales, mal que es adquirido, producido por nosotros y que inhiere en aquello según lo cual disponemos (la inteligencia, la voluntad, etc.), sino al mal que le hemos abierto libremente la puerta en nuestra intimidad. Esta tesis alude a lo que lo que la teología suele llamar pecado personal, que parece más grave y destructivo que el original, sencillamente porque incide en lo más excelso y radical del hombre: su ser personal, no en su tener (es decir, en sus facultades y en su naturaleza corpórea).

En suma, hay diversas disciplinas filosóficas que atienden al mal, sencillamente porque el mal puede afectar a todas las capas de la realidad humana, las cuales son jerárquicamente distintas. Pero como esos niveles son estudiados por disciplinas filosóficas distintas, hay que mantener que la distinción entre sus concepciones también será jerárquica. Así, a nivel fisiológico, el mal se designa como dolor y muerte; a nivel ético, vicio; a nivel íntimo, pérdida de sentido personal, etc. De modo que los males son más punzantes en la medida en que suben de nivel y acceden a la intimidad y a su apertura a la trascendencia divina. A continuación vamos a atender a un mal especialmente intenso: el personal. Por tanto, nuestra perspectiva de estudio será la propia de la antropología trascendental.

4. El origen del mal en el acto de ser personal

Para los expertos en ética, el mal no puede afectar al ser, sino sólo al obrar, es decir, no se puede atribuir a una realidad "en cuanto es, sino en cuanto obra defectuosamente". Sin embargo, lo que aquí se defiende es que el mal también puede afectar al ser, no sólo al obrar; pero no a cualquier ser, sino a los seres libres creados, en concreto, al ser personal humano. Es más, se sostiene que el obrar humano es defectuoso sólo si previamente se ha producido una pérdida en el ser. Por eso, el mal no interesa sólo a la ética, sino, sobre todo, a la antropología trascendental, porque en la cuestión del mal se pone en juego la propia autocomprensión del ser personal humano.

El origen de ese mal radica en la libertad personal humana, que le abre la puerta de la intimidad. No se trata de la libertad, por así decir, periférica, o sea, de esa que se manifiesta en la inteligencia y consecuentemente en sus opiniones, o en la voluntad y secundariamente en sus elecciones, o también en nuestras acciones externas, sino de nuestra libertad radical, es decir, de esa que se puede llamar 'trascendental' y que conforma la intimidad o el ser personal humano. Al mal que deja su impronta en la inteligencia y voluntad humanas los moralistas lo suelen llamar 'moral'. Con todo, el mal 'personal' se da antes y de modo más grave en la intimidad personal que en esas potencias. En efecto, se da en la libertad personal con antelación a que esta se manifieste en la inteligencia y en la voluntad. Con esto se quiere decir que cada persona es una libertad distinta y que tal libertad no es mala en estado nativo, pues equivale al ser personal humano. Pero se puede volver mala al no destinarse libremente a su fin, sencillamente porque la libertad personal humana no es fin, sino para su fin.

Al aceptar el mal la libertad personal, ella misma entra en pérdida, es decir, es menos libre, y con esta privación, también disminuyen los demás radicales personales. Por eso se produce una falta de sentido personal y una carencia de aceptación y donación personales. Como este mal incide en el bien superior humano, a saber, en la intimidad personal, es más perjudicial para el hombre que los demás daños. A su vez, como dicho ser humano no es fin, sino para su fin, pues depende originaria y finalmente del Creador (nadie es un invento de sí mismo como persona), al admitir el hombre el mal en su corazón, se produce una pérdida de vinculación personal.

Al aceptar el mal, tal acto pierde actividad personal, es decir, es un ser personal menos activo, o también, se es menos persona que antes. De modo que, si se dice que este "mal tiene siempre un rostro y un nombre: el rostro y el nombre de los hombres y mujeres que libremente lo eligen", hay que añadir que al aceptarlo, tales hombres y mujeres deforman, afean o despersonalizan su propio rostro, o sea, frustran progresivamente el sentido de su propio nombre personal.

No obstante, el hombre no pierde en su integridad la libertad personal durante la vida; de modo que siempre se está a tiempo de rectificar y reconducirla al único fin que la puede aceptar íntegramente. Con esto se echa de ver que el futuro siempre pesa más en el hombre que el presente y el pasado. Por eso, ante la persona que muere no hay que fijarse tanto en las obras que deja como en la felicidad o pena que le aguarda. A la par, si la muerte en el hombre siempre es prematura (siempre dejamos proyectos inconclusos), hay que verla como exigencia de prolongación de vida en la que se alcance la plena felicidad. Sin embargo, tal libertad también puede obstinarse en el mal en esta vida, y este es, precisamente, el peor de los males. A la fuerza debe ser así, pues de lo contrario esta vida sería como el juego de la ruleta. Pero la vida no es un desatino, sino la moneda de cambio para alcanzar la eternidad.

5. Tesis antropológicas sobre el mal

La reciente antropología trascendental de Leonardo Polo, ofrece una temática de difícil intelección, pero de la que se pueden tomar resumidamente algunos puntos para sentar unas tesis pertinentes. Si, según esa obra, la intimidad personal está conformada por unos rasgos nucleares, a saber, la *coexistencia libre*, el *conocer* y el *amar* personales, se pueden ofrecer a consideración las siguientes afirmaciones.

Tesis Iª. *Si la persona humana es coexistencia libre, el mal personal es soledad necesaria.* La persona humana es nativamente un ser especialmente intensificado, pues no es en solitario, sino que es coexistente. No se trata de que el hombre sea un ser 'social por naturaleza', asunto que se predica de las manifestaciones humanas, sino de que su intimidad es abierta personalmente al ser personal divino. La coexistencia indica, pues, que a su propio ser personal humano, que es creciente, se añade el acompañamiento. De manera que una persona sola es imposible, porque persona denota relación. Sin embargo, si bien esa apertura es nativa, cada quién puede personalmente ocluirla, prescindir de ella o, por el contrario, incrementarla. La obturación es un mal señaladamente grave, pues comporta la agonía del ser personal. Por eso, tiene razón Tomás de Aquino cuando acepta la sentencia de un autor precedente según la cual se declara que "cuanto más existimos en el mal menos somos". En efecto, admitir ese mal capital en la intimidad humana es el peor daño que una persona humana puede causarse a sí misma, pues equivale al envenenamiento mortal de su raíz neurálgica –el espíritu–, es decir, a la disminución del viviente personal. Se corresponde asimismo, con la privación de su fin propio, que radica en una persona distinta capaz de revelar por entero el sentido personal propio.

A la par, si la persona humana es libertad personal, el mal personal es falta de libertad interior. La libertad personal es la actividad del ser humano. Esta libertad no es aislada, sino que su norte es la verdad o sentido personal de cada quién. Precisamente por tratarse de una actividad libre, tal libertad puede subordinarse libremente a buscar ese sentido, pero puede también prescindir de él. En esta segunda alternativa radica su mal, pues en esa tesitura la libertad personal queda sin norte, sin sentido. En efecto, como la libertad personal sólo crece en orden a la verdad personal, al prescindir de ella, la libertad se trunca, entra en pérdida. La libertad personal no es libertad de (liberarse de ataduras), sino libertad para (alcanzar su fin). Si dicha libertad se priva de consumación, queda estéril o se emplea en asuntos menores, pero como éstos no animan su crecimiento, la libertad personal decrece. Como se puede apreciar, el mal en este nivel no es otra cosa que privación de libertad personal, lo cual conlleva la subordinación –y consecuente esclavitud– del ser personal humano a realidades inferiores a él.

Tesis IIª. *Si la persona humana es un conocer personal distinto, el mal personal es falta de sentido personal.* A nivel de inteligencia –también de sentidos– el mal es falta de conocimiento debido. Con todo, los sentidos y la inteligencia humana son en cierto modo comunes a todos los hombres. Sin embargo, como a nivel de intimidad cada persona es un conocer personal distinto, es decir, una luz o verdad activa diversa, admitir el mal en la intimidad conlleva prescindir progresivamente del sentido personal propio, opacar esa luz nativa. A este nivel, mientras vivimos, no acabamos de alcanzar el sentido personal completo, sencillamente porque el ser personal es creciente: más que decir de él que su sentido personal es tal verdad, es mejor decir que será tal verdad. Es más, si cada persona humana es coexistente, tal verdad no la podrá alcanzar una persona humana en solitario, sino que le deberá ser manifestada por otra persona distinta que la conozca enteramente. En suma, admitir el mal a este nivel equivale a no saber quién se es, a la par que perder progresivamente la posibilidad de llegar a saberlo.

Tesis IIIª. *Si la persona humana es un amor personal novedoso, el mal personal es pérdida de amor personal que admite varios niveles: la indiferencia, el desprecio, el rechazo, el odio*, etc. El amor personal es lo más alto o radical del ser personal humano. A nivel de intimidad, no es que la persona humana tenga amor, sino que lo es: cada quien, un amar personal distinto. Se trata de un amar personal al que acompaña el sentido personal de cada quien, la propia libertad o apertura coexistente. En efecto, un amor sin luz o conocer personal no es personal. Y tampoco es amor personal el que está privado de libertad y coexistencia personales. Las dimensiones del amor personal humanas son tres, de superior a inferior, aceptar, dar y don. El don depende del dar, y el dar sigue al aceptar, pues sólo se da si se acepta y en la medida en que se acepta. Pues bien, admitir el mal en la intimidad equivale a la pérdida del amor personal: a este nivel, como decía San Juan Pablo II, "el mal, en definitiva, es un trágico huir de las exigencias del amor". Como se ha indicado, esta pérdida admite diversas intensidades, que van desde la indiferencia al odio. Obviamente, nadie es feliz sin amor personal. De modo que la pérdida del amor personal compromete la felicidad presente y, en especial, la futura.

6. El hombre no está hecho para el mal

En sentido positivo se puede decir que el hombre está diseñado para tener que ver siempre con el bien; nunca con el mal, simplemente porque de tener que ver con el mal, el hombre entra en pérdida como hombre y como ser personal distinto. Por este motivo el hombre debe mantenerse siempre 'más allá del mal', porque el horizonte del bien al que el hombre está abierto es irrestricto, mientras que si el ser humano se empreña en tener que ver con el mal, tal horizonte se ocluye progresivamente. El ser del hombre no es carente, sino desbordante. Además, sus facultades superiores (inteligencia y voluntad) son susceptibles de crecimiento irrestricto, y sus múltiples acciones manifestativas externas son aportantes. De modo que tener que ver con una privación no es humano en ninguno de sus niveles.

El hombre no está hecho para el mal... Con todo, el mal ha irrumpido en la naturaleza humana desde su origen. Por tanto, todo hombre tiene que ver necesariamente con el mal infligido a la naturaleza humana. Además, el mal ha impregnado abundantemente la historia y la vida humana en sus diversos órdenes, tanto a nivel particular (naturaleza corpórea–esencia–intimidad personal), como colectivo (se puede hablar filosóficamente de organizaciones del mal, o teológicamente –como decía San Juan Pablo II– de 'estructuras de pecado'). En consecuencia, el hombre debe estar vigilante para reparar, en la medida de lo posible, las heridas que el mal le ha infligido en sus diversos planos y, sobre todo, para que no se vuelvan a producir, o no se desencadenen otras peores.

En cualquier caso, si bien la naturaleza corpórea humana está abierta al bien y al mal –debido a la deuda de origen–, y asimismo la esencia del hombre, por estar vinculada a la naturaleza corpórea nota su lastre, el acto de ser personal humano no lo está nativamente, aunque es obvio que le costará más vivificar su naturaleza y su esencia. Con todo, a nivel de esencia del hombre también se puede evadir el mal adquiriendo virtudes, las cuales –como perfecciones activas que son de la voluntad– están abiertas exclusivamente al bien. A la par, si tras el pecado original, el ápice de dicha esencia, la sindéresis, está abierta al bien y al mal (recuérdese su clásico precepto: "haz el bien y evita el mal"), también ella está diseñada fundamentalmente para crecer correspondiéndose con el bien. De manera que la activación y dirección que ese hábito innato debe ejercer sobre la inteligencia y sobre la voluntad debe ser sobre todo este: "haz el bien". Por otra parte, nativamente el ser personal humano solo está diseñado para corresponderse con el bien, en este caso, con los bienes más altos, a saber, el ser personal divino. De modo que para que tenga que ver con el mal, él mismo debe aceptar la progresiva despersonalización.

Por lo demás, que la correspondencia íntima del hombre sea exclusivamente con el bien superior, no empuja a concluir que sea propio de Dios corresponderse con el mal. Como es sabido, esta tesis, propia de la antigua reforma protestante (Lutero) y de algunos pensadores modernos (Boëme, Calvino, Malebranche, Schelling, Hegel, Pareyson), no pertenece ni a la filosofía clásica ni tampoco a la doctrina católica. Con todo, hay que salir al paso de esta acusación.

7. Dios y el mal

Es tradicionalmente admitido que la existencia del mal prueba indirectamente la existencia de Dios, pues como el mal es privación de bien, y este –por ser contingente y por estar afectado por el mal– no se entiende sin el bien necesario, es decir, sin Dios, en consecuencia, el mal remite indirectamente a Dios a través del bien natural. También es tesis clásica –desde Platón– que Dios es esencialmente bueno y, –desde Agustín de Hipona–, que Dios no crea el mal, porque este –como privación que es– no puede ser una realidad creada; es más, es increable. Se decía asimismo –desde la Patrística– que Dios no causa el mal, ni las malas acciones, ni los malos efectos de ellas.

Sin embargo, se acepta desde antaño que Dios permite el mal en todos sus órdenes creados. Si se pregunta el porqué de esa permisión, la respuesta, desde San Agustín, declara que para sacar mayor bien. Si se sigue indagando por tales bienes, la respuesta admite grados, pero su cenit pasa por el bien de la redención. Es manifiesto que se pueden educir muchos bienes de diversos males, "de donde se quitarían muchos bienes –dice Tomás de Aquino– si Dios no permitiese que ningún mal existiese". Más aún, si el mal no pudiese ser permitido para educir un bien mayor, esa imposibilidad, lejos de ser buena, sería perversa. Pero aludir a los bienes sobrenaturales que se ganan como contrapartida de los males humanos habidos es saltar del plano de la filosofía al de la teología.

¿No será que, en últimas, el mal carece de explicación filosófica definitiva y que su único posible esclarecimiento se debe a la revelación sobrenatural? Si hemos indicado que el mal carece de sentido para el hombre, sencillamente porque es ausencia de sentido, más aún, que si el hombre lo acepta, él mismo se vuelve carente de sentido, de aquí se puede concluir que, si el hombre no tiene sentido, Dios no existe, pues carece de sentido que Dios cree seres carentes de sentido. Pero también se puede colegir que, si el mal no lo puede aceptar el hombre, puede asumirlo en cambio alguien que no pierda sentido. Obviamente, esto sólo lo puede llevar a cabo Dios, puesto que él es la Verdad, que no pierde sentido al asumir las faltas de sentido humanas. Más aún, esto no sólo es posible, sino real, pues en esto consistió precisamente la redención de Cristo. De manera que el mal humano íntimo, lejos de negar la existencia de Dios, lleva históricamente a él. Sin embargo, este extremo sólo se puede admitir por fe sobrenatural, que es un nuevo modo de conocer.

Ahora bien, como nadie está obligado a aceptar la fe sobrenatural, también ha sido usual desde antaño formular argumentos que han negado la existencia de Dios al advertir la presencia del mal en el mundo y en los hombres (Hume, H. Jonas, J. S. Mill, Royce, Whitehead, Bradley...). Este rechazo se debe a que quienes se enfrentan con el problema del mal lo hacen a modo de reivindicación, no de búsqueda. También en nuestra sociedad se da este problema, que se puede plantear desde varias perspectivas. Con todo, estas acusaciones son rectificables, y con su corrección se logra demostrar no sólo la existencia de Dios, sino también su providencia y misericordia. Es más, se puede fundamentar que el sentido del mal es inalcanzable sin Dios.

8. Argumentos antropológicos que niegan la existencia de Dios a raíz del mal y breves propuestas de rectificación

Hay diversos tipos de argumentos que han intentado negar la existencia de Dios tomando como pretexto el mal. Son diversas formulaciones a raíz de las distintas disciplinas de la filosofía en los que estos se encuadran. Así, los hay cosmológicos, es decir, propios de la filosofía de la naturaleza, que se basan en los males físicos existentes en el universo material. Otros se pueden llamar biológicos o fisiológicos, pues toman el sufrimiento del cuerpo humano, el dolor y la muerte como arma de combate. También los hay gnoseológicos, como el que declara que si el mal no se puede conocer, no se puede acceder a Dios a través de él. Muchos de los recientes argumentos se encuadran en el campo de la ética: unos de ellos dicen que a quienes cometen el mal les suele ir mejor que a los que practican el bien; por tanto, Dios no está detrás de las conductas humanas; otros se fundamentan en el mal que padecen muchos hombres inocentes por parte de sus agresores injustos; algunos, en que no hace falta aludir a Dios, porque incluso los ateos pueden formular juicios absolutos sobre el mal. Hay asimismo argumentos de filosofía de la historia y se asientan en que si existe tanto mal en la historia y Dios no indemniza a las víctimas en ella, Dios es injusto y, por lo tanto no es Dios, o no existe. Otros se encuadran dentro de la metafísica, y se apoyan en el postulado de que si Dios existiera, sería omnipotente y, por tanto, hubiese creado un mundo perfecto, es decir, sin mal. Hay incluso argumentos de teología natural. Por ejemplo, ese que declara que si se postula que Dios –no el hombre– es el conocedor del bien y del mal, entonces, el mal hay que ponerlo en Dios, al menos en sus ideas, pero entonces Dios no es Dios.

Todos estos argumentos son susceptibles de corrección, pero como su formulación y la respuesta a todos ellos sería larga, a continuación se recogerán sólo algunos que son más afines a nuestro campo antropológico, en concreto, dos que toman como base la libertad personal humana. Tras la sucinta exposición de estas razones, se pasará a su breve rectificación, la cual permitirá notar que esta vertiente del mal que invade la intimidad humana reclama para su curación la existencia de Dios.

a) Dios versus *libertad humana*. Un autor del s. XX, Berdiaev, que dejó constancia del sentir humano a favor de la existencia de Dios, precisamente como libertador del mal del hombre, pensó, sin embargo, que como el origen del mal está en la libertad humana, Dios no puede ser creador de la misma. En consecuencia, tampoco sería omnipotente, lo cual implica que no sería Dios.

A lo que precede hay que responder que en la libertad personal humana hay que distinguir dos dimensiones: la libertad de origen y la de destinación. La libertad humana originaria es la que Dios crea y otorga nativamente a cada persona. Además, la orientación nativa de esta a su fin también es divina. Como se ve, esta libertad no es mala, sino muy buena. Pero como esta no es definitiva, sino abierta libremente a su propio destinatario, puede inclinarse libremente a él o, por el contrario, renunciar. Lo malo es sólo el truncar la inclinación de libertad personal humana a su destinatario. Y ese rechazo, no es divino, sino humano.

b) Dios versus *holocausto*. Otro autor reciente indica que Dios no puede ser omnipotente porque ha cedido al embate de males dramáticos como el del genocidio judío. Es la opinión de Hans

Jonas, según el cual Dios renuncia a su omnipotencia al concederle la libertad al hombre. De este modo, tampoco Dios sería Dios.

Obviamente hay opiniones prácticas autorizadas contrarias a la tesis precedente. Así, tras visitar el campo de concentración de Mauthausen, San Juan Pablo II afirmó que el holocausto había sido un 'regalo' de Dios para la humanidad, de modo análogo a como la muerte de Cristo fue un regalo para los hombres. Al argumento anterior se puede responder teóricamente que la mala destinación de la libertad humana no niega la omnipotencia divina, sino que muestra sólo la limitación de tal libertad humana. Con todo, ese límite es superable si la libertad humana se orienta a Dios como a su fin, y en tal caso, no demuestra sino que muestra que Dios existe.

9. Apéndice

Comenzábamos aludiendo a Nietzsche, un profeta del mal de nuestro tiempo. Terminemos aludiendo a Dostoievski –otro profeta de las calamidades humanas–. Este recuerda, frente al socialismo de su tiempo –según el cual el único mal social era la miseria–, y frente al racionalismo moderno –que es menos ateo que antiteísta–, el texto evangélico "no sólo de pan vive el hombre". Admite, pues, la existencia de bienes y males humanos superiores a los físicos, pero declara que estos son incomprensibles sin la inmortalidad del alma y la asistencia divina. Solución similar se encontraba ya en Kierkegaard, que apelaba a la fe sobrenatural.

Ante este mundo nuestro, cuya historia está repleta de males graves, tanto individuales (envidias, rencores, mentiras, dolor, sufrimiento, enfermedad, abusos sexuales, violencia, tortura, muerte, etc.), como colectivos (miseria, marginación, distinciones injustas de capas sociales, entre países pobres y ricos, totalitarismo, laicismo o secularización, permisividad sexual, relativismo moral, ataques sistemáticos a la familia, inestabilidad política, inseguridad social, escándalos, traiciones, crímenes, magnicidios, terrorismo internacional, guerras, campos de exterminio, genocidios, manipulación de embriones y aborto sistemático a escala mundial, etc.) cabe preguntar varias cosas, pero, para terminar, nos podemos limitar a dos:

a) ¿Cuáles son los males humanos peores y 'casualmente' más extendidos hoy? Teniendo en cuenta las tres franjas de realidad en el hombre ya aludidas, a saber, naturaleza corpórea, esencia inmaterial y la intimidad personal, se puede considerar que: 1º) a nivel de ser personal, íntimo, el peor mal es no querer ser quien se es y se está llamado a ser (es decir, una coexistencia libremente vinculada cognoscitiva y amante); en rigor, no querer ser hijo, pues para conocerse el hombre a sí mismo –como advierte Hoffmann– requiere de Dios. En el fondo, secularización primero y ateísmo después. 2º) A nivel de esencia del hombre, el peor y dominante mal es seguramente la 'educación' en el vicio en vez de en la virtud. 3º) Y a nivel de naturaleza humana, los perores y más dilatados males son los del infanticidio (léase aborto) y la impureza, pues, al parecer, estos tienen la peculiar fecundidad de engendrar los demás. En efecto, vida y familia son la base de todo bien humano individual y social; de modo que el ataque sistemático a ellas constituye la raíz de los males naturales.

b) ¿Cómo luchar contra el mal? La teodicea clásica tenía como objetivo justificar que Dios es ajeno al mal. El ateísmo moderno, en cambio, parece tener como meta negar a Dios a raíz del mal. Sin embargo, ni una ni otra luchan contra el mal, empresa que sería el *desideratum* de algún pensador reciente. Sin embargo, el mal no se vence centrando la atención en él, sino –como aseguraba el fundador de la Universidad de Navarra– 'ahogándolo en abundancia de bien'. ¿Por qué? Porque dado que el hombre no está hecho para el mal, es mejor no tener que ver con él y, en consecuencia, corresponderse en exclusiva con el bien. Pues bien, lo mismo debe cultivar la filosofía –como actividad radicalmente humana que es–: desistir de querer dotar de sentido al mal, sencillamente porque es carencia de sentido y ausencia de conocimiento, e intentar explicar cada vez con más hondura el bien.

8
¿Atiende a la belleza?

1. Planteamiento

La belleza se basa en lo real, por tanto, en el bien, pero mediando la verdad, pues, como escribió Víctor Hugo, "el ideal no es más que el punto culminante de la lógica, así como la belleza no es más que la cima de la verdad". ¿La filosofía averigua qué es la belleza, o para saber de ella es mejor visitar exposiciones, museos, monumentos, hacer turismo...? Respuesta: la filosofía debe estudiar la belleza y dar cuenta de cuál es su índole y sus diversos niveles. Como este tema se enmarca dentro de la teoría del conocimiento y en esta área existen diversos niveles de conocimiento humano sobre la belleza, parte de la tesis de que a cada nivel de belleza real le corresponde un nivel distinto de conocimiento humano. Por tanto, se intentará fundamentar cuáles son y cómo se caracterizan cada uno de esos niveles cognoscitivos.

Para algún pensador como Tomás de Aquino, la belleza es real, no subjetiva. En la filosofía clásica medieval se tiende a identificar con el bien, pero se distingue de él porque dice relación al conocer. ¿Qué conocer? Nuestras instancias cognoscitivas son de diverso tipo, y se distinguen según una neta jerarquía. Unas, las menores, son facultades sensibles (los sentidos externos e internos). Otra, la razón, superior a las precedentes, es una potencia inmaterial que tiene diversos actos y hábitos cognoscitivos según cada una de sus diversas vías operativas (razón teórica, razón práctica, etc.). Por encima de los precedentes niveles cognoscitivos está el conocer intelectual, propio de los hábitos innatos, y superior a este es el conocer personal.

Debe tenerse también en cuenta que las instancias cognoscitivas que, además de los distintos niveles cognoscitivos aludidos, los diversos grados de la belleza se corresponden con dimensiones humanas conformadas por la redundancia de dichos conoceres en las respectivas dimensiones humanas. Esas redundancias constituyen lo que podemos llamar emociones en los sentidos (en la tradición tomista se denominan pasiones del cuerpo), sentimientos en la razón y en los hábitos innatos, y afectos del espíritu en el acto de ser personal humano (en dicha tradición se llaman pasiones del alma). Por eso cabe señalar que lo que también se corresponde con la belleza real son, en cada caso, las emociones, los sentimientos y los afectos, siempre que estos sean positivos, pues los negativos no se corresponden con la belleza, sino precisamente con la falta de ella. Se puede decir, por tanto, que nuestros niveles afectivos se corresponden con los niveles de belleza real existentes. Entre esos niveles podemos distinguir, al menos, los siguientes:

2. La belleza sensible

En la realidad física existen dimensiones más relevantes, a las que los clásicos llamaban sustancias, y otras menos, porque se apoyan en las primeras, a las que llamaban accidentes. La belleza sensible es la propia de ciertos accidentes de la realidad física. Los accidentes se conocen mediante los actos de los sentidos. Los actos de estas facultades, al conocer los accidentes de la realidad física, dan lugar a unas redundancias positivas en las respectivas facultades sensibles. Por eso la belleza está vinculada con las emociones sensibles positivas, que la tradición medieval llama pasiones sensibles.

La belleza sensible es la que se encuentra, según Tomás de Aquino, en "esas realidades que placen a la vista" (y al oído y a los demás sentidos, cabría añadir). Nosotros la notamos por la redundancia en las respectivas facultades sensibles de los actos que ellas ejercen (si tales actos son apropiados al estado de esas potencias), para conocer sus sensibles propios (colores, sonidos, etc.) y comunes (movimientos, tamaños, figuras, etc.). Los sentidos captan los accidentes de la realidad física, y tales accidentes no carecen de mayor o menor belleza, pero a nosotros nos agradan por la redundancia de esos actos de conocer en sus respectivas facultades, las cuales, obviamente, por estar vivas, notan que ese conocer es adecuado para la facultad.

La belleza propia de los objetos particulares imaginados (fantasías, figuras geométricas, símbolos, etc.) que formamos con la imaginación, la de los objetos concretos y particulares percibidos en el pasado y recordados por la memoria sensible, o de esos otros objetos particulares que componemos y proyectados hacia el futuro por esa facultad sensible interna a la que podemos llamar 'proyectiva' (cogitativa la llamaban en la Edad Media; estimativa en los animales), se nota, respectivamente, por la refluencia de los actos de imaginar, recordar o proyectar en las correspondientes facultades –imaginación, memoria y proyectiva–, las cuales tienen su soporte orgánico en la corteza cerebral, facultades que notan agrado tras ejercer sus actos de conocer cuando estas están bien dispuestas (no cuando se tiene dolor de cabeza, fiebre, depresión, etc.).

Los sentidos internos no captan los accidentes de la realidad física, sino que retienen o formalizan como formas sin materia lo percibido de lo físico por los sentidos externos. Por eso, la belleza que se capte por medio de estos sentidos será superior a la accidental física, porque estos sentidos dotan de mayor armonía o regularidad a lo percibido por los sentidos externos. En efecto, sin ellos sería imposible la cultura humana (por ejemplo, la música). Esta es, sin duda, producto de la razón práctica humana (hábito de arte, en sentido aristotélico), pero dicha razón usa de los sentidos internos (también de los externos) y transforma la realidad física mediante el trabajo. La cultura es posible por la aportación cognoscitiva humana y su correspondiente acción productiva.

3. La belleza de la esencia de la realidad física

La esencia de la realidad física es el orden del universo: es la armonía que contemplamos entre las diversas materias, sus estructuras internas o formas reales y sus movimientos inertes y vivos, y el orden entre todas las realidades del universo. Se trata de la vinculación ordenada (jerárquica) entre esos principios reales a los que los pensadores clásicos llamaban causas físicas, a saber, la material, la formal, la eficiente y la final; causas que están entrelazadas entre sí en todas las realidades físicas. La realidad de la esencia física del universo es conocida por algunos actos de la razón. La belleza de la esencia del universo se corresponde con los sentimientos inherentes a la razón tras ejercer esos actos, es decir, es la redundancia que provocan en la razón el ejercicio de esos actos racionales que permiten conocer la armonía del universo.

A la belleza que captan los sentidos externos y la que promueve la acción humana a través de los sentidos internos respaldados por la razón práctica se puede llamar accidental. Pero existe otra belleza real física a la que se puede denominar esencial. Es la que capta la razón teórica en su conocimiento del cosmos. Se trata del descubrimiento teórico de la 'concausalidad' física, en especial la del orden del universo o causa final, que subordina y atrae hacia sí a las demás concausas de la realidad física. Sin este ejercicio racional sería imposible la física teórica en sentido clásico, y también, y en el mismo sentido, la cosmología, la biología o la comprensión de vida vegetal y sus niveles (la botánica), la de la vida sensitiva y sus niveles (la zoología), el estudio de las potencias o facultades de los seres vivos, (la psicología), y por encima de eso, la contemplación del orden cósmico. Todas esas facetas de la realidad física presentan, evidentemente, una armonía, una belleza intrínseca, que sólo se puede captar por esa vía operativa de la razón.

En efecto, la belleza de la esencia del cosmos la capta la razón teórica. La belleza de los determinados productos de la cultura humana la promueve y contempla la razón práctica. De la comparación de ambos órdenes de belleza surge una pregunta inmediata: ¿por medio de cuál de los dos usos racionales somos susceptibles de conocer más belleza? Con otras palabras: ¿existe más perfección en la realidad física del universo o en las realidades culturales? Para Tomás de Aquino la razón teórica es superior a la práctica. De modo que, a simple vista, la respuesta tomista parece clara. Con todo, para el de Aquino la razón teórica no se reduce a la contemplación del orden cósmico, sino que también se emplea en conocer realidades superiores que no son físicas.

Ahora bien, si de la razón teórica tomamos en exclusiva su faceta de contemplación del cosmos, y la comparamos con lo que puede lograr de él la razón práctica, también es verdad que la acción humana es susceptible de añadir belleza al universo, no este sobre aquélla, y añadir indica más. ¿Son más bellas algunas realidades producidas por el hombre que el orden del universo? El orden del universo no es completo, sino creciente, porque la causa final (el orden cósmico) arrastra tras sí a las otras (no al revés), pero aquéllas ofrecen cierta resistencia, pasividad, al progresivo ordenamiento, en especial la causa material, que es la más pasiva.

La respuesta a la pregunta arriba formulada puede ser de este orden: si el hombre es capaz de incrementar o acelerar con su acción el orden del universo, lo que produzca que sea susceptible de perfeccionar el cosmos será más bello que lo real físico existente, porque añadirá orden a lo existente. Por ejemplo, si el hombre consigue poner o sacar vida de donde no la hay, añadirá orden, y con ello, belleza. ¿Es ello posible? Sin duda. Se pueden conseguir jardines en zonas desérticas, y tal vez se consiga en el futuro conformar células vivas a partir de elementos químicos inertes. Ello es así porque el hombre es más que el cosmos, y por eso le añade realidad, y con ella, belleza.

4. La belleza de la naturaleza humana

Atendamos a continuación al nivel afectivo que se corresponde con la belleza de la naturaleza humana. La naturaleza humana se conoce mediante la sindéresis, una puerta abierta que tiene la persona humana a todo lo que ella tiene constitutivamente: sus facultades o potencias con soporte orgánico (sentidos externos e internos, apetitos), funciones vegetativas, movimientos... y también a sus potencias inmateriales: razón y voluntad. Con la belleza de la naturaleza humana se corresponde el sentimiento resultante en este hábito innato.

Tomás de Aquino distinguió entre naturaleza y persona humana. A la naturaleza humana se la puede llamar vida recibida. Se trata de la herencia biológica que debemos a nuestros padres (el código genético), que se despliega a lo largo de la vida temporal, y que logramos perfeccionar hasta cierto punto, o sea, en la medida en que lo permite el soporte orgánico de las facultades sensibles.

También están en estado de naturaleza (pasivas, dormidas) la razón y la voluntad en estado nativo, tal como las hemos recibido, aunque no por herencia paterna. Y hay que distinguir la naturaleza humana de la persona humana (cada quién), pues esta es superior a aquélla y, por serlo, con el paso del tiempo saca partido en una u otra dirección a esa dotación natural. La persona también se distingue realmente de ese partido perfectivo que ella educe sobre todo de las potencias superiores (inteligencia y voluntad) mediante los hábitos y virtudes, desarrollo al que se puede denominar con propiedad esencia del hombre, pues esencia denota perfección.

La naturaleza humana ofrece nativamente unas propiedades distintas del resto de las naturalezas de los animales superiores (y de los demás seres), que los pensadores clásicos (Aristóteles, Tomás de Aquino...) pusieron de relieve, y que se caracterizan, en suma, –como han observado antropólogos modernos como Gelhen–, por la apertura, es decir, por la falta de determinación o especialización en una única dirección de sus componentes. La razón de esta apertura sensible estriba en que la naturaleza humana está configurada para corresponderse con la libertad personal humana, radicalidad de la que carecen los demás seres.

De lo que precede se deduce que la belleza de la naturaleza corpórea humana no puede ser sino superior a la que ofrece el resto de seres de la realidad física, pues se identifica con un bien superior al de esas otras naturalezas, y depende de un nivel cognoscitivo superior al que conoce aquellas otras naturalezas. ¿De qué nivel depende?, ¿con qué nivel cognoscitivo se conoce el carácter distintivo de la naturaleza corpórea humana y el de sus propiedades?

Es claro que muchas facetas de la naturaleza humana las conocemos por medio de los sentidos, pues estas son sensibles. También por la razón pensamos en otras facetas de la naturaleza humana, pues de lo contrario, la medicina, por ejemplo, no sería ciencia. Pero la razón procede formando ideas, es decir, conoce a partir de la abstracción, y lo propio de este nivel cognoscitivo es la unicidad, o sea, que si se conoce una idea con un acto, no se puede conocer otra a la vez con el mismo acto. De modo que el conocimiento de la armonía de las diversas facetas de la naturaleza humana es problemático para el conocer abstractivo. Además, realidades corpóreas innegables como, por ejemplo, el dolor físico, no se conocen al abstraer, porque esos dolores no son universales, sino muy concretos en cada quién.

Existen también realidades en la naturaleza humana que no se pueden abstraer, a saber, las facultades sensibles, porque estas no se reducen a sus órganos, sino que son como un sobrante, o un *plus* de la vida que se observa en el órgano. En efecto, si bien los actos de los sentidos externos no son materiales (por eso, por ejemplo, el acto de ver no se ve), con todo, se conocen por medio de la percepción sensible (sensorio común, lo llamaba Aristóteles). Pero las facultades sensibles (sentidos externos e internos) no se conocen sensiblemente por ninguna facultad. De manera que, a falta de conocimiento sensible previo, no cabe abstracción de ellas. Así, el conocimiento del estado de nuestras facultades sensibles no se alcanza ni sensiblemente, ni por la razón, pues esta cuenta con el límite de la abstracción. Se conoce, no obstante, a nivel superior, a saber, a un nivel cognoscitivo humano que vincula la naturaleza humana con la persona humana. Este nivel cognoscitivo es la sindéresis, la puerta cognoscitiva abierta de la persona a su naturaleza, a lo que ella posee.

En síntesis, en este apartado se han formulado dos tesis: a) la naturaleza humana dispone de una belleza peculiar, superior al resto de la realidad física; y b) el estado o disposición de las potencias de la naturaleza humana se alcanza por medio de ese conocer al que la tradición medieval denomina sindéresis. Aunemos ahora ambas tesis con aquella otra formulada más arriba, a saber: c) la belleza se corresponde con los afectos, es decir, con la redundancia que provocan en las facultades los distintos actos de conocer, si esos actos son apropiados al estado de las facultades o dimensiones cognoscitivas. De la unión de esas tres tesis cabe concluir que el conocimiento de la belleza armónica de la naturaleza humana depende de la redundancia en la sindéresis de los actos de conocer propios de este hábito. Dicha redundancia es un sentimiento, a saber: la *suavidad*.

La suavidad denota que la sindéresis no cuenta con trabas al activar, conocer, dirigir, gobernar, todas las potencias de la naturaleza humana. Señala que el estado de las diversas facultades está en buenas condiciones y se puede sacar partido apropiado de ellas. Indica que las diversas potencias se vinculan entre sí según una armonía, es decir, que las inferiores sirven a las superiores y que estas favorecen a las inferiores. En suma, la suavidad es el reflujo positivo en la sindéresis de que esta dimensión humana activa, conoce, de modo fácil las diversas facultades, tanto las inorgánicas (inteligencia y voluntad) como las orgánicas.

5. La belleza de la esencia del hombre

Las facultades humanas más perfectibles son aquellas que carecen de base orgánica, a saber, la inteligencia y la voluntad. Como se ha indicado, estas se perfeccionan progresivamente por medio de los hábitos y las virtudes. Si esas potencias se desarrollan, esto indica que tras su perfeccionamiento ya no están en estado natural. En ese ulterior estado se puede decir que esas facultades constituyen parte de la esencia humana, puesto que, como también se ha dicho, esencia denota perfección. Perfección denota belleza. Por eso Tomás de Aquino atribuye la belleza a ambas facultades cuando estas han adquirido esas perfecciones.

Los hábitos y las virtudes son, por así decir, los estados de ánimo positivos de ambas facultades, pues estos son lo último de la potencia, lo más perfecto. Los vicios, en cambio, son sus estados de ánimo negativos. La belleza esencial de las facultades superiores humanas ofrece, pues, dos vertientes: la racional y la volitiva. Tenemos conocimiento de los hábitos de la inteligencia, y también de las virtudes de la voluntad. Si no se tienen en cuenta los niveles de belleza que pueden proporcionar la inteligencia y la voluntad humanas, y el hombre se ciñe en exclusiva a los niveles de belleza inferiores, aparece el esteticismo, que con tanto ahínco criticó Kierkegaard.

A nivel racional, la belleza de ciertas ideas, teoremas matemáticos, inventos de la razón práctica, descubrimientos científicos, descubrimientos racionales de lo real, incluso juegos como el ajedrez, etc., se corresponde con el poso que dejan en cada una de las vías operativas de la inteligencia los respectivos actos de pensar que permiten esos conocimientos. La redundancia de los actos de conocer en la razón conforma los hábitos. Por su parte, las virtudes de la voluntad implican más a la persona que los hábitos de la inteligencia, porque están más respaldadas por ella. En efecto, alguien sólo quiere cuando quiere querer. En cambio, no piensa o descubre verdades sólo cuando activa su pensar, sino a veces cuando no quiere. Por eso se puede decir, que las virtudes son más personales que los hábitos. En este sentido, la belleza de las virtudes es superior a la de los hábitos adquiridos de la razón.

En cualquier caso, tanto la razón con hábitos como la voluntad con virtudes se conoce mediante la sindéresis. Según Tomás de Aquino este hábito innato, a distinción de la inteligencia y de la voluntad, puede captar la belleza de una vida moral, aún en el caso de que no se tengan las virtudes pertinentes. Precisamente por eso, se puede querer adquirirlas si no se tienen, o erradicar errores y vicios si se poseen. Por aquí podríamos adentrarnos en la correlación entre lo bueno y lo bello, de tanta raigambre platónica, presente también hoy en esas personas virtuosas que suelen juzgar de fea alguna acción moralmente mala.

Tenemos conocimiento afectivo de las virtudes llamadas cardinales: templanza, fortaleza, justicia y amistad, sobre todo, cuando las vivimos o practicamos. Se trata de un conocimiento experiencial. Es claro, por ejemplo, que en la amistad experimentamos un conocimiento afectivo. También es claro que el conocer afectivo de la amistad es más intenso que el de las demás virtudes, porque este se refiere a personas y aquéllos a cosas, y las personas son más reales, más buenas y más bellas, que las cosas. Vemos a nuestros amigos –al decir de Aristóteles– como otro yo, y eso nos afecta en sentido positivo. También es claro que ese conocer afectivo es variable según las personas, pues unos viven más intensamente la amistad que otros; y también varía en cada quién, pues el conocer afectivo de la amistad no tiene la misma intensidad cuando estamos regocijándonos con los amigos que cuando estamos separados de ellos y pensando en otra cosa.

Los niveles de belleza de las potencias superiores constituyen la belleza propia de la esencia humana. Esta belleza la capta la sindéresis, un hábito que la tradición medieval denomina innato, y que Polo considera el ápice de la esencia del hombre. No es la persona humana (acto de ser), sino la mirada de esta sobre la dotación humana. Por tanto, la belleza natural y esencial humana redunda en la sindéresis cuando esta la conoce. El sentimiento propio de este hábito lo hemos llamado suavidad, y aparece cuando se capta la armonía de las facultades de la naturaleza humana (belleza a la que aludía Kant), así como la armonía de los diversos niveles de la razón y de la voluntad en su crecimiento armónico, no descompensado.

La armonía de las facultades, muy superior a la de un edificio arquitectónico, por ejemplo, es indicio, sin duda, de belleza, y la capta exclusivamente dicho hábito. El afecto de la sindéresis es suave cuando este hábito ilumina, activa, sin trabas los distintos hábitos de la inteligencia, y suscita sin impedimentos las distintas virtudes en la voluntad. Si falta esa suavidad, aparece el sentimiento negativo contrario a ella, que es la turbación. La turbación en la sindéresis deriva de notar la falta de armonía, de belleza, en la razón y en la voluntad, las ignorancias y errores en la primera y los vicios en la segunda.

Pero la sindéresis no es lo superior en la criatura humana. Por encima de ella existen otros hábitos cognoscitivos humanos, a los que la tradición medieval también denomina innatos y, superior a ellos es, sin duda, el acto de ser personal, que también es cognoscente, pues si no es cada quién el que, en definitiva, conoce, en rigor, no conoce. Y si no conoce, no puede ser responsable. A este conocer a nivel de acto de ser se puede llamar, siguiendo la tradición aristotélica, entendimiento agente. Los sentimientos derivados de la captación de la belleza en los niveles de esos hábitos innatos y del acto de ser personal humano serán superiores al de la sindéresis.

6. La belleza de los actos de ser extramentales

Atendamos ahora al nivel afectivo que capta la belleza de los actos de ser reales. Los actos de ser extramentales se advierten por medio del hábito clásicamente llamado de los primeros principios. A la belleza propia de esos actos de ser corresponde el sentimiento resultante en dicho hábito innato tras la advertencia de sus temas. Ese sentimiento es el de tranquilidad, porque la realidad está bien fundada, de modo que no cabe respecto de ella temor alguno a que se tambaleen sus bases.

Los actos de ser extramentales son los temas más propios de la metafísica. Estos son el acto de ser creado y el acto de ser divino. El primero mantiene una dependencia ineludible respecto del segundo. A esta belleza se puede llamar trascendental metafísica, porque deriva del conocimiento del hábito de los primeros principios, cuyos temas son la sencillez del acto de ser del universo físico, la simplicidad del acto de ser divino, y la vinculación entre ambos, es decir, el esplendor y magnanimidad de la creación. El sentimiento resultante en el hábito de los primeros principios cuando este advierte esos principios y centra la atención en ellos es el de una especial serenidad, porque el hombre que advierte la realidad principial, aunque le quede mucho más por conocer que lo que de momento conoce de ella, se siente tranquilo, pues nota que el fundamento de lo real siempre asiste y no puede faltar. La tranquilidad de ánimo responde a la captación de la belleza de realidad fundante.

Dicho hábito no acaba de conocer enteramente los primeros principios reales extramentales, porque estos son muy superiores ontológicamente a él. En efecto, conocer a Dios como primer principio de identidad –el ser simple como lo llama Tomás de Aquino; Acto Puro, lo llamaba Aristóteles–, es conocerlo como Origen –*fons et origo*, como decían los santos Padres–. Pero el Origen se caracteriza precisamente porque nuestro conocer no puede penetrar en él, ya que viene después de él, es decir, es originado. Cuando intentamos alcanzar el Origen, este se nos escapa o se retrotrae a nuestra mirada. Asimismo, conocer el acto de ser del cosmos, creado por el Origen, desborda la capacidad cognoscitiva del hábito de los primeros principios, porque este hábito, obviamente, no es un acto de ser.

A pesar de ello, el modo correcto de advertir el Origen y lo originado por él (crear es *donatio essendi*) da como fruto el sentimiento de serenidad. El sentimiento contrario a la serenidad es la falsa paz del que no quiere advertir los primeros principios; en una palabra, la falsa tranquilidad, tan propia del agnóstico, o la no menos distintiva inquietud del ateo.

Si la belleza coincide con el bien (‘*bonum et pulchrum sunt idem in re*’), con todo, la belleza como trascendental metafísico no se conoce al mismo nivel que el del bien trascendental. En efecto, el conocimiento de tal bien es del nivel de la sindéresis. Pero la belleza no se capta directamente con la luz de la sindéresis que, al notar la apertura de la voluntad al bien irrestricto, conoce el bien como trascendental, sino, como se ha indicado, por la redundancia en el hábito de los primeros principios de su advertencia de los actos de ser reales extramentales.

No encapotar la apertura del hábito de los primeros principios da como fruto la serenidad, porque el fundamento siempre funda. A este nivel se descubre la belleza de los temas metafísicos, que es espléndida. Con todo, la belleza de los actos de ser reales extramentales no es la belleza superior. Por encima de ella existe belleza personal, es decir, la propia del propio acto de ser personal, y esa perfección también es trascendental.

7. La belleza del acto de ser personal humano

Consideremos ahora el nivel afectivo que se corresponde con la belleza del acto de ser personal humano. Este es alcanzado por el hábito de sabiduría, un hábito innato susceptible de crecimiento que mira hacia nuestro interior personal. La belleza propia del acto de ser personal humano, en estado natural o en estado elevado por Dios, se corresponde con el sentimiento propio de ese hábito innato.

A esta belleza se la puede denominar trascendental personal, porque es la que deriva de alcanzar el acto de ser personal humano. Se distingue de la belleza metafísica porque los actos de ser que advierte el hábito de los primeros principios son necesarios, mientras que el que alcanza el hábito de sabiduría, el personal, es libre y creciente. Con todo, lo que este hábito alcanza es el acto de ser personal humano, no la belleza de ese acto de ser. Esta belleza se conoce por medio de la redundancia que queda en el hábito de sabiduría al alcanzar este a conocer su tema propio: la intimidad personal. Esa redundancia conforma un sentimiento peculiar en dicho hábito que se puede describir como el fruto sabroso de su apropiado conocer.

El hombre no es simple (como lo es Dios), sino un cúmulo de dualidades, también en su intimidad personal. En nuestra intimidad no todo vale lo mismo ni está en el mismo plano. Por ejemplo, la libertad es neurálgica en la persona, pues no se trata sólo de que la tengamos (por ejemplo, libertad de elección en la voluntad), sino de que la somos; cada uno, una libertad distinta. También el amor personal es una realidad íntima, pues no es algo que tengamos, sino que somos, hasta el punto de que uno vale lo que vale su amor personal. Pero la libertad personal no está a la misma altura del amor personal. Efectivamente, si comparamos la libertad personal con el amor personal, aunque no se pueden dar separadamente (un amor sin libertad no es personal, y una libertad desamorada tampoco lo es), notamos que la libertad es inferior al amor y que se subordina a él. A su vez, el amor favorece la libertad.

El acto de ser personal humano está conformado por diversas dimensiones: los trascendentales personales, también jerárquicos entre sí. En efecto, el hombre es compuesto, y no sólo en su naturaleza (sentidos, apetitos, etc.) o en su esencia (entendimiento-voluntad, actos-objetos, actos-hábitos, etc.), sino también en su intimidad personal, en su acto de ser o, por así decir, a nivel intra-trascendental. Efectivamente, como no somos Dios sino criaturas, la identidad hay que erradicarla de cualquier nivel humano. Por eso, a nivel superior, más que de acto hay que hablar de co-acto de ser personal. La pluralidad de facetas es muy humana, y la clave de ordenación de esa pluralidad es –como se ha indicado– su vinculación según jerarquía.

Alcanzar mediante el hábito de sabiduría el carácter libre de la persona humana redunda en ese hábito, pero en menor medida que al alcanzar el conocer y el amar personales. Alcanzar el conocer personal concede al hábito saborear una belleza superior, pero menor que al descubrir que somos un amar personal. Lo más bello en el hombre lo otorga el amor personal, que está conformado por diversas dimensiones jerárquicamente armonizadas: la inferior es dar; la superior, aceptar. Lo más alto del amar personal humano es aceptar. Si el dar suplanta al aceptar, aparece la desarmonía en el amar personal humano, y con ella la falta de belleza en lo más íntimo de la persona. De manera que por encima de la díada platónica bello-bueno hay que decir que en nuestra intimidad se da otra de rango superior: la de sabroso-amoroso.

El hábito de sabiduría permite alcanzar las dualidades propias de la intimidad humana. Al emplearse en conocerla le adviene al hábito su sentimiento propio: lo sabroso de ese conocer, que se corresponde con la belleza íntima de la persona. En cambio, el sentimiento contrario que adviene al hábito al corresponderse con la pérdida personal humana se puede describir como torpor. En ese caso no se capta la belleza personal, sino la fealdad. Ese estado es resultado de no buscar el sentido personal, porque se renuncia a él, libre y personalmente y, consecuentemente, a su belleza. La incapacidad de adentrarse cognoscitivamente en la propia intimidad provoca hastío respecto de la búsqueda del sentido personal, y con ello, abandono de la altura cognoscitiva personal y decaimiento de la inspiración para polarizarse en conocimientos inferiores vertidos sobre realidades menores. Esta actitud personal no suele estar privada de culpa, que también se manifiesta en un desarreglo en las virtudes morales, en especial, en la amistad que, de ser entrega personal, pasa a entenderse y vivirse como subordinada a intereses prácticos, políticos, sociales, económicos, etc.

8. La belleza personal divina

Fijémonos, por último, en el conocimiento afectivo que capta la belleza del acto de ser personal divino. El acto de ser divino es alcanzado por el conocer personal (intelecto agente humano), nuestra instancia cognoscitiva más alta. El intelecto agente equivale al conocer personal, que es coactivo, como se ha dicho, con la coexistencia libre y el amor personales. Pues bien, al alcanzar el intelecto agente a Dios como persona, se produce una redundancia en el propio intelecto y, como este forma el co-acto de ser personal junto con los demás trascendentales, también en ellos se dan redundancias, a las que podemos llamar con propiedad afectos del espíritu. Estos afectos son los que se corresponden con la belleza divina.

Las diversas perfecciones íntimas que conforman el co-acto de ser personal humano están abiertas a Dios, porque ninguna de ellas encuentra la entera razón de sí en ella misma o en las demás. De modo que del sentido completo de cada una de ellas debe responder únicamente el Creador. Esto indica que esas dimensiones de la intimidad humana se vinculan con Dios. Por eso, sin Dios, la intimidad personal no alcanza su sentido completo. Ahora bien, con el Dios con el que se relacionan las dimensiones intrapersonales no es un Dios como Origen, es decir, como Acto Puro o ser simple (que no se capta como personal), sino un Dios que es personal, puesto que esas dimensiones son personales.

A la constante actividad de cada uno de los trascendentales personales sigue en ellos un afecto espiritual positivo, si cada uno de esos radicales se vincula con el Dios personal. A la coexistencia libre sigue la esperanza; al conocer personal, la confianza personal, y al amar personal, el gozo, la paz. Por el contrario, si los trascendentales personales se retrotraen de su vinculación con el ser personal divino, surge en cada uno de ellos un afecto negativo del espíritu. A la falta de coexistencia libre con Dios sigue la tristeza y desesperación; a la ausencia de búsqueda cognoscitiva personal, la desconfianza, y a la ausencia de amar, siguen –de acuerdo con la intensidad de la falta de correspondencia amorosa y de acuerdo también con las dimensiones del amar personal–, el odio, el desprecio, el rechazo, la soberbia, etc.

Uno de los trascendentales personales es –como queda indicado– el conocer personal, esa dimensión humana a la que la tradición aristotélica denomina entendimiento agente, la última pieza del conocimiento humano según Aristóteles y Tomás de Aquino. El intelecto agente está nativamente abierto a Dios, y en la medida en que ese acto busque cognoscitivamente el ser personal divino, tendrá en sí una refluencia positiva, es decir, un afecto espiritual que se corresponde con la belleza divina. Ese sentimiento del espíritu se puede llamar confianza personal. Si el intelecto agente es cognoscitivo, y lo es respecto del Dios personal, se puede sostener, por tanto, la tesis de que la belleza personal divina se nota por el estado de confianza personal que tiene el conocer personal humano con Dios. Además, si el intelecto agente es elevado por el mismo Dios a conocerle más según la virtud sobrenatural de la fe o por la luz de la gloria, el estado de confianza del intelecto personal humano se transforma en seguridad, y ese sentimiento se corresponderá con la belleza del Dios que se revela en esa elevación, a saber, la belleza del Dios intratrinitario.

El sentimiento contrario que afecta al intelecto agente cuando este no busca al Dios personal se puede llamar, con palabras de Tomás de Aquino, acidia (*acedia*). La acidia o tibieza espiritual deprime el espíritu (*accidia deprimit animum*), en concreto, el conocer personal del espíritu humano. La acidia, según el de Aquino, es la tristeza respecto del bien espiritual divino, aunque más propiamente habría que decir que es la tristeza respecto de no captar la belleza divina por culpa humana. En ese estado la persona se siente incapaz de alcanzar a conocer a Dios y corresponderse personalmente con él. Recuérdese que la crisis del nominalismo en el siglo XIV estuvo provocada por el encapotamiento de este conocimiento y el consecuente sopor que ello produjo en el espíritu de los pensadores, pues al oscurecerse la luz nuclear del ser personal humano se dejó de pensar en la propia intimidad y, como esta está nativamente abierta a Dios, en consecuencia, se pasó a desconfiar de que Dios era accesible al conocimiento personal humano. El panorama filosófico actual (y también cierta parte de la población mundial) no está exento de esa actitud nominalista. El remedio que el Aquinate propone contra la tristeza que provoca la acidia es la penitencia, porque el penitente se enfrenta a su tristeza con esperanza, se entristece a causa del mal y lo hace según Dios.

* * *

En suma, la belleza convoca, reúne a cualquier nivel. En lo accidental de la realidad, se capta como la armonía de los accidentes. En la esencia del universo, como armonía del orden de la concausalidad cuadruple. En la esencia del hombre, como armonía de las facultades, y como estas son abiertas al mundo y a los demás hombres, se notan como armónicos la convivencia humana y el trato con el mundo. A nivel trascendental metafísico, se capta como la armonía de los primeros principios, los fundamentos de lo real. A nivel de acto de ser personal se descubre como armonía entre los trascendentales personales, y como estos están abiertos coexistencialmente a Dios, la belleza personal es convocada por Dios y desde él a las demás personas. En este sentido se puede decir con Polo que en nuestra sociedad "padecemos un gran déficit de belleza. La belleza no es ornamental, sino central; la belleza es nada menos que esto: la capacidad de congregar".

9. En síntesis

La belleza, que se identifica con el bien real y que añade una relación al conocimiento humano, se corresponde con el conocimiento afectivo. Los niveles de belleza y de su conocimiento afectivo son:

La belleza accidental, que es la que existe en las realidades intramundanas. Se identifica con el bien que existe en los accidentes de la realidad física. Depende de la verdad conocida por los sentidos. Se corresponde con un conocimiento afectivo que reside en las facultades sensibles: las emociones, que son las redundancias positivas que provocan en las facultades sensibles (con soporte orgánico) sus propios actos de conocer. Esas afecciones o emociones son lo que la tradición medieval denomina pasiones positivas.

La belleza esencial cósmica deriva de nuestro conocimiento racional de la esencia del universo conformada por la concausalidad cuádruple. Redunda en la inteligencia a modo de sentimientos de esta potencia. La belleza de la esencia del hombre es la que se corresponde con el desarrollo de la inteligencia humana con hábitos adquiridos y de la voluntad con virtudes; se conoce por medio de la sindéresis, y redunda en ella por medio del sentimiento de suavidad.

La belleza trascendental es la que existe en los actos de ser reales extramentales; se corresponde con la redundancia positiva del ejercicio del hábito de los primeros principios; esa redundancia es el sentimiento de tranquilidad. La belleza personal humana es la que existe en el co-acto de ser personal que conforman la intimidad humana; se corresponde con la redundancia afectiva del ejercicio del hábito de sabiduría; esa redundancia en dicho hábito es un sentimiento sabroso.

La belleza personal divina es la que se descubre en el Dios personal por medio del acto de ser personal humano como ser cognoscente (*intellectus agens*), y redunda en este *co-acto* mediante los afectos del espíritu. En suma, la belleza es siempre reunitiva y, si es personal, convocadora (no provocadora) hacia la intimidad de la persona.

9
¿Sabe de la persona?

1. Planteamiento

¿La filosofía sabe de la persona? Lastimosamente ha sabido poco a lo largo de su andadura. La persona es lo activo o neurálgico del hombre. Pero en la filosofía clásica griega fue desconocida la intimidad humana; en la medieval, salvo en la Patrística, las definiciones de persona y sus descripciones no apuntan a lo nuclear de ella, sino a las facultades que ella posee; en la filosofía moderna se produjo un lamentable olvido del corazón humano; y en la contemporánea, desde el siglo XIX hasta hoy, aunque se han dado loables intentos de recuperación de esa realidad (Kierkegaard, Stein, Marcel, Nédoncelle, Mouroux, Guardini, Ratzinger...), estos han sido como estrellas que fluctúan en la inmensa oscuridad de la noche sin poder vencer las sombras. De manera que, si bien la filosofía debe saber de la persona, porque es la realidad superior de las existentes (creadas e increadas), todavía tiene pendiente la tarea más relevante.

Si la mayor parte de las antropologías actuales siguen los mismos modelos que las precedentes a lo largo de la historia de la filosofía, a saber, caracterización de las facultades sensibles y de las potencias inmateriales, distinción entre ellas y estudio de las manifestaciones humanas, podemos formular unas preguntas pertinentes que pueden ser orientativas para proseguir: aunque se avance cada vez más en esos ámbitos humanos tradicionalmente atendidos, ¿no será más conveniente centrarse en la intimidad humana sabedores de que esta es el origen y fin (real y explicativo) de las demás dimensiones humanas? Si la intimidad personal sólo se explica cabalmente desde Dios, ¿no será pertinente seguir el consejo agustiniano de buscar a Dios en la propia intimidad?

2. Tres dimensiones humanas

No es correcto preguntar qué es el hombre, porque este no es un qué, sino un quién. Con todo, no es lo mismo preguntar "quién es el hombre" que preguntar "quién es la persona humana". La primera pregunta es más amplia que la segunda, porque bajo el término 'hombre' se incluyen más dimensiones humanas que bajo el de 'persona'. Estos vocablos no son sinónimos. La primera cuestión se puede contestar ofreciendo una serie de características corpóreas, psíquicas y personales. La segunda, más concreta, debe apuntar a lo neurálgico del hombre: a su intimidad. Con todo, como ambas interrogaciones inquieren por el 'quién' y no por el 'qué', en cierto modo se pueden tomar como equivalentes, pues el 'quién' designa a la persona humana, es decir, lo radicalmente distinto en cada hombre.

Para resolver la cuestión, se debe advertir, en primer lugar, que nos topamos con dificultades terminológicas. La primera, como vemos, es la comprensión de las nociones de 'persona' y de 'hombre', porque estas no son sinónimas, dado que hay personas (divinas y angélicas) que no son hombres. Pero si ambas nociones son irreductibles, y ambas se predican del ser humano, eso indica que en el hombre se dan diversas dimensiones jerárquicamente distintas. En efecto, en él se pueden distinguir, al menos, estos tres elementos, y sólo el superior es al que se puede denominar persona. Estos componentes son:

a) El cuerpo. A esta dimensión del hombre se puede llamar 'naturaleza' humana. Está conformada por las funciones y facultades que están dotadas de soporte orgánico. Se trata de las funciones vegetativas (nutrición, reproducción celular y crecimiento o desarrollo), la multiplicidad de movimientos corpóreos, los sentidos externos (tacto, gusto, olfato, oído y vista), los internos (sensorio común o percepción sensible, imaginación, memoria y cogitativa o proyectiva) y los apetitos sensibles (concupiscible o de placer e irascible o de agresividad). Todos ellos son jerárquicamente distintos, y el lugar hegemónico es ocupado por los sentidos internos cuyo soporte orgánico es el sistema nervioso central (el cerebro). La naturaleza humana es común a los hombres, si bien con matices distintos en cada uno de ellos, y ofrece dos tipos básicos distintos y complementarios: mujer y varón. El cuerpo es la herencia biológica que hemos recibido de nuestros padres; por lo que a esta franja de lo humano se puede llamar 'vida recibida'. Es claro que la persona humana no es su cuerpo, puesto que cabe cuerpo sin persona humana, a saber, un cadáver.

b) Lo inmaterial que conforma el ámbito del tener humano más alto. A este pertenecen las dos facultades superiores humanas que son inmateriales o sin soporte orgánico (inteligencia y voluntad) y, asimismo, la raíz activa de esas potencias, que es superior a ellas y asimismo inmaterial, a la que modernamente se designa como 'yo'. Con palabras tomadas en préstamo de la filosofía clásica medieval, a este sector intermedio de lo humano se le puede nombrar 'esencia', aunque en esa filosofía –y en la precedente– se le denominaba 'alma'. Esencia y alma denotan perfección. Es cierto que tanto la razón como la voluntad en estado nativo son imperfectas ('*tabula rasa*', decía el filósofo de Estagira). Pero a esas potencias acompaña siempre un acto previo y superior a ellas que es capaz de activarlas progresivamente; acto que, por serlo, es perfección.

Por carecer de soporte orgánico que las limite, esas potencias pueden crecer sucesivamente sin coto. La inteligencia crece en la medida que adquiere hábitos intelectuales y la voluntad se desarrolla en tanto que logra virtudes. Es claro que tanto unas perfecciones como otras no se poseen como dotación natural, sino que las adquiere cada persona otorgándolas a dichas facultades. Por lo que a esta franja de lo humano se puede llamar 'vida adquirida'. Por la adquisición de estas perfecciones los humanos se distinguen notablemente entre sí. Con todo, caben afinidades entre grupos humanos según las profesiones, ideales, virtudes, etc. La distinción entre estas tres dimensiones humanas también es jerárquica, siendo el 'yo' superior a las otras dos, la inteligencia y la voluntad. Téngase en cuenta que el 'yo' no es la persona, sino, por así decir, la puerta de acceso a ella. En efecto, conocemos nuestro yo, pero conocemos escasamente quien somos. La modulación que cada quién imprime a su yo conforma lo que se llama personalidad, de la que caben diversas tipologías tanto normales (de las que trata la psicología) como patológicas (que estudia la psiquiatría). Por eso es pertinente no confundir persona con personalidad.

c) La persona. Esta constituye la intimidad humana, el cada quién. Esa dimensión es espiritual o, si se quiere, es el espíritu, la novedad irrepetible que cada uno somos. Es lo más activo y perfecto en el hombre, lo más noble o digno y raíz de que las demás facetas lo sean. Con la terminología filosófica medieval que arriba se ha empleado, a esta realidad se la puede denominar 'acto de ser personal'. No obstante, también la persona –como todo en el hombre– es susceptible de crecimiento, es decir, de incrementar su nativa perfección. A esta realidad humana se le puede llamar 'vida personal'. Es el ámbito del ser; no el del tener. Aunque la persona humana tiene un carácter simplificante –cada uno somos una persona, no más–, no es simple (simple: sólo Dios), sino que está conformada por diversas dimensiones jerárquicamente distintas, que se explican más abajo.

Una de las dimensiones nucleares de la persona es la libertad personal; otra, el conocer personal; la superior es el amar personal. Repárese en que no se trata del conocer de la inteligencia, ni de la libertad y del querer de la voluntad. Como la persona es lo superior del hombre, la clave de la antropología radica en descubrir su índole. Sin embargo, la mayor parte de las antropologías filosóficas al uso se ciñen exclusivamente a los dos ámbitos precedentes de lo humano: al cuerpo, a las facultades inmateriales, y a las diversas manifestaciones de ambas (ética, sociedad, lenguaje, trabajo, cultura, técnica, economía, etc.). Pero si el lector es inconforme con esos planteamientos tradicionales y modernos, puede ahondar en esta radicalidad de lo humano.

En suma, en el hombre se puede distinguir, al menos, entre 'naturaleza', 'esencia' y 'persona' (o, como se sostuvo en la Patrística, entre cuerpo, alma y espíritu). La distinción entre naturaleza y persona es clásica (está aludida, aunque no desarrollada, por ejemplo, en San Juan Damasceno, en Tomás de Aquino, etc.). La que media entre acto de ser y esencia es netamente tomista, aunque esta distinción no suele ser explorada en antropología. Aquí se designa como persona al acto de ser. A la esencia del hombre se puede aludir con el nombre clásico de alma. De ese modo se comprende fácil la distinción alma–cuerpo con que la filosofía clásica griega y medieval caracterizaba al hombre. Con todo, no estamos habituados a distinguir entre persona y alma, pues aunque el de Aquino distinguía el alma de su ser no ahondó en esa distinción, sino que ciñó su estudio preponderantemente a las potencias superiores humanas (inteligencia y voluntad), es decir, a lo menos activo del alma. Según esta diferencia, hay que decir que cada hombre tiene un alma (también un cuerpo), pero no es un alma (tampoco un cuerpo), sino una persona.

Si bien un tratado del hombre debe abordar, al menos, las tres dimensiones reales precedentes, de ordinario no se atiende a la superior, a la más relevante: la persona. Y cuando se intenta hacer cargo de ella, de ordinario, se interpreta según una visión 'totalizante', es decir, suponiendo que la persona es el 'todo' humano, la suma de todas las dimensiones humanas (cuerpo, alma, funciones, facultades orgánicas e inorgánicas, sentimientos de distintos niveles, etc.). De este cariz son la mayor parte de las antropologías existentes en la historia, y desde luego, la mayoría del siglo XX (por ejemplo, las de Stein, Scheler, Marcel, Buber, Ricoeur, Zubiri, etc.) y otras muchas menos relevantes de la actualidad. Pero estos planteamientos antropológicos encallan en una aporía irresoluble, a saber: si persona equivale al todo humano, es claro que tras la muerte no se puede hablar de persona, ya que con este colapso se pierde el cuerpo (aunque se objete por parte de algunos de los defensores de esta hipótesis que el cuerpo se recuperará ulteriormente con la resurrección de los muertos). Pero la realidad es que uno es tan persona vivo como muerto; más aún, es más persona una vez muerto –aún sin recuperar el cuerpo– si es que coexiste con Dios.

La anterior distinción tripartita –cuerpo-alma-persona– se puede abreviar reduciéndola a una dualidad, por mor de ofrecer una explicación más sencilla del compuesto humano. Es la dualidad conformada entre la 'vida' y el 'viviente'. Bajo la primera se encuadra el cuerpo y el alma ('alma' significa vida); el viviente, en cambio, es cada quien, que dispone según su vida biológica e inmaterial. Por eso uno puede entregar su vida (corpórea o espiritual) por un fin personal. Así, uno puede dar su vida corpórea arriesgándola por salvar la vida de otra persona que se está ahogando en un río, o puede dar lo que sabe y quiere por su familia.

3. Las dificultades metódicas de la antropología

Tras las dificultades terminológicas, al abordar el estudio del hombre nos topamos, en segundo lugar, con dificultades metodológicas y temáticas. Se entiende por 'método' el modo de conocer humano pertinente para esclarecer el ser de la persona humana; ser que constituye el 'tema' de estudio. Intentaremos plantearlas a continuación.

En cuanto a los escollos metodológicos, adviértase primero que la pregunta sobre quién es hombre sería mejor formularla en su forma futura "¿quién será?", pues mientras vivimos no acabamos de ser la persona que estamos llamados a ser. En efecto, Polo advierte que más que decir del hombre que es, es mejor decir que será, porque la persona está diseñada para crecer libre, cognoscente y amantemente. Con todo, también puede decrecer porque libremente quiera, pero en esa tesitura, pierde libertad, conocer y amar personales.

Lo segundo a indicar es que la pregunta no es el mejor método para acceder a la realidad íntima del hombre, porque la pregunta da por supuesto que ya existe una respuesta (aunque se desconozca) o que esta no puede faltar. Sin embargo, de acuerdo con lo dicho, es claro que la respuesta a la cuestión por el ser personal humano no está dada, sino por dar, pues –en el mejor de los casos y no, desde luego, en todos– se dará si libremente se busca y acepta; pero también es cierto que puede faltar por renunciar libremente a la búsqueda y a la aceptación. Obsérvese también que la pregunta forma parte del lenguaje y que la persona es superior a él. Por tanto, la cuestión que se nos plantea es cómo dotar de sentido a lo superior desde lo inferior. Concretando: el lenguaje habla siempre en universal, porque depende de la razón humana, la cual piensa en universal. Sin embargo, si bien el término 'persona' es universal, la realidad personal que es cada quién no es universal, sino distinta en cada quién. En consecuencia, dado que al escribir debemos emplear el lenguaje universal, ¿cómo describir con propiedad el ser personal humano?

Lo tercero que es pertinente preguntar es que si el ser personal humano es único e irrepetible, y si, además, el sentido personal desborda el alcance cognoscitivo de la propia persona, ¿cómo podrá alguien desde fuera arrogarse el derecho de explicar a los demás, es decir, responder a quién es cada quién? ¿No será esta actitud insensata o prepotente?

4. Las dificultades temáticas de la antropología

En cuanto a las dificultades temáticas de esta disciplina –la superior de la filosofía, porque estudia la realidad superior–, lo primero a tener en cuenta es que tampoco solucionaríamos el problema formulando la pregunta inicial en futuro, pues el hombre no tiene asegurado el ser en la vida futura posthistórica, ya que sólo será si libremente acepta ser la persona que está llamada a ser. En cambio, si prescinde de esa llamada, no sólo no será la persona que estaba llamada a ser, sino que perderá su ser personal, es decir, no será persona ninguna, porque esta se agostará en el yo, la personalidad en la que se quería reconocer por entero.

Lo segundo a observar es que de entre los hombres que viven en la presente situación, existen unos que ni aman, ni conocen, ni siquiera esperan libremente ser la persona que están llamados a ser. De modo que intentar explicarles quien es la persona humana carecerá de sentido para ellos, constituyendo para nosotros, como mínimo, una pérdida de tiempo. Sin embargo, existen otros que sí conocen en cierto modo su ser personal, aman y, además, esperan que tanto el conocimiento de él como su amor culminen cuando lleguen a ser la persona que esperanzadamente pueden llegar a ser. De manera que sólo para ellos sería provechosa nuestra indagación.

Lo tercero es que, como ninguna persona se puede conocer y explicar de modo completo en solitario, y si para conocerla y explicarla se requiere apelar al Dios personal, ¿quién es él y cómo se corresponde con la persona humana? De acuerdo con esta advertencia temática, la pregunta acerca de quién es la persona humana debería formularse de otro modo, a saber, ¿cómo es el personal divino para que la persona humana sea coexistente con él? De modo que con esta nueva cuestión, se incrementan las contrariedades en nuestra indagación. Intentar eludirlas diciendo que, en el fondo, todas las personas son 'iguales', no es conformar una antropología realista, sino idealista, ya que la noción de 'igual' no es real, sino exclusivamente mental.

En resumen, los obstáculos con que se abre este estudio no son ni pocos ni de poca monta. No puede ser de otra manera si la persona es la realidad (creada e increada) superior. No obstante, algo del ser humano que sea orientativo para el lector se deberá indicar. El reto no es, pues, pequeño, y por este motivo quien lea el texto podrá disculpar en cierta medida a su autor, si este no cumple con sus expectativas.

5. La coexistencia personal

Los reparos precedentes indican, en rigor, que saber quién es cada hombre no parece estar al alcance exclusivo del ser humano. Pero notar precisamente ese límite cognoscitivo equivale a advertir una característica radical del ser humano: que si este no se puede comprender en solitario, es porque ni es ni puede ser aislado. No ser aislado indica ser coexistente, lo cual significa que la persona no es un ser o una existencia, sino un ser-con. Ser-con designa apertura personal, vinculación en lo más radical del ser humano, es decir, que no hace falta esperar a que ese ser (que llamamos persona humana) madure, alcance el uso de razón, elija vivir con unos o con otros, ser más o menos sociable o 'intersubjetivo', para notar que nativamente ya es personalmente abierto, lo cual equivale a que su ser personal dice relación a personas distintas desde el primer momento de su existencia, o sea, que es imposible la existencia de una única persona.

Ser-con no indica que entre todas las personas conformen un único acto de ser personal, lo cual es contrario a la índole del ser personal, pues ello impediría la existencia de pluralidad de personas, mientras que la noción de persona exige esa pluralidad. En efecto, suponer que todas las personas son una única persona es absurdo. Si entre todos fuéramos una única persona, no habría coexistencia-con. La coexistencia-con es el carácter distintivo de las personas. Ahora bien, no todos los actos de ser son personas. Por eso, los que no son personas pueden muy bien existir en solitario. Es el caso del acto de ser del universo: no requiere de otro universo para existir. Nótese que coexistencia-con no equivale a 'intersubjetividad', es decir, a correspondencia manifestativa o dialógica entre las personas, pues una persona es coexistente-con aunque no haga ni diga nada o aunque viva toda su vida aislada de las demás personas humanas.

Lo que antecede también indica otro asunto de mayor calibre: que si ninguna persona humana puede comprenderse enteramente a sí misma ni a las demás, es porque nativamente está llamada a coexistir con el ser personal que sí puede dotarle de completo sentido, persona que, obviamente, no puede ser humana; tampoco creada, pues, en rigor, a toda persona creada le sucede lo mismo: que no puede dar razón completa de sí. De modo explícito: el hombre sin Dios es incomprensible, a menos que se quiera entender como una incógnita irresoluble, lo cual equivale a no entenderse. Con esto se advierte otro punto, y es que a la persona humana le basta la existencia de ese ser personal increado. Dicho de otro modo: podría muy bien existir una única persona humana siendo esta coexistente con Dios.

Por otra parte, el vocablo 'será' atribuido a la persona humana puede ser mal entendido, si por él se comprende que al término de la presente situación histórica una persona que haya aceptado su coexistencia con la divinidad tendrá un ser consumado en la vida *post mortem*. No hay tal, si por 'ser consumado' se entiende un ser incapaz de mejora, es decir, de progresiva elevación o divinización, pues respecto de Dios se puede seguir creciendo eternamente. El verbo 'será' indica, más bien, que el ser humano en esa nueva situación nunca será acabado, es decir, no acabará de ser. O si se quiere: el ser humano no está diseñado para una consumación que se interprete como término, 'punto y final', o 'se acabó'.

Si se diese esa consumación en la vida de ultratumba, el sentido de tal vida humana se encontraría vertiendo exclusivamente su mirada sobre su pasado. Pero, ¿para qué centrar la atención en lo que ya no es y nunca será? Además, aquella nueva vida sería completamente heterogénea respecto de esta, cuya clave es el crecimiento y cuyo motor es el futuro (histórico y metahistórico). Pero no, el hombre –como decía Julián Marías– es siempre futurizo. Ser concluido, acabado, indicaría también que aquello en que radicase la vida inmortal del hombre sería presente, es decir, que en aquella nueva tesitura no existiría futuro, sino detenimiento, lo mismo. No es así, porque el futuro siempre es nuevo, y el ser personal humano es nuevo y está hecho para la novedad futura. Cada persona humana es una novedad radical, en rigor, porque está hecha para Dios, el originariamente Nuevo.

Por otra parte, si la persona humana sólo se explica por su coexistencia o vinculación personal con Dios, se debe exclusivamente a él la distinción radical de cada persona humana, asunto que se puede ratificar hasta biológicamente, no sólo porque cada persona tenga unos pequeños matices biológicos irrepetibles dentro de la común biología humana, sino porque –según el decir de Polo– "si se tiene en cuenta el azar genético, sólo caben dos posibilidades: sostener que cada quién existe por pura casualidad –y, desde el punto de vista empírico esto no se puede negar–, o que el azar genético no explica que exista cada quién, porque una persona no es un hecho: cada quién es porque Dios lo ha querido, a costa de que una multitud extraordinaria de hombres posibles no hayan existido ni existirán jamás. Cada quién es una rara improbabilidad que sólo se puede explicar por la predilección divina. Por eso puede decirse que la persona es querida por sí misma al ser creada". De manera que si la persona no se explica desde sí, como manifiestan las antropologías existencialistas que dejan el problema del sentido personal sin solución, en rigor, tampoco se puede esclarecer sólo en coexistencia con las demás personas humanas, como pretenden las antropologías personalistas de la 'intersubjetividad'.

6. La libertad personal

Para advertir el reduccionismo de las antropologías que se ciñen a lo corpóreo, y también el de las que proponen como lo superior humano a la inteligencia o a la voluntad, se puede recurrir a la libertad personal. Es un recurso apropiado para solucionar por elevación los problemas que esos reduccionismos plantean. Como se ha adelantado, la libertad no es sólo algo que se tiene, sino una realidad que se es, o sea, que es constitutiva al acto de ser humano. Con otras palabras: es trascendental. Si no se fuera previa y activamente, con el paso del tiempo jamás se podría manifestar a través de la inteligencia, de la voluntad y de nuestras acciones, pues nadie da lo que no tiene.

Ahora bien, de continuar con nuestras indagaciones, habría que averiguar la índole de la libertad trascendental. Con todo, hay que preguntar lo siguiente: ¿hay que estudiarla a ella desde ella misma o contamos con un recurso superior a ella? De otra forma: ¿la libertad se explica a sí misma, o requerimos de otra instancia que la explique? Si se explicara enteramente a sí, sería consumada, espontáneamente autónoma e independiente. Pero no, la libertad personal humana tiene un origen que no es ella, y tampoco ella es su propio para. De otro modo: la libertad personal tiene un límite que es ontológico. Si el sentido de la naturaleza y de la esencia del hombre lo hemos explicado por el recurso a lo superior, a la persona, y la persona es libertad, la libertad que caracteriza al acto de ser personal humano no se puede esclarecer desde ella misma.

Por otra parte, si para explicar la libertad debemos recurrir a una instancia superior, lo primero a preguntar es: ¿se puede comprender en función de algún rasgo superior de la propia intimidad personal humana, o hay que apelar a una realidad superior trascendente? Lo segundo a preguntar es, para ambas posibilidades, lo siguiente: ¿no se nos abre así un proceso al infinito? La respuesta, por partida doble, es como sigue: a) Por una parte, la libertad personal humana no es tal separada del sentido o verdad personal, y tampoco del amar personal que la persona humana es. En efecto, una libertad sin sentido y amar personales, que son co-actos del ser personal, no es libertad personal, sino libertinaje. Además, si el sentido y amar personales fuesen consumados, podrían dar razón de la libertad personal humana, pero no lo son, es decir, también a ellos les caracteriza el ser limitados ontológicamente, pues tampoco pueden culminar felicitariamente desde sí. b) Por otra parte, como el conocer y amar personales, la libertad personal humana está abierta al Creador, pues sólo él puede aceptar enteramente la riqueza irrestricta de la libertad personal, dar completo sentido a la verdad que cada quién es y aceptar enteramente su amor personal.

¿Es esto teología? No es discordante de ella, pero no es teología sobrenatural. Desde luego que el servicio de esta antropología al saber teológico puede ser relevante; es más, en este sentido se explica que sólo los pensadores más 'religiosos' hayan puesto su punto de mira en estas dimensiones de la intimidad humana. Pero propiamente hablando este planteamiento es de antropología trascendental, porque es claro que la intimidad humana es precisamente humana y está al alcance de cualquier persona humana, pues de lo contrario no nos sabríamos personas. Con todo, ya se ha indicado que para alcanzar la plenitud de conocimiento de nuestro propio ser personal se requiere la revelación divina y esta, desde luego, no es humana.

7. El conocer personal

Todo conocer es incompresible sin un tema. El tema que busca el conocer personal humano es Dios: el único ser personal que puede dar a conocer el sentido del propio ser personal humano. Si tal buscar es cognoscitivo, lo buscado es, desde luego, Verdad o Sentido respecto del intelecto personal humano. Si es acto (verbo, no nombre) es más que Verdad o Sentido; es Conocer. Por eso, en la búsqueda de tema va implícita la averiguación del sentido del propio intelecto, y en la consumación de la búsqueda, el esclarecimiento del sentido completo del propio ser personal humano.

De modo que el aislamiento libre respecto de Dios en esta vida conlleva la propia pérdida de sentido personal, el no saber quién se es y quién se está llamado a ser. En suma, se trata no sólo de la pérdida del sentido de la vida (natural o esencial), sino de la pérdida del sentido personal. En rigor, en esa tesitura no se sabe quién se es. Por su parte, el aislamiento libre pero definitivo de Dios, es la pérdida libremente consumada del sentido del ser personal; es pactar definitivamente con el sinsentido. Se ha indicado que el ser personal humano es coexistente, es abierto según la libertad personal, pero también es abierto cognoscitivamente. Perder el sentido personal para siempre es prescindir de la co-existencia, encapotar la libertad, ofuscar el conocer. Esa actitud es despersonalizante. Por esto, los que aceptan definitivamente tal pérdida son gente sin nombre personal, multitud despersonalizada. Y como la persona es constitutiva relación, el resultado de esta actitud es la soledad.

Contra el aislamiento: búsqueda. Mientras vivimos no acabamos de conocer enteramente la persona que somos. La plenificación de la búsqueda es la revelación completa del verdadero nombre personal que Dios otorgará a quien no haya dejado de buscarlo en él. Obviamente, no se trata de que cada hombre busque a Dios por fuera, sino en su intimidad; y que lo busque con su intimidad, esto es, con su ser personal, en concreto con su conocer personal, no con el de su razón, porque esta versa sobre el mundo. En rigor, el hombre busca en su interior porque es un buscador, y lo es, porque es criatura; personal, pero criatura. Por ello, el hombre es segundo respecto de Dios. Si el hombre quiere mantenerse como primero, como fundamento, se aísla y se pierde, pues niega su índole creada y deja de buscar, y con ello abdica de alcanzar el sentido de su ser.

En esa lamentable situación se consuma la falta de sentido personal, lo cual repercute desde luego en todas las manifestaciones de la naturaleza y esencia humanas, y de ese modo la vida queda falta de sentido. Por eso el ateísmo no solo prescinde de Dios, sino que conlleva también la negación u oscurecimiento del sentido personal y de la propia vida. A su vez, el agnosticismo, es pérdida de Dios porque previamente no se acepta ser búsqueda. Por su parte, el indiferentismo respecto de lo divino, lo es también respecto del núcleo de lo humano.

Al alcanzar el conocer personal notamos que la persona humana está, por así decir, diseñada nativamente para ser conocida. De tal manera que sin serlo no sería. De modo que a nivel cognoscitivo personal descubrimos que el hombre está hecho para Dios, lo cual comporta en términos intelectuales una relación directa del intelecto personal humano con el divino, aunque no de modo pleno. Esto, a su vez, indica dos cosas: a) que entre la criatura intelectual y el Creador no cabe mediación ninguna, de modo que, a fin de cuentas, el encuentro con Dios no puede ser sino personal en cada quién, y b) que si la relación persona humana-Dios no es actualmente plena, se abren dos posibilidades reales positivas: 1) que se vaya plenificando: noción de *lumen fidei*, y 2) que llegue a plenificarse enteramente: noción de *lumen gloriae*. Si esa réplica del conocer personal faltase definitivamente, la persona quedaría sin saber su verdadero ser, o su verdadero 'nombre', esto es, su sentido personal completo.

No se trata de que no supiese quién es. En rigor, lo sabe parcialmente. Pero dado que la persona humana en la presente situación no acaba de ser lo que está llamada a ser, si no se le comunicase su sentido completo, quedaría decisivamente con la ausencia de él, sin saber el ser que hubiese llegado a ser. De manera que, del mismo modo que el será describe mejor que el es a la persona humana, el será libre la describe mejor que el es libre, el conocerá la perfila mejor que el conoce. Por eso, desde el conocer personal, lo peor que le puede suceder a un hombre es no ser reconocido por Dios definitivamente en el futuro posthistórico.

De este modo se ve que a la persona humana no le puede faltar jamás el futuro, no para 'futurizarse' (y menos para autorrealizarse). Eso indica al menos dos cosas: a) que sin futuro real carece de sentido la futurización. Con otras palabras, si la persona humana es un proyecto de futuro, eso muestra que el futuro es constitutivo a la persona creada; b) que el progreso de cara al futuro no depende exclusivamente de la persona humana, sino también y principalmente de Dios, pues sin la aceptación de este no cabe la progresiva futurización de la persona humana, puesto que el tema que esta busca, Dios, trasciende y trascenderá siempre al intelecto personal.

Lo que precede no es motivo de desánimo, sino al revés, de confianza, pues si la libertad personal comporta aliento, esperanza, el conocer personal implica fe. Tanto la esperanza como la fe, si son sobrenaturales, son donación de Dios a una persona humana si esta libremente los acepta. Aceptar es amar. Así se intuye que la elevación de la libertad personal por la esperanza sobrenatural y del conocer personal por la fe sobrenatural son solicitados por el amar personal y se destinan a la caridad para con Dios, que es la elevación de ese amar. Por lo demás, si todo conocer no puede carecer de tema, y Dios es conocer personal, por fuerza Dios es pluripersonal de modo que una Persona divina será conocer respecto de otra que será tema respecto de la primera, a condición de que esta segunda sea a su vez conocer respecto de la primera, la cual será tema respecto de ella, pues de lo contrario ninguna de las dos personas sería divina.

8. El amar personal

La intimidad personal humana es amorosa. No es que tengamos amor, sino que somos amar. Cada persona es un amar personal distinto. El amar personal no coincide con los actos de la voluntad ni con sus virtudes. Está más allá de unos y otras y de la facultad misma de la voluntad. La voluntad quiere el bien del que carece, puesto que es una potencia y, por tanto, para perfeccionarse, debe adaptarse a bienes reales. El amar personal, en cambio, no 'quiere', sino que ama, es decir, no es carente, sino desbordante.

Además, no quiere el 'bien', sino que ama a personas, que son superiores a los bienes. Si a una persona se la ve sólo como un bien no se la ama, en rigor, no se descubre su sentido personal. Nadie se enamora personalmente de un bien. Los bienes se desean, pero el amor no es deseo.

Quien se enamora es porque atisba por una parte el sentido personal distinto de una persona y por otra su índole amante. Ese conocimiento es personal. Pero por encima de tal conocer, el enamorado acepta a esa nueva persona aún en lo que no alcanza a conocer de ella. Es obvio que su conocer no puede comprender el sentido personal de esa persona, porque esa persona no acaba de ser el sentido personal al que está llamada. En cambio, sí se puede aceptar el sentido personal que esa persona es y será. En el amor personal, primero es aceptar y segundo dar. Uno se da en la medida en que acepta y, asimismo, en la medida en que le aceptan. Dar sin ser aceptado es perder el tiempo.

El amar personal tiene dos dimensiones: aceptar y dar. Aceptar no es recibir, porque se reciben cosas, pero se aceptan personas. Recibir es pasivo; aceptar es lo más activo de la persona humana. Tanto el aceptar como el dar son constitutivamente crecientes de modo irrestricto. Por tanto, a menos que se atente contra su constitutiva índole son inagotables, pues por mucho que aceptemos siempre podemos aceptar más, y por mucho que demos, siempre podemos incrementar la entrega. Esto indica que el amar no es 'potencial', imperfecto o carente, en ninguna de sus dimensiones, sino que es 'activo', es decir, que constituye el acto de ser personal humano. Es más, es lo más radical, lo superior, del acto de ser personal humano. En efecto, refuerza la coexistencia, orienta la libertad personal y desborda al conocer personal.

A su vez, como la coexistencia, la libertad y el conocer personales, el amar personal está abierto a personas distintas, porque la persona es relación personal. En efecto, la referencia del amor personal humano es una persona distinta, que por serlo, debe ser amante y, por tanto, debe ser aceptar y dar respecto del amar personal humano. Sólo las personas pueden aceptar y dar a una persona. Con todo, si el amor personal humano es inagotable, pide una aceptación y una donación irrestrictas, y estas sólo corren a cargo del Dios personal, más aún, pluripersonal, porque también en él debe existir el mutuo aceptar y dar.

9. En definitiva

Cada persona humana alcanza a saber, en cierto modo (no completamente), quién es como persona distinta de las demás. Al conocerse, se da cuenta que su ser personal no está –como se ha indicado– terminado, sino abierto al futuro. Por eso, tanto en ese nivel como en cualquier otro humano, más que hablar de 'vida lograda' es mejor decir que 'cualquier éxito siempre será prematuro'. Tras conocer su proyecto personal (vocación), cada quien puede abrirse o cerrarse a él, es decir, aceptarlo o rechazarlo, amarlo o despreciarlo. Desecharlo no equivale sólo a no querer ser quien se es, asunto grave, sino a algo peor, a no querer ser quien se está llamado a ser, lo cual compromete el sentido personal futuro.

Como se ha indicado, el acto de ser personal está atravesado de libertad. Al ejercerse esta sobre el propio acto de ser personal negando su sentido, su proyecto, esta negación conlleva la pérdida progresiva del propio acto de ser personal, es decir, se es menos persona. En efecto, el acto de ser personal humano no es estático, sino nativamente creciente. Pero también puede ser –por el propio juego negativo de la libertad personal que lo asiste– decreciente, o si se quiere, despersonalizante. Esa progresiva despersonalización puede acabar por perder definitivamente el ser personal, asunto que acaece –lamentable y libremente– tras la presente vida a quienes en esta no aceptan su ser.

No querer ser nadie –como ya advirtió Kierkegaard– conduce a la desesperación, porque si el hombre es un proyecto de futuro, negarse como tal es negar la esperanza. Esto nos permite descubrir una radicalidad del ser humano, a saber, que este es esperanza, no que la tiene, sino que la es. Lo que precede indica que la inmensa actividad de la libertad personal humana tiene un norte, una estrella polar. En efecto, la libertad personal humana no significa 'autonomía', 'independencia'; menos aún posibilidad de dirigirse a cualquier futilidad, pues si sólo se puede emplear íntegramente respecto de una realidad que la acepte íntegramente, es porque tal libertad no se puede explicar en solitario, sino en coexistencia-con. Es manifiesto que en ninguna realidad creada se puede emplear la libertad humana entera. Por tanto, la libertad personal humana dice relación al ser divino.

El hombre alcanza naturalmente a saber en cierto modo su sentido personal. Como el sentido o verdad personal es desbordante respecto del propio saber humano que lo alcanza, requerimos que Dios nos manifieste enteramente ese sentido, pero esto acontece –si cada hombre lo acepta– tras la presente situación histórica. Con todo, tampoco en esa nueva tesitura el conocer personal se cierra, sino que sigue creciendo con la asistencia divina. Como se aprecia, las claves personales humanas durante esta vida remiten, para ser esclarecidas completamente, a la vida ulterior. De manera que sin la vinculación con aquélla, esta queda sin sentido completo. Ahora bien, aunque algunas claves de aquélla se pueden conocer filosóficamente (ej. la subsistencia personal, la inmortalidad del alma, la existencia de Dios, etc.), las más esclarecedoras las ofrece la revelación cristiana.

10
¿Procura la felicidad?

1. Planteamiento

Se puede aceptar sin mucho esfuerzo que cada persona es superior a sus facultades (sentidos, razón, voluntad...), y que, en consecuencia, la felicidad debe radicar más en la intimidad que en las potencias humanas, y en estas, más en las superiores que en las inferiores, por eso Jane Austen escribió que se "preveía sin dificultad la escasa felicidad duradera reservada a una pareja que sólo había llegado a unirse porque su pasión era más poderosa que su virtud". Por intimidad no se entiende aquí una realidad de corte sentimental, sino más bien, la radicalidad personal a la que se refiere el libro de la *Sabiduría* cuando dice: "el hombre guarda en su corazón la búsqueda de Dios".

Como es claro, cada una de las facultades humanas puede ejercer distintos actos. Obviamente, también la intimidad personal humana es activa. Y tanto a las facultades como a la intimidad personal acompañan afectos, hasta el punto que es difícil pensar una felicidad al margen de ellos. Según la filosofía clásica los sentimientos o afectos son siempre consecuencia de los actos que ejercemos, es decir, no son nunca lo primero, sino redundancias, resultados. Los actos pueden ser de diversa índole, a saber, del nivel sensible (actos de facultades con soporte orgánico), del nivel de la inteligencia y de la voluntad (actos y hábitos de facultades inorgánicas), y del nivel de la intimidad personal. Por tanto, los afectos resultantes seguirán a cada uno de esos niveles y, por ello, serán diversos según altura, profundidad y permanencia. Atendamos a los más elevados, los que se corresponden con la felicidad personal.

2. Los afectos íntimos

En el cuerpo humano, a todo acto sigue siempre –como se ha indicado– un sentimiento. Todo sentimiento puede ser positivo o negativo, dependiendo si el acto es concorde o no con la naturaleza y estado de la facultad. Si se trata de las facultades sensibles, a los actos de estas siguen siempre unas emociones positivas o negativas en la facultad. Si se trata de las facultades inmateriales (inteligencia y voluntad), a sus actos también siguen unos sentimientos positivos o negativos en esas potencias.

Por su parte, la intimidad personal humana es abierta en coexistencia-con otras personas, en especial con el Dios personal; a él está orientada la libertad personal, el conocer personal lo busca y el amar personal lo acepta. Pues bien, a estos rasgos que describen la intimidad personal humana siguen también sentimientos positivos o negativos del espíritu según si esos rasgos aceptan o rechazan su tema, en los que vamos a centrar sucintamente la atención.

El carácter activo la intimidad humana, si es cognoscitivo y amante, no puede carecer de tema. El tema de los radicales que conforman la intimidad personal no puede ser sino el ser personal que dé razón de ellos, y eso sólo está en manos del Dios personal, o mejor, pluripersonal. Pues bien, si se aceptan estos preámbulos, la tesis que se propone a consideración se puede formular del siguiente modo: si respecto de Dios una persona humana acepta ser quien es, y quien está llamada a ser, aparece, como redundancia de emplearse cada uno de esos co-actos respecto de su tema, un afecto del espíritu positivo. Si no acepta, uno negativo.

Con otras palabras, en la intimidad personal, a la positiva o negativa aceptación de su tema personal propio, y de la consecuente destinación a él, es decir, a la mayor o menor vinculación con Dios, siguen por redundancia unos afectos que quedan vibrando en nuestro interior; en concreto, el hábito de sabiduría nota esas afecciones. Los 'afectos' positivos y negativos del espíritu no son, por tanto, sensibles, es decir, 'pasiones' que reciban las facultades del cuerpo humano. Tampoco son 'estados de ánimo' propio de las potencias inorgánicas humanas: la inteligencia y la voluntad. Son, más bien, 'estados del ser' personal. Los sentimientos del espíritu no afectan a algo del hombre, ni sensible ni inmaterial, sino a la persona humana como tal.

3. ¿Cómo son los afectos?

Las pasiones sensibles no son hábitos o virtudes porque la virtud dice razón de perfección para la potencia, mientras que la pasión no. Además, las virtudes moderan las pasiones. Los hábitos y virtudes son permanentes; las pasiones, esporádicas, pasajeras. Por su parte, los afectos del espíritu no son hábitos de la inteligencia y virtudes de la voluntad, porque no siempre son perfección, sino que unos son positivos y otros negativos para la persona humana. Los primeros son indicio del esplendor del ser personal, de su elevación; los segundos, de su miseria. Los afectos del espíritu son más permanentes que los hábitos y las virtudes, más intensos, y no sólo tienden a permanecer sino a eternizarse. Su capacidad de crecimiento es superior a la de esas perfecciones de la esencia del hombre.

Las pasiones sensibles son 'estados de ánimo' sensible. Los hábitos y virtudes son 'estados de ánimo' de la inteligencia y voluntad respectivamente. Los afectos del espíritu son 'estados del ser personal'. Las emociones sensibles nacen de comparar la operación que ejerce una facultad con esta. Los sentimientos sensibles surgen, pues, de comparar si este o el otro acto cognoscitivo es adecuado o no, va bien o mal, al estado, también corpóreo, cambiante y transitorio de la facultad sensible cognoscitiva; comparación que tiene en cuenta no sólo la índole de tales actos sino también el estado actual de la facultad sensible.

Los afectos íntimos, en cambio, son el indicio de que cada persona humana, como determinado proyecto que es, se encamina de modo libre adecuadamente hacia su fin o no. Indican, pues, si cada persona está buscando el fin al que está llamada y si está encauzando bien la búsqueda, o, por el contrario, si renuncia a buscarlo, si es apática respecto de él, si se está alejando de él, o si lo busca por derroteros equivocados.

La pasión corporal siempre comienza en el cuerpo, aunque luego pueda afectar al alma cuando esta –por así decir– le abre la puerta, o sea, la asume. Pero hay pasiones propias del alma, distintas del cuerpo, que comienzan en ella, y que en ella quedan. ¿De qué pasiones se trata cuando se alude a las '*pasiones del alma*'? Para los pensadores clásicos, se trata de todas aquéllas que inclinan al bien o al mal espiritual. Así, amar y odiar, por ejemplo, se consideraban pasiones del alma. El honor, por ejemplo, es un bien espiritual, y la búsqueda de él por parte del alma es, en cierto modo, una 'pasión' de ella.

Hay que discernir, al menos, entre las pasiones sensibles y los sentimientos del espíritu. Son sensibles, y por tanto pasiones: el deseo sensible, el dolor sensible, el deleite o placer, el miedo, el furor, la timidez que da lugar al rubor o sonrojo, la ira sensible, etc. Son, en cambio, afectos del espíritu: el gozo, la tristeza, el celo, la misericordia, la alegría, la esperanza y la desesperación, el odio, el pavor, la angustia, la pereza, etc. De estos son obviamente negativos, la tristeza, la desesperación, el odio, el pavor, la angustia, etc. Y son positivos, en cambio, el gozo, el celo, la misericordia, la esperanza, la alegría, etc.

4. Afectos positivos del espíritu

¿Cuáles son los afectos positivos que siguen a los rasgos personales cuando estos se vinculan libremente con su tema? Los rasgos propios de la intimidad personal son la coexistencia libre, el conocer y el amar personales. A la coexistencia libre siguen los afectos de la alegría y esperanza, pues nos alegramos por alcanzar sentido personal y esperamos alcanzarlo en mayor medida. Al conocer personal, la confianza, es decir, la certeza de que alcanzaremos el sentido personal que buscamos. Al amar personal, el gozo y la paz.

El inferior de los rasgos personales es la coexistencia libre. Este denota que una persona es, en su intimidad, apertura personal libre a otra persona, es decir que está abierta coexistencialmente. Pero como en esa apertura personal no encuentra en su intimidad una persona distinta a sí que le pueda comunicar su propio sentido personal, se abre en búsqueda íntima a un ser personal que le pueda revelar su sentido. La coexistencia libre delata que una persona sola es absurda; que no puede existir una persona asilada, porque una única persona es imposible. El notar que la carencia de réplica no puede ser definitiva engendra alegría. La libertad personal denota que no sólo somos abiertos en nuestra intimidad, sino que nos abrimos a la trascendencia, a personas distintas. La libertad personal humana es tan rica que no se puede invertir enteramente en ninguna realidad creada. Sólo se emplea irrestrictamente respecto de Dios. Si la libertad personal humana es abierta a su para, a su entera aceptación por parte del Creador, el sentimiento resultante es la esperanza, pues esperamos ser aceptados enteramente.

A la coexistencia libre personal sigue el conocer personal. El tema de este es Dios en cuanto Verdad personal capaz de manifestar el sentido personal completo de la persona humana que uno es. Si la persona humana busca conocer ese sentido (de sí en Dios) confía en que lo alcanzará, no por sus solas fuerzas, sino porque Dios, que encomienda la búsqueda, es buen pagador y nos dará –como se lee en el *Apocalipsis*– la 'piedrecita blanca en la que va inscrito nuestro nombre nuevo', es decir, nuestro sentido completo definitivo. El sentimiento que sigue a la audacia y constancia en la búsqueda es una confianza segura en alcanzar la meta si se cuenta con tal ayuda.

Al conocer personal sigue el amar personal. Las dimensiones del amor personal son aceptar y dar. No cabe una sin la otra. Pero de esas la superior en la persona humana es el aceptar, puesto que somos criaturas. En efecto, lo superior en nosotros respecto de las demás personas creadas y de Dios no es dar sino aceptar, pues el dar y el darse es siempre segundo respecto de aceptar. Uno da en la media en que acepta. A la par, lo que peor que nos puede suceder no es que no nos den, sino que no nos acepten. Pues bien, al aceptar personal humano siguen los sentimientos de gozo y paz.

En suma, los más altos de los afectos positivos del espíritu, y los que atraen o arrastran a los demás, son los relacionados con el amar personal. Para Calderón de la Barca, gran teólogo y literato, la vida humana unas veces parece sueño, otras un teatro en el que nos jugamos la eternidad interpretando bien o mal el papel que nos ha tocado representar. A veces la vida aparece así, como una farsa, pero aún en esas circunstancias en las que la vida pierde sentido, no hay que olvidar –como escribió Jacinto Benavente– que "en las farsas de la vida, a esos muñecos como a los humanos muévenlos cordelillos groseros, que son los intereses, las pasioncillas, los engaños y todas las miserias de su condición: tiran unos de sus pies y los llevan a tristes andanzas; tiran otros de sus manos, que trabajan con pena, luchan con rabia, hurtan con astucia, matan con violencia. Pero entre todos ellos, desciende a veces del cielo al corazón un hilo sutil, como tejido con luz de sol y con luz de luna; el hilo del amor, que a los humanos, como a esos muñecos que semejan humanos, les hace parecer divinos, y trae a nuestra frente resplandores de aurora, y pone alas en nuestro corazón y nos dice que no todo es farsa en la farsa, que hay algo divino en nuestra vida que es verdad y es eterno, y no puede acabar cuando la farsa acaba".

5. Afectos negativos del espíritu

¿Cuáles son los afectos que siguen a los trascendentales personales humanos en estado de miseria, es decir, cuando estos no se destinan a su respectivo tema o fin? Seguramente los que siguen:

A la falta de coexistencia libre sigue la tristeza y desesperación, pues son síntomas claro de que entre la persona humana y Dios existe un obstáculo. Pero si entre la persona humana en estado nativo y Dios no existe –por así decir– ni un papel de fumar, el obstáculo admitido consiste en el encapotamiento u oscurecimiento (mayor o menor), del sentido de la coexistencia-con; es decir, afectos que son fruto de la despersonalización. Por eso, siguiendo también al clásico castellano más satírico, Quevedo, se puede decir que "entre las desventuras, ninguna hay mayor que falta de alegría". De acuerdo con esto parece estar también Cervantes cuando escribió en su inmortal obra que "las tristezas no se hicieron para las bestias, sino para los hombres, pero si los hombres las sienten demasiado, se vuelven bestias". A la merma de libertad personal sigue la desesperación, pues con la pérdida de esta se obtura el futuro, y como uno no puede sentirse enteramente feliz en el estado presente, nota que sin futuro la situación se vuelve dramática, angustiosa (los filósofos y literatos existencialistas acristianos y ateos del s. XX han ejemplificado muy bien este estado en sus antropologías).

Por su parte, a la pérdida de sentido personal, es decir, a la carencia de conocimiento personal sigue la infidelidad. La confianza y fidelidad se guardan respecto de las personas. La lealtad, respecto de cosas. Ahora bien, si uno ya no confía en alcanzar la verdad que le está prometida en el futuro metahistórico, tiende a mirar a lo inferior, a lo no personal, aunque tampoco lo valora como es, en su medida real. Si se es infiel a la única Verdad que puede revelar el sentido personal completo de cada persona humana, el afecto negativo resultante de este falseamiento del sentido del ser personal parece ser una radical desconfianza.

Por último, el afecto negativo del espíritu que sigue a la falta de amor personal es el odio y sus hermanos menores (rencor, aborrecimiento, resentimiento, desprecio, etc.), pues en todos estos cabe una escala de más y menos. En fin, la experiencia personal del agudo lector puede ratificar o corregir lo que aquí se propone. Lo que no conviene es que lo deseche, porque esto tiene que ver con la felicidad o infelicidad en esta vida. Por ello, se debe atender un poco a qué sea eso de ser feliz.

6. La felicidad

¿Qué es la felicidad? Suele decirse que la felicidad en esta vida está en las cosas pequeñas: la verdad es que si uno no sabe ser feliz en lo pequeño de cada día no lo será nunca. Pero ¿qué es ser feliz? Difícil pregunta, porque ningún hombre mientras vive en este mundo ni es, ni puede ser enteramente feliz. Con palabras de Gracián: "todos los mortales andan en busca de la felicidad, señal de que ninguno la tiene".

La felicidad es el motor no sólo de toda nuestra actividad (ética), sino la razón de ser de nuestra vida (antropología trascendental). No sólo estamos en potencia de ser felices, sino que somos en acto ese anhelo. Por eso, respecto de la felicidad la clave no está en su actual posesión, sino más bien en la esperanza. Si la felicidad es del orden del ser más que del tener, como todavía no somos lo que seremos, esperamos ser felices. Sin embargo, no todo de lo que se espera felicidad atrae a la persona a su plenitud felicitaria. Por eso, el tipo de fin (felicidad) que se espera empuja a tener el tipo de vida que se tiene. La mayor parte de los hombres, a juzgar por sus vidas, esperan poco; son cortos en sus anhelos. Del hombre cabe sentar lo siguiente: '¡Dime que vida llevas y te diré que felicidad esperas!'. El que trunca la esperanza rechaza el futuro y apuesta por el presente, pero como lo que se corresponde con el presente en el plano felicitario son el placer, los bienes prácticos, el bienestar, etc., el hedonismo confunde la felicidad con el placer, el pragmatismo con el bien útil subjetivamente mirado, el activismo con lo que uno hace, la sociedad del bienestar con la ausencia de dolor, de inseguridad, de riesgos, etc. Pero la felicidad no consiste en sentir, tener, hacer, estar, etc., sino en ser.

Ahora bien, todavía no somos quien seremos. La elevación personal definitiva, que en cada hombre depende sólo de Dios, todavía no ha tenido lugar, aunque hayan tenido lugar otras que nos acerquen a aquélla. Con todo, el hombre es personalmente libre de aceptar o de rechazar tal elevación, porque uno dispone libremente de su vida en orden a ese fin que es ser feliz. Respecto del fin último, en nosotros es primero la aceptación que la donación. Por eso nadie se entrega enteramente en esta vida si no acepta a Dios como fin último felicitario. Cualquier otra entrega a cualquier otro tipo de realidad felicitaria siempre admite reservas.

Como ese estatuto no ha sido alcanzado todavía, debemos esperar alcanzarlo. Por ello conviene insistir en que no cabe felicidad completa sin esperanza. La esperanza anima la búsqueda de aceptación del ofrecimiento que uno hace de sí a través de todas sus obras, el deseo de respuesta positivo a dicho ofrecimiento. Para vivir personalmente según esperanza es menester buscar la realidad que se espera, es decir, se precisa la fe. Pero como la presente situación histórica humana no es, por ello, definitiva, en la ulterior no cabe esperanza ni fe, sino amor correspondido o denegado. Quien acepta o rechaza es Dios, el Creador de cada quien. ¿A quién acepta ya fuera de la historia? Sólo acepta al que ha sabido ser feliz en la historia. Conseguir ese saber es obtener la máxima calificación tras haber aprendido la asignatura que más importa a lo largo de la vida (aunque algún que otro examen parcial se haya suspendido).

En efecto, si la vida ulterior no puede ser heterogénea respecto de esta, porque el fin de ambas es Dios, la felicidad de aquélla sólo es para quienes han sabido ser felices en esta, es decir, para quienes han encontrado a Dios y se adhieren con fidelidad perseverante a él. Por último, no caben dos felicidades iguales ni en el tiempo ni en la eternidad, porque no caben dos personas iguales, ni ahora ni en el futuro posthistórico. Cada uno debe alcanzar la suya, y esa es la que Dios tiene preparada para cada quien.

7. Dios y el amor personal humano

Respecto de Dios, el parecido que se encuentra entre el conocer y amar personal –en la presente situación humana– es que tanto en uno como en otro lo superior es ser conocido y ser amado a conocer y amar. En la venidera, el conocer y el amar personal humanos deben estar al nivel de ser conocido y ser amado.

El amar personal humano muestra la existencia de Dios por triple motivo, es decir, según cada una de sus dimensiones, dos trascendentales, aceptar y dar y otra inferior, de orden esencial y natural, el don. Así, el dar la muestra, porque no encuentra en la intimidad humana la persona que lo acepte enteramente, y esta sólo puede ser Dios; el aceptar, porque tampoco encuentra en la intimidad humana la persona que lo da, y esto sólo lo puede ofrecer el Creador; el don, porque nadie sino Dios puede aceptar en su valor, extensión e irrestrictamente los dones que ofrecemos, entre otras cosas porque se nos olvidan a nosotros mismos y a los demás.

Por otra parte, si Dios es personal, Dios es amar personal. Pero si las dimensiones del amar son dar, aceptar y don, Dios no puede carecer de ellas. En efecto, el dar personal no cabe sin el aceptar personal, pero uno y otro exigen un don ('obras son amores y no buenas razones' reza el refrán castizo). ¿Se da en Dios una Persona que dé enteramente para ser aceptada sin restricción, otra que acepte enteramente el dar; otra, un don inagotable que lo sea respecto del dar y del aceptar irrestrictos? No puede ser de otro modo.

Además, esas Personas divinas no serán una mayor que otra, porque en Dios no hay jerarquía entre las dimensiones del amor. En efecto, así como en el hombre existe jerarquía entre estas tres dimensiones, en Dios no puede ser así. Es decir, esas tres dimensiones deben ser del mismo nivel, pero, a la par, realmente distintas. Más aún, las más distintas. El dar en Dios no puede ser inferior al aceptar y al don. Pero si en Dios no puede ser mayor el dar que el aceptar o que el don, también el don será personal. En consecuencia, si Dios no carece de réplica en su intimidad, y no puede carecer tampoco de esas dimensiones del amor, cada una de ellas será una Persona distinta en el seno de la divinidad. El dar divino, a distinción del nuestro en esta situación, no puede ser sino enteramente aceptado. A su vez, el aceptar divino, a distinción del nuestro, debe ser entera donación de aceptación. Asimismo, el don divino, a distinción del nuestro, debe ser completo para el dar y el aceptar divinos. Es decir, tanto el dar como el aceptar y el don deben ser divinos y, por tanto, no menor uno a otro.

Pues bien, a cada uno de estos rasgos del amor personal deben seguir en nuestra intimidad unos afectos. Tomados los tres en unidad se puede decir aquello de J.B. Stowe: "hay muchos sentimientos que sólo pueden explicarse y calmarse en el mismo seno de Dios". Pero distinguidos, cabe indicar que al aceptar personal sigue el afecto del gozo; al dar, el de paz; al don, el de sosiego.

8. Gozo, paz, sosiego

Estos afectos son íntimos y huyen del ruido externo, es decir, no suelen acompañar a quien como zángano en colmena zumba mucho, pero no produce miel. Sin silencio no hay dulzura interior. Como se ve, el dominar la lengua favorece la adquisición de los afectos superiores. Pero la lengua se gobierna bien con una inteligencia y voluntad bien formadas, y estas, a su vez, se perfeccionan con la adhesión personal de cada quien a su fin personal.

La gente suele hablar demasiado con los demás e incluso consigo mismo... Pero los santos –bien experimentados en qué sea eso de ser feliz– han indicado que los momentos más felices para ellos son los que emplean en quedarse a solas con Dios. También nos dicen que el amor puro es compatible con el sufrimiento, compatibilidad que el amor carnal no comprenderá nunca. Más aún, declaran que el sufrimiento y la enfermedad son el tesoro de la tierra, pues purifican al alma, y en ellos conocemos quién es nuestro verdadero amigo.

El gozo y la paz interiores se manifiestan externamente con una sonrisa afable, una conducta apacible. El gozo es activo, pero no nervioso. La paz es contraria a la prisa, pero no equivale a pereza. En esto tenemos que aprender de los niños pequeños más de lo que parece, pero ese aprendizaje requiere humildad, artículo escaso en el mercado moderno. Lo contrario al gozo y la paz son el desaliento y la inquietud injustificada. El sosiego es el remanente de la paciencia interior. La verdadera paciencia se manifiesta por medio de la sencillez, que es calmada.

En lo indicado cabe una dificultad, a saber, que su lectura lleve a investigar continuamente a los demás sin ver lo que pasa en el propio interior. Si se pacta con esta actitud, los afectos del espíritu de que estamos hablando desaparecen, sencillamente porque uno no mejora en su amor personal y, por tanto, no hay redundancias afectivas de cuño positivo en su intimidad. Obviamente la paz no se logra a costa de la verdad, pero sí con el esfuerzo por defenderla hasta acabar cansados. Rosalía de Castro decía que "cuando nos rinde el cansancio, propicio a la paz y al sueño, el cuerpo tiende al reposo, el alma tiende a lo eterno".

9. ¿Cómo educar los afectos del espíritu?

Las emociones sensibles, como dependen de la corporeidad humana y esta la hemos recibido en herencia de nuestros padres, se deben educar sobre todo en familia y a edad muy temprana. Además, el padre educará en unas (saber ganar, saber perder, ser constante en el acometer juegos, tareas, etc.), y la madre en otras distintos (en la acogida, ternura, etc.).

Los sentimientos de la inteligencia y de la voluntad, como dependen de facultades inorgánicas y el desarrollo de estas es peculiar en cada uno (según estudios, trabajos, situaciones, etc.), se educarán sobre todo en la juventud, cuando uno se compromete con la verdad y se responsabiliza con el bien. Si la familia (y el colegio como una prolongación de ella) es el mejor ámbito para educar las emociones sensibles, seguramente la universidad es el mejor escenario para educar los sentimientos de la inteligencia y de la voluntad. Por ejemplo, el que estudia por descubrir cada vez más verdad y trabaja por incrementar el bien es estable de ánimo y no se deja llevar por el qué dirán, por los éxitos y fracasos, por fines pragmáticos, consuelos sensibles, etc.

Con todo, ¿cómo educar los afectos del espíritu? He aquí una pregunta cuya respuesta, si se acepta lo que se ha propuesto más arriba, debe girar en torno a la conveniencia de educarlos en el trato personal, filial, y familiar con la familia divina, puesto que cada persona es novedosa e irrepetible, un hijo distinto.

En suma, ¿procura la filosofía la felicidad? Si de verdad es filosofía, descubrirá los entresijos del corazón humano y sus afectos; dirimirá entre los positivos y los negativos, y encauzará la búsqueda del fin que favorece los afectos positivos.

11

¿Mira al destino?

1. Planteamiento

El destino es lo culminar de la persona humana, de cada una, porque no hay dos destinos 'iguales', dado que no existen dos personas 'iguales', como advirtió Amado Nervo: "no hay un solo destino igual al tuyo. Esto que sufres, esto que no puedes evitar, fue escogido para ti de entre las infinitas posibilidades... Tus males y tus bienes traen el marchamo de Dios. Puso en ellos su gran sello invisible Aquel que quiso manifestarse en los fenómenos por los siglos de los siglos". La persona humana no se puede describir al margen de su destino. A la par, el destino personal es imposible sin un destinatario personal, o si se quiere, el destino humano es dual respecto de quien acepte nuestra donación personal. De modo que se debe averiguar en qué radica el destinarse de la persona humana, a quién se destina y cómo se lleva a cabo. Y esa tarea es propia de la filosofía.

En efecto, si en la actividad filosófica el hombre está enteramente comprometido, lo está en mayor medida ante el tema del destino que, junto con el del origen o fundamento de lo real son –según Leonardo Polo– los dos temas claves del pensamiento. A su vez, estos dos son jerárquicamente diversos, pues el del destino es superior al del fundamento, ya que en el hombre el futuro es superior al pasado, el fin al origen. Efectivamente, la relación personal humana con el pasado es necesaria, mientras que la vinculación con el futuro es libre, y es claro que lo libre es superior a lo necesario.

En consecuencia con lo que precede, si la metafísica versa sobre el fundamento, lo necesario, mientras que la antropología versa sobre lo libre, la antropología es superior a la metafísica. Actualmente está en crisis la metafísica y parece en auge la antropología. Con todo, permítase una pregunta para examinar la altura de las antropologías vigentes: ¿indagan acerca del destino humano? Las menos aluden al 'fin' de la vida humana; las más, ni siquiera a eso. En las que atienden al fin, lo entienden como término de esta vida, pero adviértase que no se atreven a explicar la presente vida humana desde el fin. Téngase en cuenta que 'fin' no equivale a "destino". El primero consiste en el bien –la felicidad o bienaventuranza, en términos clásicos–. El segundo, en la realidad personal divina. No es que Dios no equivalga al bien último, sino que atender a la realidad divina personal como destino de la persona humana es una ampliación antropológica respecto del planteamiento metafísico tradicional que entiende por fin el bien último. En efecto, es superior entender a Dios como amar personal que como bien último respecto del hombre.

Por otra parte, el saber humano que ordena nuestros actos respecto del fin es la ética. Por eso, a pesar de que muchos pensadores estimen equivalentes la ética a la antropología, en rigor, no lo son, pues mientras que la ética mira al ámbito de las manifestaciones humanas en orden a alcanzar el fin felicitario de las facultades del hombre, la antropología indaga acerca del destino personal o de la intimidad humana. Con otras palabras, la antropología –al menos la trascendental– es del ámbito del ser; la ética, del obrar, y como decían los pensadores medievales, '*operari sequitur esse*'; por tanto, la ética es segunda respecto de la antropología; o si se quiere, la ética no es trascendental; sí, en cambio, la antropología. Ello indica que sólo porque el ser humano es un ser personal, capaz de entender su destino, es por lo que puede entender el camino ético que conduce a él.

2. Los filósofos ante el destino

En la breve síntesis de la historia del pensamiento que sigue, en la que se atiende en exclusiva a la concepción que los filósofos han tenido respecto de nuestro tema en cuestión, se podrá apreciar la validez de esta tesis formulada por Falgueras: "Las tres crisis históricas del pensamiento occidental –finales del mundo antiguo, finales de la Edad Media, y finales de la edad moderna– tuvieron y tienen su origen en la pérdida del sentido destinal por sus respectivas filosofías". Como se verá, nuestro tiempo, al menos en este punto, no es postmoderno, sino un ulterior declive de la modernidad.

Los modos de saber antiguos fueron plurales. Uno de ellos, el mito, pensó al destino humano con falta de optimismo, pues consideraba que la presente situación es más activa que la vida *post mortem*. A distinción de esta modalidad sapiencial, para la filosofía la verdad es el destino del hombre, porque este siempre puede seguir descubriendo más verdad. En este sentido Sócrates descubre –según el autor citado– que "la verdad no está en el pasado, esto es, en lo sabido, sino en el futuro y en un futuro sin fin, de manera que el saber humano es inabarcable e infinito. Al descubrir que el saber humano tiene futuro... Sócrates ha entendido que el destino (futuro) es una ultimidad independiente del fundamento (anterioridad)... El descubrimiento del carácter último del futuro

–ultimidad destino– ha sido la grandiosa aportación de Sócrates a la historia. Hasta él, los filósofos habían buscado la verdad como fundamento (*arché*), él entendió que la verdad es futura para el hombre y, por tanto, no es su fundamento, sino su destino". Desde luego, Sócrates sabe que la verdad conocida es presente, pero no desconoce que siempre se puede seguir conociendo más verdad. A eso parece responder su adagio 'solo sé que no sé nada', lo cual abre la puerta del conocer humano al futuro.

Sin embargo, incluso el mejor de los filósofos de la Grecia clásica, Aristóteles, pese a entender el destino como fin (*telos*), cedió a la influencia del mito en este punto. Como se ve, la filosofía, si bien intentó hacerse cargo del fundamento en presente, no pudo conocer de ese modo el futuro transtemporal, lo cual acarreó su propia decadencia. En efecto, recuérdese, por ejemplo, la interpretación del destino como lo hecho (*fatum*) por parte de los estoicos, ante el cual la actitud que adoptaron fue la de resignación, o la de los epicúreos, para quienes el hombre no trasciende el tiempo. Repárese asimismo en que la mentalidad filosófica griega admitió una heterogeneidad entre esta vida y la ulterior, pues se entiende que la clave de esta es el perfeccionamiento mediante la virtud, mientras que se concibe aquella como declive, 'lugar de las sombras' con una vida desvaída.

Frente a este descenso, para Polo, "en la inspiración cristiana el tema del destino es más amplio que entre los griegos; se intensifica. El fin es aquello a lo que uno se tiene que destinar". En efecto, desde la inspiración de la fe, la filosofía medieval reanudó la actividad filosófica con una ampliación del tema del fundamento y, sobre todo, con una iluminación innovadora del tema del destino. La vida cristiana mira, fundamentalmente, al futuro, y según su inspiración, la vida futura guarda una neta afinidad respecto de esta, pues si el meollo de esta es la santificación, el de la ulterior es la glorificación, siendo ambas activas, crecientes, felicitarias.

Como ha advertido Polo, "para el cristiano, el destino tiene un sentido activo: significa destinarse. No es aquello que nos domina desde fuera o nos absorbe, o que pulsa nuestras fibras psicológicas, y de lo cual, por lo tanto, somos prisioneros. No es la fatalidad imperante en nuestra vida, sino que es justamente el gran inspirador de nuestra libertad. El destino es entendido entonces como destinación, como algo que uno toma en sus propias manos. Y es así el sentido más profundo de la libertad". Es decir, el destino no es necesario y desalentado, sino libre y esperanzado, porque en el cristianismo *se espera para creer y se cree para amar*. En efecto, el norte de la libertad personal humana es la propia verdad o sentido personal que Dios nos revelará enteramente con su aceptación amorosa definitiva.

Seguramente quien más acertó en este tema fue Agustín de Hipona, porque en su célebre sentencia "nos hiciste Señor para ti y nuestro corazón está inquieto hasta que descansa en ti", si por 'corazón' se entiende 'intimidad' (no una potencia humana), el destino personal incide en lo radical del ser humano. Por su parte, los pensadores cumbres de la escolástica del siglo XIII describieron la bienaventuranza como 'posesión'. Para el más insigne de ellos, Tomás de Aquino, el destino humano es la felicidad o beatitud. En efecto, '*beatitudo*' equivale en el *corpus* tomista a '*felicitas*'. Tomás dice que pertenece en especial a la vida contemplativa, y que consiste en un 'acto' (operación inmanente), en concreto, del entendimiento (no en un acto moral, ni en un hábito ni en una virtud, ni en una potencia), al que acompaña un acto de la voluntad, pues vincula la felicidad con el deleite ('*delectatio*') y la fruición ('*fruitio*').

Sin embargo, la felicidad eterna para la persona humana, más que en un acto (como operación inmanente) de una potencia, incide en el acto de ser personal humano. Y, por tanto, más que 'posesión' (los actos de conocer son posesivos de objetos pensados y como actos son posesiones humanas), es aceptación y donación personales. Añádase que, más que actual y simultánea (‘*simul*’), es futuriza, porque el hombre nunca puede abarcar a Dios –tampoco en el Cielo–. La distinción entre la ‘posesión’ y la ‘entrega’ radica en que la primera no requiere de destinatario personal, mientras que la segunda es imposible sin él. Más que de poseer se trata de ser poseídos enteramente. Por eso, indica Polo que “si el sentido de mi vida no se agota en la felicidad, según la acepción griega, es decir, en una posesión perfecta, sino que mi actividad rebrota en dación desde la persona, el destinar no se confunde con el destino”.

La tesis cristiana, asumida durante el Medioevo, hizo crisis en la Baja Edad Media por déficit de inspiración, en definitiva, por falta de teoría. Como nota Falgueras, “desde Escoto, la especulación se contrapone al *theorein*, no lo amplía y desarrolla, sino que se reduce a sí misma a mera pasividad reproductiva de la realidad. Prescinde del carácter vital del entendimiento, de su dimensión operativa, y se queda con el puro estar dado del objeto ante él. Es la voluntad la que alcanza el destino del hombre, no la inteligencia. Poco después Ochkam proclamará un voluntarismo absoluto. Sólo la fe, sostenida y guiada por la voluntad, puede darnos noticia acerca del fundamento y del destino del hombre. Por otra parte, si la voluntad es la única actividad real, ella actuará sin tener que ver con ningún plan ni con ninguna forma: será puramente arbitraria”. Al replegarse el conocer natural humano, la fe sobrenatural será entendida como una actividad voluntaria y ajena al saber; actitud fiducial que hará suya posteriormente el protestantismo.

Esta actitud teórica débil, unida a la pasividad que la asumida acidia comporta, se mantuvo con diversas tonalidades hasta la llegada de la modernidad filosófica, impregnando incluso a esta con su influjo. En efecto, la trascendencia humana fue teóricamente aporética para algunos de los pensadores modernos, aunque por motivos bien distintos e incluso opuestos. Para Espinoza, por ejemplo, por considerar que no hace falta acceder a Dios, ya que se da una identidad entre el pensamiento humano y el divino. Para Hume, porque negó la divinidad siendo para él la religión puro antropomorfismo. En consecuencia, como el acceso teórico a Dios se volvió problemático, algunos postularon el trato con él por vía afectiva (Pascal), mientras que otros, aceptando el agnosticismo teórico, tomaron a Dios como un postulado en orden a la práctica ética (Kant). Como se ve, el destino humano no parece claro y expedito en la modernidad, sino más bien encapotado.

Posteriormente Hegel proseguiría el camino recorrido por Espinoza, mientras que algunos posthegelianos serían más afines al planteamiento empirista anglosajón. Así, el destino del que habla Hegel no es el del pensamiento humano, sino el del mismo Absoluto que coimplica a todo hombre en su propia marcha dialéctica por alcanzarlo. Quien tras Hegel dio carta de entrada en la filosofía al cristianismo fue Kierkegaard, cuya actitud también incluye una referencia al destino. Con todo, el acceso del pensador danés a Dios, más que por vía teórica, es de fe fiducial de cuño luterano. Además, en esa centuria no tardó en aparecer un nuevo empirismo de corte materialista, el marxismo, que intentó sujetar al hombre a la historia truncándole el destino trascendente. Por su parte, para Nietzsche, la libertad es autodeterminación; por tanto, ya no es Dios quien destina al hombre, sino que es el superhombre el que se destina. Que esta mentalidad ha sido muy influyente en la filosofía contemporánea y que permanece en nuestros días no parece requerir justificación.

Por otra parte, en el siglo XX uno de sus pensadores más renombrados a juicio de Polo, "Heidegger, sostiene que el hombre es temporalidad ya consumada en el sentido de posibilidad finita o formalizada, pues no es capaz de alcanzar un destino propio en sentido estricto, es decir, de establecer alguna distinción entre su ser y el tiempo, o de organizar el tiempo sin contar con lo previo de la apertura". En efecto, si se estima que el tiempo es el horizonte de comprensión del ser, también lo será de la comprensión humana. Pero si no podemos comprender enteramente al hombre en el tiempo, es claro que la antropología heideggeriana deviene –como ha advertido Berciano– "problemática". Para Polo, la cadencia de este planteamiento es luterana y obtura el destino humano.

En suma, formas sapienciales antiguas, pensamiento griego clásico, ampliación del cristianismo, filosofía medieval, decadencia bajomedieval, confrontaciones modernas y problematicidad contemporánea han sido las fases de la historia del pensamiento cuyas claves sobre el destino se acaban de exponer brevemente. ¿Qué parecer nos ofrece al respecto nuestra altura histórica? Según Polo, "nuestra época se encuentra en un nivel sapiencial y de autocomprensión mítico... Basta caer en cuenta de la gran duda que el hombre tiene acerca de su destinación en nuestra situación cultural. ¿A dónde vamos? A una situación espectral, a una situación de volatilización… ¿Qué destino tenemos? Un destino negativo. ¿Cómo nos enfrentamos con el futuro?; ¿qué hacer con el futuro? Nada. ¿Cuál es el sentido de nuestra existencia actual? Muy escaso. *Pensiero debole*".

Tras el colapso del racionalismo a ultranza (el hegeliano) y del voluntarismo irracionalista (el nietzscheano), en el s. XX se ha explorado la senda de la afectividad para enfrentar el futuro metahistórico, pero con escaso fruto, sencillamente por los afectos dicen relación a los estados presentes, no a los futuros. En consecuencia, ahora "tenemos un pensamiento jubilado, una voluntad egoísta o pragmática que ha declarado que no puede hacerse cargo del destino humano, y una afectividad que, por un lado, tampoco es capaz de ofrecer ningún tipo de programa organizado y, por otro, se acelera, decae e invoca", también según Leonardo Polo. El desenlace de esta situación que ha gastado las superiores fuerzas espirituales humanas sin alcanzar el esperado resultado es el de un futuro obturado.

También se podría decir que actualmente lo común en la gente es la actitud de no pensar en el tema del destino, tal vez porque moleste, o sencillamente porque no esté al alcance de las propias fuerzas intelectuales. Pero esa actitud es de perfil agnóstico, y es claro que este naufraga ante el futuro. Aunque esta sea la opinión mayoritaria, no es correcta.

3. Naturaleza del destinarse

Por 'destino' es pertinente entender el futuro de la persona humana. No hay que tener de él una mentalidad fatalista o necesitarista, porque esas concepciones no se compaginan con el futuro. Para que el destino sea verdadero destino, se requiere que su llamada deje libre la respuesta. Si el destino la fijara, en vez de actuar como un futuro, actuaría como un pasado o fundamento. En consecuencia, responder libremente al destino es destinarse. Destinarse es la única actividad que requiere poner en juego enteramente el acto radical o íntimo del espíritu humano: la libertad. También reclama la aceptación del destinatario divino. Es la persona humana en cuanto que responde al ser que está llamado a ser para no malograrse como persona. De otro modo: es la elevación o divinización de cada persona creada.

Lo que precede indica, por una parte, que la persona humana es inexplicable sin Dios y, por otra, que su actual vinculación al Creador es la esperanza. Esperanza no denota pasividad, sino plenitud de la actividad personal, porque la persona humana se entrega enteramente a quien irrestrictamente la acepta. No es que la persona humana tenga esperanza de culminar, sino que la es.

La esperanza personal, así como el conocer y amar personales, requieren correspondencia porque son relación. Pero no cualquier correspondencia, porque la retribución que requieren es exclusivamente divina. Sin esa respuesta la criatura espiritual no puede culminar, y sin culminación carece de sentido completo.

En suma, el hombre es un ser inconforme, no sólo con las realidades inferiores a él, sino incluso con las demás personas creadas; ser que sólo puede aplacar su inconformidad con Dios. Conformarse exclusivamente con él significa destinarse; aceptación y entrega enteriza a él. Por eso, sin Dios la existencia humana cotiza a la baja y su trágico final es la ruina. Lo que subyace en el fondo de esta concepción es que no se puede describir a la persona humana como un ser, sino como un ser–con. Ahora bien, dado que esa coexistencia-con no es fija o estable, sino orientada al futuro, es mejor decir del hombre que será–con o coexistirá–con. Como la vida futura no es heterogénea respecto de esta, sino que la prolonga hasta el punto de que da razón del ser–con de esta, la consideración de la persona no se comprende sin su destino a la trascendencia absoluta, sin experimentar por ello pérdida alguna, sino al revés, culminando en la comunicación.

Si la persona es ser–con o coexistencia–con, es claro que no puede destinarse a sí misma porque la intimidad humana ni encuentra ni puede encontrar en ella su réplica, ya que es una persona, no dos. Más arriba se ha indicado que la persona humana tampoco puede conformarse destinándose a una persona creada. La razón de esto estriba en que la persona humana tampoco encuentra en las demás personas creadas su réplica, porque ninguna de ellas da razón de su dependencia o vinculación radical, es decir del 'con' de su ser. En consecuencia, es en el ser personal de Dios donde la persona humana encuentra su intimidad, y solamente en ella. El 'con' es lo más relevante en el hombre, pues sin él pierde su ser. Quien no se entiende así, ni entenderá su vida ni su destino.

Con todo, la índole del 'con' no es una vinculación necesaria, sino libre. Y precisamente por eso, creciente y elevable, destinable.

4. Libertad personal humana y destino

La libertad –con el conocer y amar personales– constituye el acto de ser de la persona *in creatis*. De modo que cada persona es una libertad distinta. Es, pues, un trascendental en las personas creadas. La índole de la libertad personal humana es una actividad creciente de modo irrestricto, o una referencia activa inacabable, lo cual indica que sin respecto hacia el que crezca, la libertad carece de sentido, y denota asimismo que, si la libertad es personal, lo será su referente irrestricto. Con otras palabras: la libertad personal humana es, sobre todo, libertad 'para', no libertad 'de' o independencia. No es 'autónoma', sino heteroreferencial. El 'para' de la libertad personal humana es su destinatario.

La libertad humana está orientada al futuro, al crecimiento, pero este no se da en solitario, sino con el referente de 'con' o 'para', su destinatario, el ser personal divino. Repárese que la teoría del conocimiento advierte el presente, la presencia mental, que permite articular el tiempo físico. Nótese asimismo que la ética mira a la distensión temporal (pasado–presente–futuro) de la vida humana, pero no al futuro metahistórico. Téngase en cuenta asimismo que la metafísica advierte el origen o pasado transtemporal de la realidad creada. Pero sólo la antropología trascendental se abre al futuro, que es superior a los precedentes. Ese futuro influye en nuestra concepción de todo tiempo. En efecto, sólo desde el futuro adquieren mayor sentido el presente y el pasado.

Como se puede apreciar, el futuro de la libertad personal humana no debe entenderse como tiempo físico o histórico, ni tampoco como el tiempo que está un poco más allá del término del tiempo físico o histórico, sino como trascendente al tiempo. Pues bien, sólo desde la correspondencia de la libertad personal humana con ese futuro, el hombre hace compatible la historia con el destino, dotando de sentido personal al tiempo humano. La libertad personal, irreductible a la historia, penetra y transforma la historia, de modo que esta se puede describir como la situación en la que se encuentra la libertad personal.

La libertad personal humana no puede tener como origen más que al Creador libre, pues si lo libre es superior a lo necesario, no puede tener como antecedente el ser y la esencia del universo, cuya fisonomía es necesaria, ni en menor media a los entes intramundanos, que en modo alguno son libres. Pero si la libertad personal humana tiene como origen a Dios, lo tiene en mayor medida como destinatario. Lo que precede indica que una libertad creada sólo es compresible desde su libertad superior creadora. Ahora bien, como la libertad creada es proyecto, sólo desde el destinatario recibe su designio. En suma, la libertad personal humana no puede estar sola ni en su arranque ni en su destino. Si está sola en su arranque o en su destino, desaparece, porque en ambos casos el hombre se encuentra sólo. Y con la soledad desaparece la persona humana, pues persona es apertura irrestricta, relación, vinculación personal.

5. Destino íntimo o personal y manifestaciones humanas

a) Facultades humanas. Razón, voluntad y sentimientos son las instancias humanas superiores que el hombre tiene, no que es. Con todo, los sentimientos no constituyen una tercera potencia distinta de la razón y voluntad, sino –como hemos visto– la refluencia en las potencias de sus propios actos. En el acto de ser radica la libertad personal. El destinatario convoca directamente a la libertad personal, no a sus manifestaciones menores (intelectivas, volitivas o afectivas), pero esa convocatoria repercute en ellas a través de la libertad personal.

b) Ética. Si cada hombre es una vocación distinta, cada quien debe ordenar sus diversas actividades en orden a ella. Adviértase que vocación se opone a autorealización, pues la llamada no la inventa el apelado, mientras que la pretensión de sí es subjetiva y referida a los propios actos. Por eso la autorrealización obtura el destino, mientras que secundar la llamada favorece la destinación. Si el saber que conoce de modo más explícito el destino del hombre es la teología sobrenatural, lo que precede indica que la ética no es autónoma, sino que debe subordinarse, en últimas al saber teológico. Con todo, entre ellas media la antropología trascendental, usualmente desestimada por una y otra. De acuerdo con este olvido, la ética autónoma conculca la destinación personal humana. Tal ética también desconoce que ella no es fin en sí, sino que su raíz y fin es la persona humana, tema de la antropología trascendental. Esta antropología puede manifestar el error de la ética autónoma. También la teología. Pero reparar el orden conculcado por la implantación de tal ética en el mundo, en la naturaleza y esencia humanas, así como reparar la mengua en el acto de ser personal asumida por la propia libertad, es tarea reservada en exclusiva a Dios.

6. Destinarse a instancias menores.

a) A la técnica y a la cultura. Uno de los males que aquejan a occidente es el activismo técnico-laboral. El hombre se desgasta en tales actividades. Pero si el destino del hombre es superior a cualquier resultado, porque su destino es superior a él mismo, y él, obviamente, no es un resultado de sus propias manos, obcecarse en los productos que el hombre fabrica y en la técnica que los posibilita equivale indirectamente a la renuncia a destinarse.

El desarrollo de la técnica en la actualidad es portentoso. Su crecimiento es tan vertiginoso y su poder tan ilimitado que el hombre tiende a quedarse en los medios que ella provee. Pero, como hemos visto, la técnica pertenece al orden de las posibilidades culturales y es, por ello, insuficiente cualquiera que sea el nivel que alcance, para resolver el problema del destino humano, entre otras cosas, porque el carácter de la técnica es intrahistórico. Además, es la libertad humana la que posibilita la técnica, pero la técnica ni es ni puede ser su fin, porque la libertad es personal, no la técnica.

En este punto, la modernidad supone un cambio de signo respecto de la cultura clásica griega y medieval. En efecto, en aquélla época el hacer se subordinaba a la teoría, 'la forma más alta de vida'. Resolvemos los problemas prácticos técnico-culturales –venían a decir– para que la contemplación no choque con inconvenientes. De otro modo: se comprendía la razón práctica como subordinada a la teórica, la acción a la contemplación, el trabajo a lo que ellos llamaban ocio (*otium*, en sentido clásico, es opuesto al *negotium*). En la modernidad, en cambio, se olvida progresivamente el uso teórico de la razón hasta dominar el escenario en el siglo XX –incluso en filosofía– diversas variantes de la razón práctica (pragmatismo, hermenéutica, etc.). Ahora bien, la técnica no tiene, propiamente, resultados dentro de la consideración antropológica del destino. Con lo cual, en la medida en que el hombre se queda en los medios se olvida progresivamente de su fin personal.

Con la actitud de atenencia a los medios el destino se hace enigmático para la persona humana. La técnica es histórica, pero el destino no está en la historia. El hombre se juega su destino en la historia, pero ningún saber técnico le permite alcanzarlo. Esta actitud tampoco permite dotar de suficiente sentido a la libertad personal, puesto que esta no se agota implicándose en los medios, y, por supuesto, no atraviesa suficientemente de sentido a la cultura y a la historia. De manera que con esa atenencia a los medios el hombre no sólo se vuelve problemático para sí, sino también se torna un problema el sentido de su hacer y de sus productos.

El dotar de sentido a la técnica pertenece a uno de los usos de la razón, el práctico; pero esta operatividad racional no constituye una de las formas más altas de saber. La sabiduría no se agota en el plano cultural, ni tampoco en el plano de la historia; los atraviesa a ambos y se dirige, por un lado, hacia la intimidad humana, y por otro, al destino de la persona humana. En suma, en el orden de la cultura el destino libre del hombre no puede culminar.

b) Historia y el cosmos. El hombre no puede culminar en la cultura, porque lo que la define es la pluralidad de productos factivos y el carácter no definitivo de ellos. No puede culminar en la técnica, porque el destino de la persona humana no es obra de sus manos. Pero tampoco se cumple el destino humano en la historia, pues esta no cierra, es decir, ni tiene un fin intrínseco, ni siquiera una dirección perfectiva necesaria, pues –dado que depende de la libertad humana– es obvio que está surcada por periodos álgidos a los que suceden fases de decadencia. La historia es la situación en la que se encuentra la libertad personal humana. Es pues, su estar, no su ser. Por eso –frente a los recientes historicismos, manifiestos o larvados– hay que recordar que ni al ser del hombre ni a su destino lo describen las circunstancias. En efecto, la historia no satisface el destino de la libertad personal humana, porque este afecta directamente al ser del hombre, no a su estar. Por eso, la culminación personal del hombre no es intrahistórica.

Por otra parte, el cosmos es el escenario humano, pero el ser personal humano no es intracósmico. Por eso, no puede tener un destino cósmico. Y no sólo su destino, sino que los acontecimientos propiamente humanos son extraños al ritmo del devenir del cosmos. El hombre puede dotar de sentido a la técnica, a la cultura, a la historia e incluso al cosmos, que –a distinción de las precedentes– no es obra de sus manos. Lo lleva a cabo humanizándolos, más aún, personalizándolos. En concreto, para dotar de sentido al cosmos es preciso que el hombre lo eleve y lo incorpore al destino de la propia persona. Pero el ser personal humano no tiene ni su origen ni su destino en la naturaleza cósmica y, por tanto, no se puede comprender desde ella, pues en la medida en que el hombre se intenta interpretar desde ella, su destino se hace insoluble, porque el orden cósmico es necesario e impersonal, mientras que la intimidad humana es personal y libre.

7. La renuncia a destinarse

Si la persona humana, tras advertir que no puede culminar en solitario, y tras pretensión culminar en las aludidas facetas inferiores a ella –técnica, cultura, historia, naturaleza– nota que con ellas no puede colmar sus anhelos felicitarios, puede renunciar a destinarse.

La actitud de renuncia a la destinación es, en rigor, la renuncia a ser la persona que se es y se está llamada a ser, porque –ya se ha indicado– esta es proyecto y no se entiende sino referida a su meta, o mejor, es la meta quien atrae al proyecto a sí. Falgueras lo expresa bien cuando señala que la persona "es un acto creciente suscitado por la llamada del destino". Como destinarse es libre y equivale a responder afirmativamente al destinatario que eleva, entonces la libertad se incrementa. Pero si ocurre lo contrario, la libertad disminuye o se anula a sí misma. Para Polo, abdicar del destino es egoísmo. Este problema tiene relevancia ética porque, perdido el sentido personal, ¿de qué sentido podemos dotar a nuestras acciones? También posee relevancia para filosofía de la religión, porque si se sospecha que el hombre no es un ser destinal, no puede ser religioso. Pero entonces, ¿qué sentido podrán tener las diversas manifestaciones religiosas habidas a lo largo de la historia, independientemente de cualquier forma que hayan adoptado? Es obvio que, según esta sospecha, la comprensión filosófica de las religiones deviene superflua.

El egoísmo conlleva, pues, no sólo la negación de los demás, sino también la del propio destino personal, pues este no está al alcance de nuestras solas fuerzas. El egoísmo es pretensión de sí; en el fondo, soberbia, porque se cree que uno puede alcanzar en solitario la felicidad que busca. La soberbia tiene como fruto malogrado la soledad, que es la negación de la misma noción de persona, pues si persona indica apertura personal, es imposible que exista una única persona. En la historia moderna, dicha renuncia ha admitido dos caras; una, la del progresismo que prescinde de Dios; otra, la de intentar abarcar el saber divino dentro del saber filosófico: el panlogismo de perfil gnóstico.

8. Destinarse a Dios

a) Naturalmente. La libertad personal humana sólo se comprende si no se aísla ni se la explica separadamente, sino en vinculación con su destinatario. La libertad es el ser personal humano, un regalo personal que nos han otorgado. Si uno desea ser autor de sí mismo, si quiere 'autorrealizarse', cree que su libertad nativa es indeterminada, esto es, sin orientación ni destinación. En el fondo, esta actitud es atea, porque el destino de la libertad personal humana sólo puede ser Dios, ya que sólo él puede aceptar irrestrictamente tal libertad. En efecto, en ninguna otra realidad la podemos invertir enteramente.

Por el contrario, al aceptarse uno como es –como persona– se da cuenta de que depende de Dios –lo radical en nosotros ha sido otorgado por él– y de que es independiente de todo lo demás. De aquí nace la humildad, que no es una virtud, pues las virtudes son de la voluntad, pero si la humildad deriva del conocimiento personal, el cual sólo es posible si cada quién se conoce como quien es por medio de y ante Dios, es claro que ni ese conocerse es propio de la razón –pues la persona es superior a su razón–, ni esa actitud de aceptación es propia de la voluntad –porque aceptar es amar, es decir, dar aceptación, sobrar–, mientras que lo propio de la voluntad es querer aquello de lo que esta potencia carece. En rigor, la humildad depende del acto de ser personal, no en las facultades humanas superiores. Precisamente por esto es la raíz de todas las virtudes de la voluntad, y también, de todos los conoceres de la razón, los cuales son humildes por definición, porque se limitan a presentar lo distinto sin que el propio presentar se presente.

La apertura a la trascendencia divina no es contraria a la intimidad personal humana, sino su condición de posibilidad, pues cuanto más alcanzamos a Dios es penetrando en nuestra propia intimidad. De modo que Dios no sólo respeta dicha intimidad, sino que es su único garante. Cuanto más conocemos nuestra intimidad, más conocemos a Dios; y a la inversa, cuanto más le conocemos, más nos conocemos, porque esos conoceres no son separados o independientes.

De modo que la libertad personal humana demuestra íntimamente –de modo superior, por tanto, a las demostraciones de la razón– no sólo la existencia de Dios, sino el modo de ser personal libre de la correspondencia con él; demuestra también que Dios es libre y es pluripersonal, porque una libertad aislada carece de sentido. Por tanto, son visiones raquíticas de la libertad las que intentan aplacar sus fuerzas vertiéndola sobre pluralidad de asuntos menores a ella. Esa pretensión termina por considerar que la libertad es absurda. Y es que la libertad personal humana se ve en su irrestricta vitalidad respecto del ser irrestricto o no se conoce tal cual es.

Por otra parte, si la libertad personal es indisociable del amar personal, la vinculación personal con Dios no puede ser necesitante, sino libre y desbordante. En consecuencia, desde la libertad personal no se puede ver a Dios como la meta de un deseo, sino como el destinatario de un ofrecimiento. Dios no es un mero fin o bien último, sino el aceptar personal de la entera libertad personal humana. De ocurrir la entrega al destinatario divino en la intimidad, las instancias humanas menores que nacen de ella quedan impregnadas de esa destinación y la manifiestan. Pero las expresiones manifestativas de la libertad personal humana son inferiores a ella misma, y esa distinción real conlleva la imposibilidad de manifestarla completamente.

b) Sobrenaturalmente. Hombre creado es, a la par y sin solución de continuidad, hombre elevado; o como dice Falgueras, "nunca ha existido un *homo sapiens sapiens*... meramente natural... Todo hombre está vinculado destinalmente a Dios". Con todo la filiación divina natural puede ser elevada sobrenaturalmente de modo progresivo. Pero esto último no es un tema que corresponda a la filosofía, sino a la teología sobrenatural. La filiación sobrenatural incide directamente en el acto de ser personal, no en la esencia inmaterial del hombre ni en la naturaleza corpórea. Es un don divino sobreañadido a la persona humana, no una exigencia de esta. Tal don se debe a la misericordia divina que nos eleva a sí.

La filiación divina sobrenatural está acompañada de las llamadas virtudes sobrenaturales: la fe, la esperanza y la caridad. Cada una de esas virtudes eleva un radical personal distinto: la esperanza eleva a la libertad personal; la fe al conocer personal y el la caridad al amar personal. La superabundancia de la aceptación humana al don amoroso divino impele al conocer personal a ser confiado y a la libertad personal a ser esperanzada. La fe sobrenatural tiene como método la elevación del conocer personal, y como tema al Dios revelado. La esperanza mira a Dios como liberador, salvador, del propio límite ontológico; la fe, como conocimiento seguro y del sentido personal que Dios nos otorga; la caridad, como aceptación divina de nuestra donación personal. Esas virtudes son el incremento de los radicales personales humanos. No es que mediante ellas logremos el 'autotrascendimiento', sino que son la atracción divina (Dios tiene la iniciativa), la progresiva activación de nuestra libertad, conocer y amar personales por parte del destinatario. En efecto, si la libertad, conocer y amar personales son referentes a Dios, se puede decir que trascienden en la media en que se refieren a él, pero es claro que no trascienden su referirse a Dios; tampoco 'se' trascienden, es decir, no traspasan su propio límite ontológico.

Como se puede apreciar, si tanto la filiación como las virtudes sobrenaturales inciden activamente sobre el acto de ser personal humano elevándolo, no parece correcto decir que en el hombre elevado 'la potencia sea superior al acto', pues lo que se da es un incremento del acto. Si Dios nos atrae a sí, no nos hará más potenciales, sino más a su imagen activa. Por tanto, el acto de ser humano no será 'acto-potencial', sino co-activo con Dios; sus radicales personales no serán 'actos potenciales', sino activos con y desde Dios. En ese sentido, más que '*capax Dei*' –como se designaba al hombre en la Edad Media–, del ser humano cabe decir que '*est cum Deo*' nativamente, y, si acepta el don de coexistir con él, "*erit in Deo*" destinalmente. No llegar a ser en Dios equivale sencillamente a la pérdida del ser personal.

Desde luego, el acto de ser humano es limitado ontológicamente, porque no puede culminar desde sí, pero no es potencial. El acto de ser humano no es –ni creado ni elevado– pasivo respecto de Dios, sino coactivo con él. Dios no crea ni eleva actos de ser personales pasivos, sino activos. En este sentido la antropología trascendental no es opuesta a la metafísica. Si la persona humana fuera acto–potencial, la vida eterna se merecería, pero el hombre no es merecedor de la glorificación. La gloria no es un mérito de la criatura, sino completo regalo de Dios.

Tampoco es que el hombre se destine en su acto de ser como consecuencia de los actos y obras que realiza a través de sus manifestaciones humanas, sino que en estas manifiesta la previa destinación libremente aceptada (o el previo rechazo a ella) por cada quién en su intimidad. En suma, ni siquiera por referencia a la aceptación divina de nuestras obras, nuestro obrar es superior a nuestro ser, pues Dios acepta nuestras obras porque previamente acepta la destinación personal de cada quién: esa aceptación personal posibilita la existencia y la elevación de las obras humanas. En rigor, en nosotros todo es don divino, también las obras que le ofrecemos. Como se puede apreciar experiencialmente, el aceptar personal no es potencial, sino activo, más aún, lo más activo en nosotros, pues indica dar aceptación; por tanto, no parece correcto hablar de un amar activo-potencial.

En suma, si la libertad personal humana es para una persona distinta; el conocer personal –continuando la más acrisolada tradición noética– es, más que hacerse otro, conocer y conocerse en esa persona; y, en últimas, el amar personal es aceptar ser–con ese ser personal y ser progresivamente más desde él. En efecto, si la persona es creciente en orden al destinatario, y este siempre puede elevarla, aunque la destinación esté en situación de ratificada, la destinación es interminable.

9. En síntesis

El destinarse es la actividad culminar de la persona humana. No cabe destinación personal humana sin destinatario. La vinculación con el destino es libre.

En la historia de la filosofía el destino se ha entendido de muchas maneras. En el mito antiguo, como una vida desvaída, opinión a la que se resignó el mismo Aristóteles. En los estoicos, como *fatum*, comprometiendo, por tanto, la libertad personal humana. En el cristianismo el destino se entendió activamente, como destinarse. La filosofía escolástica lo comprendió como posesión perfecta, lo cual supone una comprensión de él más desde la 'razón' que desde el 'conocer personal'. De la Baja Edad Media a la modernidad filosófica el destino es en buena medida tema de fe fiducial y voluntaria, falto, por tanto, de luz teórica. Por su parte, la filosofía moderna fue época de contrastes respecto del destino, pues unos autores lo concibieron como identificación con Dios, mientras que otros lo negaron taxativamente, pasando por los agnosticismos que se arrastran desde el siglo XIV. Por contraste con la filosofía precedente, en la filosofía contemporánea se ha postulado, por una parte, el autodestinarse; por otra, la falta de destino, aunque tampoco han faltado quienes han defendido la destinación por vía afectiva. En nuestro tiempo lo que domina es la renuncia a pensar en el destino.

Destinarse es la única actividad que requiere poner en juego enteramente el acto radical o íntimo del espíritu humano; por tanto, todo el conocer personal, toda la filosofía. También reclama la aceptación por parte del destinatario divino. Por tanto, la destinación es el engarce entre la criatura personal y el Creador que da razón del ser–con que es dicha criatura. Como en la presente situación esa actividad no se consuma, el ser de la criatura se puede describir como esperanza.

La libertad personal humana está orientada al futuro, en el que coexistirá, si libremente, desea, con el ser divino sin posibilidad de perder dicha coexistencia; será un futuro imposible de devenir pasado. Un futuro que favorece el crecimiento personal, ya que la libertad personal humana siempre será transcendida por el ser divino. Tal futuro trasciende al tiempo. La libertad creada recibe del destinatario su propio designio. El destinarse es una actividad del acto de ser de la persona humana, no de sus facultades inmateriales y de sus manifestaciones, aunque incida en ellas. Por eso el destino implica directamente a la libertad personal humana, no a la aparición de esta en las potencias superiores. El destinarse es también tarea que desborda a la ética, pues esta queda referida a las manifestaciones humanas.

La libertad personal humana posibilita la técnica y la cultura, pero no puede hallar en ellas su destino, porque aquéllas son limitadas y esta las desborda. El destino del hombre no puede estar en las obras de sus manos, porque estas son inferiores a la persona. La libertad personal humana abre el tiempo a la historia, y el cosmos al mundo humano, pero no puede hallar en ellos su destino. La historia, por ser la situación de la libertad personal humana, no se corresponde con su ser. Además, la historia no cierra. Por su parte, el cosmos es el escenario en el que se desempeña la libertad personal humana, pero no puede aceptar su destinación puesto que el cosmos no es persona.

La renuncia a destinarse es egoísmo, fruto –como la soledad– de la soberbia, que lleva consigo la negación del sentido personal, ya que persona es apertura personal: coexistencia-con. En el pensamiento moderno esa renuncia ha admitido dos modalidades: el progresismo y el panlogismo.

El destinatario del ser personal humano es Dios. A él está inclinado naturalmente con la filiación divina, y por él es elevado sobrenaturalmente cuando Dios le abre la puerta de su intimidad por medio de la filiación divina sobrenatural. A esta filiación divina acompañan las llamadas virtudes sobrenaturales: la fe, la esperanza y la caridad. Cada una de ellas eleva un radical personal distinto: la libertad personal es elevada por la esperanza; el conocer personal por la fe y el amar personal por la caridad.

¿La filosofía mira al destino? Como indica Falgueras, "la clase de filosofía que se hace y la clase de hombre que se es dependen de la calidad de la respuesta que se dé a la llamada de la ultimidad destino".

12
¿Es religión?

1. Planteamiento

¿La filosofía es religión? Si, como decía Julián Marías, "el atributo principal de la filosofía es la radicalidad", la filosofía debe estudiar la religión, porque esta conforma lo radical de la persona humana. Pero, ¿la filosofía es religión? Por lo que se ha indicado, la respuesta parece afirmativa. Con todo, hay muchas religiones: una es natural, otras bastante culturales, y sólo una sobrenatural. ¿A cuál de ellas se parece más la filosofía? A la que busca el propio sentido personal de modo natural.

La pregunta '¿quién soy?' es constitutiva de la persona humana, porque es imposible ser persona sin poder llegar a saberse como tal. Pero no es propio de la persona creada saberse enteramente, porque persona significa apertura cognoscitiva personal, relación personal, lo cual prohíbe la autorreflexión. Por tanto, esa pregunta impulsa a descubrir su respuesta en la religación de la persona humana con la persona que le pueda manifestar enteramente el sentido personal propio, y eso, sólo Dios, pues la revelación divina del sentido personal humano es la única respuesta completa a esa pregunta. Tal revelación no es entera durante la presente situación, lo cual indica que esta vida humana no es la definitiva y que está en función de la otra, del futuro posthistórico.

En consecuencia, ser escrupulosamente ateo es imposible, pues equivaldría no sólo a no querer responder a esa pregunta, sino a no poder plantearla o a evadirla siempre, pero nadie, ni aun queriendo, la evade enteramente durante esta vida. Si ser religioso es aceptar un absoluto, el ateo que pretende sistemáticamente evadir dicha pregunta es religioso, porque pretende hacer (aunque no lo logre) de dicha evasión un absoluto. Por el contrario, esa pregunta, si busca respuesta consumada, apunta directamente a Dios. Ahora bien, si es constitutivo de la persona humana preguntarse por su propio sentido personal, evadir este interrogante indica perder el sentido personal, dejar progresivamente de ser la persona que se es y se está llamada a ser, aunque la pérdida completa del ser es imposible en esta vida. Con todo, ¿es posible esa pérdida después? Y de serlo, ¿cabe ateísmo puro en la otra?

2. ¿La religión pertenece al tener o al ser?

La palabra religión se toma de 'religar', que indica atar. Es tesis propia de la filosofía medieval que la religión es una parte de la virtud de la justicia. Si la justicia es una virtud de la voluntad que se describe como 'dar a cada uno lo suyo', la religión se describía como dar a Dios lo que le es debido. A los padres les debemos la vida natural; a esta especial parte de la justicia se llama piedad. Pero a Dios le debemos todavía más: el ser personal, la persona distinta que cada uno somos. También la esencia inmaterial del hombre es co-creada con el acto de ser. Si debemos a Dios nuestro acto se ser y nuestra esencia, la religión es virtud superior a la piedad. En efecto, respecto de Dios se trata de dar sin poder restituir –aun queriendo– lo que se le debe, porque la deuda supera la capacidad de devolución.

La justicia supone cierta homogeneidad o conmensuración; por eso, rige en las relaciones humanas donde las desigualdades no son extremas. Pero no rige respecto del Creador, pues no existe equidad entre él y nosotros, por lo que hemos recibido de él; es decir, somos nuclearmente dependientes. Con todo, si se afirma que la justicia es una virtud adquirida y la religión es parte de ella, será asimismo adquirida, en concreto, una virtud moral –de la voluntad, por tanto–, aunque distinta de las demás y superior a ellas. No puede ser virtud racional, porque la razón no tiene a Dios como 'objeto' (de conocimiento, pues si lo tuviera, lo habría alcanzado, ya que la razón conoce poseyendo). Dios no es objeto pensado sino fin de la voluntad. Ser virtud adquirida indica, por una parte, que no es natural, sino un añadido a la naturaleza humana y, por otra, que no es sobrenatural.

Lo que precede significa que para la tradición medieval la religión es fundamentalmente manifestativa, es decir, no radical al acto de ser humano; por eso se hablaba de actos religiosos (de la voluntad) y de acciones (transitivas) externas de culto, con un orden jerárquico neto entre ellas, pues las exteriores se subordinaban a los interiores.

Sin embargo, la descripción que precede no es suficiente incluso para los propios pensadores de dicha tradición, porque si "por la religión el hombre puede otorgar toda su vida a Dios", como afirmó Tomás de Aquino, es claro que esa ofrenda es personal y está por encima del alcance de cualquiera de sus potencias o facultades. No es suficiente, además, pues si el acto de ser humano no estuviese nativamente abierto a Dios, no podría manifestar luego esa apertura mediante sus facultades superiores (inteligencia y voluntad) ni en sus acciones exteriores. Dicho de otra manera: si la religación no radicase previamente en la intimidad humana, esta no la podría otorgar a las potencias que nativamente están a cero (*tabula rasa*).

Ahora bien, "si toda criatura –según el de Aquino– dice relación a Dios antes que a sí misma, pues de Dios procede", no se trata sólo de que la criatura humana deba religarse a Dios con el paso del tiempo, sino que nativamente es trascendentalmente religada. Como cada persona es distinta, cada una es nativamente una religación distinta respecto a Dios. Esto no significa que cada uno se invente su propia religión, ni menos aún aquello de '*cuius regno, eius religio*', pues estas facetas religiosas son adquiridas, no nativas.

3. El hombre: un ser religioso

En suma, la religión no es sólo una virtud, es decir, una perfección adquirida de la voluntad. Esto, con ser mucho, es poco, porque si la religión radicase en el tener, pertenecería a las manifestaciones humanas, no a la raíz personal, es decir, no entroncaría en lo más neurálgico o radical del hombre, sino en lo secundario. Además, no sería nativa, sino de adquisición libre para unos pero no para otros.

La persona es acto, espíritu; y, por ende, no se reduce a las potencias que tiene, ni a lo que estas adquieren. Las potencias pueden adquirir la apertura virtuosa a Dios. Pero esta supone la apertura previa y nativa, pues la persona humana es –como dice Guardini– relación a Dios. En suma, más verdadero que decir que el hombre tiene religión, es decir –como Zubiri– que el hombre es religión. Es característico de la religión adquirida intentar conocer racionalmente en cierto modo a Dios y quererle voluntariamente. Ahora bien, en la intimidad personal –en el espíritu humano– también existe conocer y amar, pero no racional y volitivo, sino personales. No se trata, pues, de un conocer de una potencia, la inteligencia, o sea, de un conocer que 'presente' a Dios como 'idea conocida'. Tampoco de un querer de la voluntad, esto es, de un querer que 'se adapte' a su bien. Se trata, más bien, de un conocer a nivel de acto de ser personal que busca su tema personal, y de un amar como acto de ser personal que acepta a quien le ha dado su ser, lo acepta y está libremente dispuesto a aceptarlo más elevándolo irrestrictamente.

Ambos dos –conocer y amar personales– son co–activos, radicales, no actos como operaciones inmanentes de unas potencias. A tal conocer nativo se puede llamar fe natural, pues lo propio de la fe es que el tema a conocer supera la actividad cognoscente. Esta fe es raíz de toda religión adquirida. Y es ese conocer personalmente confiado (no directamente el racional) el que es elevado por la fe sobrenatural. Por su parte, el amar personal nativo no es deseo (*órexis*, lo llamaba Aristóteles), pues este indica pasividad, sino aceptación y donación, que son radicalmente activas. Y es a ese amar natural al que eleva el don sobrenatural de la caridad. De modo explícito: las virtudes sobrenaturales que tienen como tema a Dios no inhieren directamente en las potencias inmateriales humanas (inteligencia y voluntad), sino en la intimidad personal, en el co–acto de ser.

4. La persona como vocación

La actividad de la intimidad personal humana no sólo dice relación al destinatario, al ser personal divino, sino que es medida por ese tema personal, pues este, por ser más activo y condición de posibilidad de la actividad del ser humano, es superior a él. Tal actividad vinculante, vista personalmente, se puede denominar vocación. En ella Dios tiene la iniciativa, y esta llamada constituye al ser humano. Guardini ha escrito que "precisamente porque Dios lo llama, sienta Él las bases de su ser, y por eso mismo se constituye en persona. El hombre consiste en ser-llamado por Dios, y sólo en eso. Fuera de ahí no le queda nada. Si se pudiera desligar el hombre de este ser-llamado, se convertiría en un fantasma, más aún, en nada... Sólo a partir de aquí puede el hombre ser entendido, y si se le quiere entender desde otra parte, se comete un grave error con él".

De modo que hay que describir al hombre como un ser abierto a Dios por vocación divina. Esa apertura humana a la divinidad es activa y constituye el ser personal humano, pues si fuera pasiva la 'llamada' divina, ni conformaría ni estaría dirigida al acto de ser humano, al núcleo personal humano. Por eso, si la religión es vocación, esta no consiste sólo en la 'capacidad' de escuchar la llamada, como sostuvo Rahner, sino, sobre todo, en la actividad de la aceptación y la respuesta. O sea, el hombre no es una "potencia obediencial", sino un co-acto de ser-con Dios, pues las personas no son potencias, sino actos de ser.

No sólo se trata de que el ser de cada persona humana responda a un 'nombre' (significado) distinto otorgado por Dios, sino que ese nombre no tiene un significado aislado, pues es un 'co–nombre', es decir, un nombre que habla de un aspecto de la realidad divina de modo distinto a cualquier otro 'nombre' personal creado; nombre que Dios revelará a su portador de modo completo al final, sólo si este lo acepta. O mejor, más que de un nombre, se trata –según el decir de Eckhart– de un 'adverbio' que carece de sentido al margen del Verbo; esto es, una co–actividad personal co–activa–con el Acto Co–Personal divino.

En definitiva, la persona humana es respuesta. Tal referencia se llama religión. En lenguaje revelado a esa réplica –referida al acto de ser– se puede llamar 'imagen' (si se refiere a lo potencial del hombre, conviene hablar de 'semejanza'), y es claro que el completo sentido de la imagen radica en su remitencia al modelo. La religión no es sólo la capacidad íntima de apelar, de acudir, cuando se nota que la deuda es impagable, sino cuando se advierte que el hombre está hecho para culminar felicitariamente y no puede lograr esa meta ni en solitario ni con la ayuda de las demás criaturas.

Sin esa dirección final el sentido de la vida humana carece de orientación definitiva, y aunque el hombre encuentre sentidos parciales en sus actividades, su ser carece de sentido. Si al hombre le falta esa orientación global se angustia. Este sentimiento negativo del espíritu no es propio de los animales, porque estos ya están necesariamente orientados, dado que el orden del cosmos (la causa final) ordena enteramente su realidad. Pero el sentido humano no es intracósmico, sino que desborda ese marco. Tampoco es 'intrasocial' o 'intersubjetivo', porque el acto de ser personal es irreductible –por superior– a lo 'común' de los hombres, lo cual explica lo social. Lo que precede indica que –justo a la inversa que los animales– 'cada persona' es superior a la especie humana, a lo manifestativo de los hombres.

5. ¿Frutos del azar, de la necesidad o de la libertad?

La tesis que precede se puede formular de siguiente modo: 'La religión nativa radica en el acto de ser personal'. En efecto, no es otra cosa que la referencia que la persona creada dice respecto del Creador. No obstante, a lo anterior tal vez se replique –con una objeción biologicista reciente– que no debemos nuestra vida más que a la unión de dos células paternas, y dado que el encuentro de esas dos ha sido sumamente improbable, a la par que lo ha sido la coincidencia de nuestros padres y de todos sus antepasados, somos mero fruto del azar, como lo son los animales.

A esta objeción se puede responder indicando, por una parte, que si los animales están subordinados al orden cósmico, más que frutos del azar, son fruto de la necesidad que impone dicho orden, y, por otra, que cada acto de ser humano, al saltar por encima de lo específico de los hombres (de la naturaleza corpórea humana y de la esencia del hombre), es inexplicable desde ese soporte común. Por tanto, como la aparición de lo irreductible de cada quién no depende ni de la biología, ni de la sociedad, ni de cultura ni, obviamente, de uno mismo, más que del azar, cabe decir que somos fruto de la predilección divina.

Tras la precedente advertencia se suele concluir que somos contingentes, y que Dios es el único necesario, pero como estamos constituidos con referencia a él, podemos ser –si libremente aceptamos su oferta– una 'necesidad derivada' por vinculación a él; somos contingentes pero podemos llegar a ser necesarios, si aceptamos definitivamente su unión. De otro modo: seremos necesarios si queremos (o mejor, si 'co-queremos'), pero podemos libremente no querer serlo. Se puede añadir que ese vínculo libre y personal es la religión que, como se puede apreciar, está abierta al futuro. Por eso es mejor decir del hombre que será, que decir que es, pues mientras vivimos no llegamos a ser la persona que estamos llamados a ser.

Lo que precede se suele interpretar diciendo que cada hombre no puede ser considerado como un medio subordinado a la totalidad existente, sino como fin concreto de un decreto divino. Ahora bien, ¿autoriza esto a concebir al hombre, *more* kantiano, como un 'fin en sí'? Atendamos a esta moderna objeción.

6. Una objeción moderna

Una objeción al inicial planteamiento –en este caso propia de la filosofía moderna– sostiene que el hombre es un fin en sí. Este postulado de Kant es básico para la fundamentación (hipotética) de su ética. Pero si el hombre fuera un 'fin en sí', carecería de destinatario, y entonces la religión no sería constitutiva o nativa sino superpuesta, secundaria, electiva, lo cual equivale a poner 'la religión dentro de los límites de la razón', es decir, subsumir lo distintivo del acto de ser personal dentro de la potencia de la razón –siendo concebido, además, el alcance de esta de modo reductivo–.

Sin embargo, es exclusivamente en orden al destino como se puede considerar que cada hombre no es un medio. De manera que si se prescinde de tal destino humano, es fácil tomar a los hombres como medios, como acaece en ciertas ideologías políticas de las sociedades modernas. En consecuencia, no es correcto que el hombre se conciba a sí mismo como fin. En suma, el hombre no es ni un medio ni un fin, sencillamente porque es 'persona', y la realidad personal choca con esas categorías, pues es irreductible a ellas, ya que le son superfluas, puesto que la una no se puede explicar sin la otra, mientras que la noción de 'persona' no las requiere, porque en su significación las comprende y desborda. En efecto, persona significa 'apertura personal', o si se quiere, 'co-persona-con'.

Medio y fin son nociones de la ética, y esta disciplina, que estudia lo manifestativo humano, sostiene que si se usan los medios se puede llegar al fin. En cambio, la antropología trascendental enseña que el acto de ser personal humano no requiere de medio alguno para vincularse al Dios personal porque la persona misma es vínculo con él. Por su parte, el 'con' indica que la persona no es un 'fin en sí', es decir, una especie de 'sustancia' explicable aisladamente, pues todo su ser es vinculación personal a otra persona. A la par, 'persona' no significa 'medio', porque un medio se puede tomar como fin, pero de ser posible transformar a una persona en un medio, esta dejaría de ser persona, es decir, agostaría su apertura personal. Además, un medio no es libre, mientras que la persona sólo puede perder su libertad dejando libremente de ser persona. Asimismo, si una persona se considera un medio, desconoce su acto de ser, al igual que quien se considera fruto del azar. Por otra parte, tampoco Dios es fin, sencillamente porque es personal, y su vinculación personal es originaria.

En definitiva, la persona humana no se puede quedar en sí misma ni en realidades inferiores a ella. Pues bien, como advierte Polo, "es evidente que esto es el motor y fundamento de la religión... Si nos planteamos las preguntas: ¿quién soy?, ¿por quién soy? Esas preguntas no tienen más respuesta que esta: soy porque Dios ha querido que sea y porque Dios me ama".

7. La persona como relación

Como también ha indicado Ratzinger, la persona humana es relación: "la persona es la pura relación de lo que es referido, nada más. La relación no es algo que se añade a la persona... sino que la persona consiste en la referibilidad". En ese nexo consiste la religión –natural y sobrenatural–. Por tanto, prescindir de Dios es prescindir de sí, porque cada quien es un vínculo distinto respecto de él. Dicho de otro modo, y remendando a Sastre: todo ateísmo es, más que un antihumanismo, una negación del propio ser personal, pues niega el acto de ser que cada persona es, acto que es superior a lo humano de los hombres, la esencia del hombre, y a lo natural de él, el cuerpo humano.

El dilema, en el fondo –formulado con palabras de Polo– es el siguiente: "o se es religioso o no se es persona". Por lo demás, si se es religioso, no se puede serlo como cualquier otra persona, porque cada quien es una religación distinta a Dios. Precisamente por eso, todos tenemos demasiado que aprender de los demás. Sin embargo, ese nombre personal se puede ir borrando e incluso perder definitivamente.

A la predilección divina 'natural', que posibilita la religión del hombre, Dios añade la elevación: la filiación divina 'sobrenatural'. Si la religión natural es la libertad humana orientada a la verdad divina, la filiación sobrenatural se otorga a quién libremente la acepta. Todo hombre es naturalmente 'hijo de Dios'. A esto aludía De Lubac en su obra *Surnaturel*. San Juan Pablo II, consciente de que la religión radica en el corazón del hombre y no en la periferia (en sus potencias) instaba a descubrir cómo es la estructura interna de la intimidad humana para que la elevación sobrenatural sea posible. Leonardo Polo ha ofrecido una propuesta en esta dirección: descubre los entresijos del corazón humano al alcanzar los que llama 'trascendentales' de la persona, es decir, las raíces que –aunadas ordenadamente según jerarquía– conforman nuestro co–acto de ser personal, el co–acto que lo es respecto del ser divino.

Conviene insistir en que no se está hablando de la libre vinculación 'social' humana, del conocer de la 'razón' y el querer de la 'voluntad', pues estas últimas notas son propias de la esencia del hombre en la medida en que esta se manifiesta, sino de perfecciones íntimas que caracterizan a la intimidad personal aunque no se manifieste socialmente, no piense o no quiera (como es el caso de un niño en el seno materno). Es más, estas perfecciones íntimas son la raíz y fin de aquellas manifestaciones. Por lo demás, la unión armónica entre ellas conforma la belleza personal. Téngase también en cuenta que no se trata de la belleza corporal, intelectual, virtuosa, o lo que Kant llamaba armonía entre las facultades, pues no estamos a nivel de 'potencias' o 'facultades', sino de acto de ser, origen y fin de toda belleza manifestativa.

8. Conocer personal natural y sobrenatural

La fe es un hábito infuso, es decir, ni adquirido ni nativo, sino regalo divino que radica en lo más profundo del espíritu. Por tanto, no puede inherir en la razón, considerada esta como potencia, porque ni esta es lo más profundo del espíritu, ni es espíritu. La fe se distingue de la revelación en que esta es divina, mientras que la fe es humana (obviamente, Dios no necesita la fe). La fe sobrenatural es la respuesta noética humana –elevada por Dios– a dicha revelación divina.

La fe natural no es más que el conocer personal –el intelecto agente–, siempre activo y en constante 'búsqueda' del ser divino. Y es precisamente a este conocer personal, propio del espíritu humano, al que eleva la fe sobrenatural. Dada la vinculación de la fe sobrenatural con el conocer personal humano, se entiende que el modo de conocer propio de la fe no sea 'presencializante' de objetos noéticos menores, o cognoscitivo de asuntos princípiales físicos (como el conocer de la razón). No es tampoco conocimiento de temas del hombre (como lo es el hábito de la sindéresis), ni de actos de ser reales extramentales no personales (como lo es el hábito de los primeros principios); no es siquiera un conocer de temas personales íntimos (como los que alcanza el hábito de sabiduría), sino que su tema es exclusivamente Dios. Pero no se trata de un Dios 'metafísico', es decir, un Primer Motor o un Acto Puro, sino un Dios 'personal' y, por ende, pluripersonal.

Con la elevación de la fe sobrenatural el conocer personal de cada quién se adentra progresivamente en el conocimiento de las Personas divinas, sin esclarecerlas nunca, lo cual denota que su carácter noético, como el del conocer personal es futurizante. Lo que precede señala, en sentido estricto, que no cabe fe sobrenatural en un Dios que no sea personal, pues tal conocer no sería personal, ya que el método cognoscitivo (el conocer personal humano) no puede tener como tema lo impersonal. Tampoco puede tener como tema a un Dios 'monopersonal', porque el tema conocido, tal 'dios', no sería personal, ya que –como se ha adelantado– persona significa apertura o relación personal, también '*in divinis*'.

Con esto se puede indicar que la fe sobrenatural de algunas religiones (que cuentan con parte de la revelación) no son completas sino sesgadas, porque el conocer natural en el que tales creencias se apoyan no es radicalmente personal, aunque pueden ser conocimientos 'racionales' e incluso superiores a la razón; 'conoceres' que –dados los vientos que soplan– no están nada mal y, dada su altura, nada tienen que envidiar a los conocimientos que todavía hoy se consideran paradigmáticos: los 'matemáticos' y 'científico-experimentales', sumidos en el conocimiento que forma ideas.

Lo anterior indica también que la persona humana ha sido hecha para Dios, pero no para un Dios, por así decir, racional, sino para el Dios personal, el Dios que –según él se nos manifiesta– es 'tripersonal'. Hombre creado es, sin solución de continuidad, hombre elevado, es decir, es una abstracción mental que no responde a lo real pensar que el hombre real es tal al margen de que esté hecho para Dios, porque ese hombre ni existió inicialmente ni puede existir definitivamente. El hombre ha sido hecho para coexistir con las tres Personas divinas, si libremente acepta la elevación. No aceptarla es negar la coexistencia personal, esto es, negar el propio sentido personal. Desde luego, Dios no tiene las manos atadas a la doctrina en la que los hombres sintetizan su revelación. Por eso puede actuar, incidir, directamente en cada intimidad personal.

En suma, las 'teologías fundamentales' de las que de ordinario disponemos, que vinculan enteramente la fe sobrenatural a la razón y a la voluntad humanas, son –como se puede fácilmente apreciar– poco personales y, a la sazón, poco 'teologías', pues las principales acciones de Dios respecto del hombre, crear–elevar–glorificar, inciden en la raíz personal humana, en su acto de ser, no en las ramas potenciales. La acción de Dios pasa oculta, porque Dios es el humilde, pero –a diferencia de no pocos teólogos– no se anda por las ramas. Como se ve, tales teologías adolecen de 'fundamento', pues su 'fundamentación' humana y divina es escasa.

9. Para terminar

Se ha indicado que en esta vida el hombre no puede dejar de ser religioso ni aún pretendiéndolo, pues no puede perder por completo su ser personal, siendo este siempre referente a Dios. Por eso, como advirtió Nietzsche, ser ateo en esta vida es, más que difícil, imposible. Se ha preguntado, asimismo, si en la vida *post mortem* se puede perder enteramente el acto de ser personal. Recuérdese que el ser personal es relación, o si se prefiere, ser–con. La pérdida del ser personal significaría, por tanto, la soledad. Además, de perderse el 'ser' habría que hablar de 'estar' solo, aislado.

Está revelado que los demonios también creen. Se ha indicado que la fe sobrenatural es un don que en el hombre incide directamente en su acto de ser personal, no en su esencia. Por tanto, hay que preguntar si la fe del condenado incide en su ser, o más bien, debido a la pérdida de este, radica en su esencia. La relación a Dios no se puede perder jamás, porque supondría dejar de ser enteramente, es decir, devenir nada. Al final, esa relación o es de aceptación (amor) o de rechazo (odio), pero la relación se mantiene, aunque no del mismo modo. Por eso hay que insistir en la cuestión de si esa relación radica en el acto de ser o sólo en la esencia.

La distinción real entre lo íntimo y lo manifestativo caracteriza a los hombres. ¿Se pierde esa distinción en algunos tras la muerte? De perderse el ser personal, quedaría cierta composición en la criatura (por ejemplo, entre las potencias inmateriales y la naturaleza corpórea en el hombre), pero esta criatura ya no sería personal. En el estado de condenación se pierde el ser personal (el 'nombre' personal), porque ya no cabe ni libertad ni conocer ni amar personales respecto del Dios personal. A la par, como el saberse persona acompaña constitutivamente al ser personal, también este saber se pierde, lo cual es menos doloroso que la anterior pérdida. Al perderse ese saber, ya no se podrá llegar a saberse persona. ¿Qué esperar entonces? 'Personalmente', nada.

Perder el propio acto de ser personal equivale a centrarse en la esencia o en la naturaleza. Al obcecarse en ellas se las intenta hacer poderosas sin que su crecer derive de la riqueza del ser personal. Con ello se despersonalizan y entran también en pérdida. A la par, como la esencia y la naturaleza humanas están abiertas a cosas menores que ellas, la criatura despersonalizada se vincula a lo que tiene menos peso ontológico que ella, prescindiendo de lo que tiene más. En rigor, nada nuevo, pues ya fue descrito por Agustín de Hipona –"amor de sí hasta el desprecio de Dios"– y reiterado por Nietzsche –"Muertos están todos los dioses. Sea alguna vez, en el gran mediodía, nuestra última voluntad: que viva el superhombre"–.

En definitiva, religión es vinculación, y como lo que más une es el amor personal, la religión personal no puede ser desamorada, sino gozosa, lúdica. Como no cabe amor personal sin conocimiento personal, la verdadera religión es lúcida, es decir, búsqueda del propio sentido personal, y equivale a preguntar a Dios 'quién soy'. Esa búsqueda no sólo es filosófica, sino el saber culminar de la filosofía. Esa búsqueda es natural y equivale a la religión natural. Lo supremo de la filosofía es la búsqueda de Dios, el superior tema de los temas filosóficos.

No cabe tampoco amor personal sin libertad personal; en consecuencia, la religión es la vinculación de la libertad personal a lo más sublime y el consecuente rechazo de la degeneración de esta hasta la bestialidad. La religión, en suma, es la unión armónica

–belleza personal, por tanto– de la libertad, conocer y amar personales con su destinatario personal. Por su parte, la progresiva revelación divina a cada persona humana equivale a la elevación de la criatura en este mundo y a la glorificación después.

En definitiva, la religión natural –léase personal– es dual respecto de la revelación personal. La primera pregunta a Dios 'quién soy'. La segunda es la respuesta divina a esa cuestión en la que va implícita la manifestación divina. La primera se acrisola con la filosofía; la segunda, con la teología sobrenatural.